17대 국회의원의
의정활동 성차 분석 및 성 인지성 확대방안

17대 국회의원의 의정활동 성차 분석 및 성 인지성 확대방안

김원홍 (한국여성정책연구원 연구위원)

김은경 (한국여성정책연구원 전문연구원)

이현출 (국회입법조사처 정치의회팀장)

윤덕경 (한국여성정책연구원 연구위원)

최정원 (연세대학교 동서문제연구원 연구교수)

Aie-Rie Lee (미국 Texas Tech 대학교 교수)

Kazuki Iwanaga (스웨덴 Halmstad 대학교 교수)

한국학술정보[주]

본 연구는 2005년 정부(교육인적자원부)의 재원으로 한국학술진흥재단의
지원을 받아 수행한 연구임(KRF-2005-042-B00004).

| 차 례 |

| 표 차 례 |

|그 림 차 례|

서 론

1. 연구의 필요성 및 목적

2004년 실시된 지난 17대 총선에서 한국은 정당비례대표제의 도입과 함께 지퍼식 공천제를 도입함으로써 처음으로 2006년 10월 현재 여성 국회의원의 비율이 13.7%(41명)에 달하게 되었지만, 아직도 아시아 평균(16.4%)을 밑돌고 있다.[1] IPU 자료에 따르면 한국은 여성 국회의원 비율이 회원국 중 76위를 차지하고 있는 것으로 나타났다.[2]

UNDP가 발간한 인간개발보고서에서 제시하고 있는 2006년 현재 수명, 교육성취도, 소득을 중심으로 구성된 인간개발지수(HDI)는 177개국 중 26위를 차지하여 높은 수준에 속하는 것으로 나타났다. 그러나 여성 국회의원 수, 행정관리직, 전문기술직, 남녀 소득차를 기준으로 여성의 정치경제활동과 정책과정에서의 참여도를 측정한 여성권한 척도(GEM: Gender Empowerment Measure)는 53위에 그치고 있다. 이러한 지표는 한국의 여성이 자격과 능력에 걸맞은 권한을 누리고 있지 못함을 단적으로 보여주는 증거가 된다(UNDP Human Development Report 2006).

이처럼 낮은 권한을 누리는 이유는 제도적 측면과 행태적 측면에서 찾을 수 있을 것이다. 그동안 한국 여성의 정치참여와 대표성이 저조한 원인으로 지적되어 온 것은 주로 제도적 요인에 집중되어 왔다(손봉숙·조기숙 1995). 가장 대표적인 문제로 지적되어 온 것이 선거제도였다. 그 중에서 비례대표제가 여성의 대표성 확대에 유리하며 반면 소선거구 단순다수대표제 등이 불리한 것으로 나타났다(이현우 2002).

---

1) http://www.ipu.org/wmn−e/world.htm
2) http://www.ipu.org/wmn−e/classif.htm

다음으로 정당의 공천제도가 여성의 대표성을 저해하는 요인으로 지적되어 왔다(황아란 2002). 이러한 문제의식에 기초하여 17대 총선에서 학계와 여성계는 비례대표 비율의 확대 및 비례대표 50% 이상을 여성으로 공천하되 명부순위 2인마다 여성 1인이 포함되도록 요구하였다. 그 결과 16대 국회의원선거에서는 여성의원 비율 5.9%(16명)이 크게 웃도는 수준으로 늘어나게 되었다.

우리는 향후의 여성의원의 비율이 어떻게 변화할 것인지 예측할 수 없다. 그러나 여전히 여성의 권익 향상을 위해서는 공직에서 여성의 대표성이 확대되어야 한다는 데에는 이견이 없다. 하지만 우리는 지속적인 여성의 대표성 향상을 위해서 다음과 같은 질문에 답해야 한다. 여성의 어떤 면이 한국 정치에 영향을 미치게 되는가? 특히 국회에서의 여성의원이 지속적으로 증가하게 되면, 그들이 정치적 태도와 정책 우선순위 또는 입법 스타일이나 역할에 따라 정치를 변화시킬 수 있을지 답할 필요가 있다.

여성학자들은 정치과정에서 여성인구에 비례하는 대표성 확보는 두 가지 근거를 바탕으로 반드시 성취되어야 한다는 주장을 한다. 첫째, 민주주의 이론에 입각하여 여성계층의 대표성은 보장되어야 한다는 이론적, 규범적 근거와 둘째, 여성은 그들 특유의 정치적 성향이 형성되어 있으므로 남성중심의 정치에 또 다른 정치스타일, 정치문화를 투입할 수 있다는 현실적이고 경험적 근거를 들고 있다(이범준, 1997). 따라서 정치과정에서의 여성의 저대표성은 왜곡되고 불균형한 정책결정을 낳을 수 있고 사회에 대한 여성지도자들의 기여 기회를 봉쇄하게 되어 인적 자원 낭비로 정치발전을 저해한다는 결론을 가져다준다. 그러므로 여성의 정치참여가 부진한 상황에서 여성의 정치참여 확대가 필요하다는 논거는 바로 여기에 있다.

앞에서도 언급했듯이 보다 많은 여성들이 공직에 진출해야 한다는 주장은 다양한 규범적·경험적 근거에 의해 뒷받침되고 있다. 이러한 논의는 특히 여성이 사회에서 대표되지 않는 영역에 대해 남성과는 다른 관점과 우선순위를 가지고 있다면 더욱더 의미를 갖게 될 것이다.

그럼에도 불구하고 남성정치인들은 여성정치인들의 역할에 대하여 긍정적이지 못한 경우가 많이 있다. 물론 17대 국회에 들어와 남성의원들의 여성의제에 대한 관심도가 많이 증대되었으나 아직 낮은 상황이다. 이와 관련하여, 17대 국회에서 여성의원의 의정활동 평가를 통하여 성차를 발견하고, 앞으로 여성의 정치참여 확대를 위한 논리를 개발하는 것은 이론적, 실질적으로 의미가 클 것으로 기대되고 있다. 국민의 대의기관에서 남녀 의원의 성 인지성 확보는 중요한 과제이다. 따라서 본 연구에서는 17대 국회에서의 남녀 의원의 의정활동 분석을 통하여 국회의원의 성 인지성 확보 지원방안을 마련하고자 한다.

본 논문은 관련 선행 연구가 거의 없는 상태에서, 2006년 17대 국회 출범 3년째를 맞아 ① 남녀 의원의 여성의제/여성정책/여성관련법안 등에 대한 관심도 조사를 통하여 국회의원의 성 인지성을 조사하고, ② 속기록 분석을 통하여 17대 남녀 국회의원의 상임위원회 의정활동 평가에 따른 의정활동의 성차를 발견하고, ③ 외국 사례를 통하여, 향후 남녀 국회의원의 성 인지성 확대 지원방안을 마련하는 데 그 목적이 있다.

2. 연구 내용 및 방법

가. 연구 내용

본 연구를 위해 제1장에서는 연구의 필요성과 목적, 연구 내용 및 방법, 선행 연구 분석, 분석 틀 및 방법론 등을 살펴보았다. 제2장에서는 남녀 국회의원 의정활동, 성 인지성의 성차에 관한 이론적 고찰을 하였다. 세부 내용으로는 ① 성차에 대한 개념, ② 국회의원의 의정활동 성 인지성 확대의 필요성, ③ 최근 시민단체들의 국회의원 평가 내용 및 평가 틀을 분석하였다. 제3장에서는 제17대 국회의원을 대상으로 여성의제·여성정책에 대한 관심도 조사 및 성 인지성에 대한 의식을 조사 분석하였다. 제4장에서는 17대 국회의원을 대상으로 입법활동을 분석하였다. 세부 내용으로는 ① 남녀 의원의 주요 상임위 활동에 대한 행태 분석(2004~2005년〈2년간〉), ② 여성 관련 대표 발의 법안 현황 및 내용 분석(2004~2005년〈2년간〉)을 하였다. 제5장에서는 외국의 남녀 국회의원의 성 인지성 향상을 위한 프로그램 및 지원 정책에 대한 사례연구로서 미국과 스웨덴의 사례를 소개하였고 마지막으로 제6장에서는 이러한 앞의 내용을 바탕으로 국회의원의 성 인지성 향상을 위한 정책추진 방안을 제시하였다.

나. 연구방법

첫째, 문헌연구 및 자료수집이다. 문헌연구를 통하여 성차 및 성 인지성에 대한 개념과 범주를 설정하고, 국회의원의 성 인지성 확보의 당위성에 대한 이론적 고찰에 중점을 두었다. 아울러 관련 선행 연구를 알아보고자 하였다.

둘째, 질문지 조사방법이다. 구체적으로 17대 국회의원 297명 전체(공석 2명)를 대상으로 하여 여성의제 및 여성정책에 대한 관심도를 조사하고자 하였다. 주요 설문조사 항목은 ◦양성평등 의식 및 인식, ◦여성정책 현안 및 추진, ◦법제도 개선 내용에 대한 인식정도, ◦여성지위에 대한 평가, ◦여성정책 발전을 위한 국회 및 국회의원 역할과 기능, ◦여성의원에 대한 인식·정치적 태도, ◦여성정책관련 연수경험 등이다.

셋째, 속기록 분석이다. 17대 국회의원의 의정활동의 성차를 분석하기 위하여 2004~2005년(2년간)의 주요 상임위에서의 남녀활동에 대한 속기록을 분석하였다. 분석내용으로는 ◦남녀 국회의원의 상임위원회 활동에 대한 행태 분석, ◦속기록을 통해 본 상임위 심의과정의 변화, ◦남녀 국회의원의 법률안 발의 및 처리 현황, ◦남녀 국회의원이 대표발의한 여성관련법률안 내용 등이 있다. 또한 남녀 의원의 여성관련법안 심의과정의 변화와 관련하여 2004~2005년(2년간) 여성 관련 대표발의 법안 현황 및 내용을 분석하고자 하였다.

넷째, 외국 사례연구이다. 여성의원의 비율이 높은 미국, 스웨덴 등 우리에게 교훈을 줄 수 있는 선진 국가를 선택하여 국회의원의 성차 및 성 인지성 확대를 위한 정책을 알아보고자 하였다. 이를 위해 해당 국가의 학자를 초청하여 2005년 10월 국제세미나를 개최하고 발표된 내용조사를 바탕으로 하였다.

다섯째, 관계전문가 자문 및 관계자 회의이다. 여기서는 앞 연구 설계 및 연구자들이 수행한 연구 결과를 바탕으로 관계 전문가와 함께 전문가 자문회의를 개최하였다.

다. 연구의 분석 틀

국회는 법과 제도를 제정하고, 예산을 확정하며 정책을 심의하는 국민의 대의기관이다. 그러므로 국민대표인 국회가 수행하는 법의 제정, 예산의 심의와 확정, 그리고 국민의 의견수렴과 정책반영은 국가의 운영과 발전에 절대적 영향을 미친다. 따라서 국회가 본연의 목적에 따라 정상적으로 기능하지 못할 때 그 사회는 비용을 지불하지 않으면 안되는데, 그것은 공적 합의의 형성을 어렵게 하여 국론 분열과 사회적 갈등이 일상화되면서 공동체가 지향하고자 하는 목적 달성을 어렵게 만든다. 대한민국은 17대 국회를 맞아 다양한 변화를 겪었다. 17대 국회의 가장 두드러진 특징은 초선 의원이 약 63%를 차지할 정도로 인적 교체가 이루어졌다는 점과 여성의원 비율이 전체의 13.7%(41명)를 차지할 정도로 괄목할 만한 성장을 이루었다는 점이다.[3] 여성 국회의원들의 확대와 함께 이루어진 획기적인 일 중의 하나가 바로 2006년 9월 국가재정법이 통과되었다는 점이다.[4]

남성과 여성은 기본적으로 같은 정책수요자로서 대등한 대우를 받아야 함에도 불구하고, 아직까지 여성들은 남성들과 다른 차별된 정책에 바탕을 둔 대우를 받아왔다. 지금까지의 대부분의 정책은 효율성과 효과성을 강조하는 측면에서 정책 평가와 분석이 이루어져 왔고, 성의 측면이 적절히 고려되지 못하였다. 또한 가부장제 이데올로기가 지배하는 사회 체제하에 남녀 간의 불평등한 사회적 관계가 존재하므로 성 중립적으로 보이는 대부분의 정책이나 프로그램들에도 성차별적

---

3) 사단법인 21세기여성정치연합(2005. 12.), 「여성국회의원의 의정활동과 여성 정책 발전 - 17대 국회 여성의원활동을 중심으로」, pp.3 - 4.

4) 한국여성개발원 성 인지 예산 연구단(2007. 3. 29.), "성 인지 예산분석 기법 개발 및 제도적 인프라 구축방안 연구" 착수보고, p.17.

요인에 바탕을 둔 채 시행되어 왔다. 이를 개선하기 위하여 여성의 의식과 경험이 고려된 정책의 개발과 집행이 이루어져야 하며, 정책에 있어 남성과 여성에게 미치는 영향력 정도가 파악되어야 한다. 그러한 의미에서 국회의원의 여성정책에 대한 인지도 및 의정활동 평가는 국회가 국민의 대표기관으로서 남성과 여성에게 골고루 영향을 미치는 정도를 파악하는 데 있어 중요한 변수가 되는 것이다. 따라서 17대 국회의원의 성 인지성 파악 및 의정활동 평가는 큰 의미를 갖는다.

따라서 본 연구에서는 국회의원을 대상으로 성 인지성에 대한 조사 및 의정활동 분석을 통하여 국민에 미친 영향을 분석하고, 그 과정에서 드러난 문제점을 개선하기 위한 향후 과제를 모색해 보고자 하였다. 구체적으로 이를 위한 조사방법으로 국회의원 대상 질문지 조사, 속기록 분석, 외국 사례연구를 실시하였다.

〈그림 I-1〉 분석 틀 및 방법론

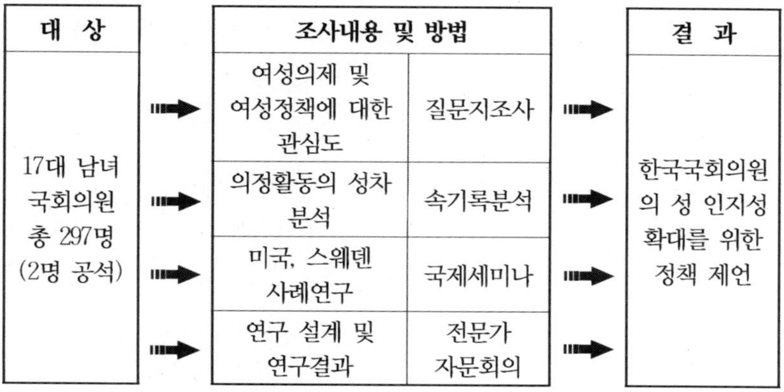

대 상	조사내용 및 방법		결 과
17대 남녀 국회의원 총 297명 (2명 공석)	여성의제 및 여성정책에 대한 관심도	질문지조사	한국국회의원의 성 인지성 확대를 위한 정책 제언
	의정활동의 성차 분석	속기록분석	
	미국, 스웨덴 사례연구	국제세미나	
	연구 설계 및 연구결과	전문가 자문회의	

3. 선행 연구 검토

지금까지 국회에서의 남녀 의원 의정활동에 관한 연구는 극히 저조하였다. 그나마 대표적으로 1992년 한국여성유권자연맹 "제13대 한국 국회의원들의 의회활동에 관한 조사연구", "국회의원 상임위 활동에 관한 연구: 15대 및 16대 국회를 중심으로(조관식, 2004)", 8대에서 14대 국회의원들의 신상자료를 분석하여 국회의원들의 사회적 특성이 어떠한가를 밝힌 연구(유창선, 1993)들이 국회 남녀의원의 의정활동에 관한 연구로 꼽을 수 있다. 이들 연구는 국회가 정책의사결정을 하는 곳으로서 국민에 의해 선출된 의원들이 어떤 대표성을 나타내느냐에 따라, 의정활동의 방향이 결정된다는 점을 강조하고 있다. 일반적으로 국회의원의 주요활동을 크게 나누어 볼 때 원외 활동과 원내 활동으로 구분해 볼 수 있는데, 원외 활동은 지역구 활동을 중심으로 전개되는 반면 원내 활동은 크게 본회의 활동과 상임위원회 활동으로 이루어진다. 따라서 의정활동은 국회의원이 어느 정도 전문성을 갖고 성실하게 참여하고 있는지의 여부가 중요한 변수가 될 수 있다는 것이다. 왜냐하면 국회의원의 의정활동은 정치 환경 여건에 따라 역할이 크게 다르게 되고 어떠한 기능과 의식구조를 국회의원이 가지고 의정활동을 하느냐에 따라 모든 정치활동의 범위와 방향이 결정되기 때문이다 (한국여성유권자연맹, 1992).

한편, 성 인지적 관점에 기반을 두어 여성정책에 관한 남녀 국회의원의 의정활동을 분석한 연구는 여성정치세력민주연대에서 17대 국회 여성의원의 의정활동을 평가한 「여세연의정모니터평가서」를 비롯해, 사단법인 21세기여성정치연합이 17대 국회에서 여성의원들의 의정활동에 영향을 주는 요인을 분석한 「여성 국회의원의 의정활동과 여성 정책 발전」과 제15대 국회 속기록을 중심으로 여성정책에 관한 남녀 국회의원의 관심 및 기여도를 비교 분석한 연구(박숙자·김혜숙, 1999)가 있다. 또한 유엔은 1995년 '북경여성대회'에서 양성평등정책의 확대를 위해 성 주류화(gender mainstreaming) 전략을 채택한 이후, 국내에서는 성 인지 정책을 추진하기 위한 방안으로 성 분석(gender analysis), 성별영향 평가(gender impact assessment), 성 인지 예산(gender sensitive budget), 성별 통계(gender disaggregated statistics) 등이 논의되어 왔다. 이에 따라 김경희(2005)는 성 인지 정책의 도입 배경과 내용을 살펴보고 성 인지 정책의 추진전략과 개발과정에서 나타나는 특징을 검토하면서 이 정책이 한국의 여성정책에 미치는 영향과 의미를 평가하고 있다.

이처럼 성 인지적 관점의 중요성이 부각됨에 따라 「성 인지 정책의 형성과 의미」(김경희, 2005), 「서울시 성 인지적 시정운영을 위한 기반 조성 연구」(신경희, 2003), 「성 인지적 예산편성 제도화하자」(심상정, 2006) 등의 연구들이 나오게 된 것이다. 구체적으로 국회의원 의정활동의 성차 분석 및 성 인지성에 관한 선행 연구는 다음과 같다.

첫째, 박숙자·김혜숙(1999)은 제15대 국회 속기록을 중심으로 「여성정책에 관한 남녀 국회의원의 관심 및 기여도 비교분석」을 연구했다. 국회의원들이 여성문제에 관하여 얼마만큼의 관심을 가지고 있으며 여성정책에 얼마나 기여하고 있는가, 그리고 이러한 여성 관련 문제와 관심도는 남녀에 따라 어떤 차이가 있는가를 바탕으로 위원회별 여성 관련 발언 횟수, 성별 발언 횟수, 정당별 발언 횟수를 통해 여성 문제 및 관심도가 다르게 나타나고 있다는 점을 보여주었다. 박숙자·김혜숙은 국회 회의록을 분석한 결과, 남성의원보다는 여성의원들이 여성문제에 대한 관심도 많을 뿐만 아니라 여성과 관련된 다양한 문제에 폭넓게 관심이 있다는 것을 밝히고 있다. 또한 여성 관련 문제에 대한 관심정도에 있어서 남성의원들은 현황이나 대책을 질의하거나 문제점을 제시하는 경우가 많은데, 여성의원들은 문제점을 분석한 후 대책을 질의하거나 자체적으로 대안까지 제시하는 경우가 남성의원에 비해 많은 것으로 나타나 성별 차이를 보이고 있었다. 이는 여성정책이 지속적으로 발전하고 추진되기 위해서는 여성 국회의원이 많이 진출하여야 한다는 것을 입증하고 있다고 할 수 있다. 이미 언급했던 한국여성유권자연맹(1992)의 「제13대 한국 국회의원들의 의회활동에 관한 조사 연구」에서 나타난 바와 같이 한국 국회의원은 여성의 지위 향상을 위해 여성만이 할 수 있는 일들이 사회에 있다는 것을 인정하여 성차에 의한 여성의 현실참여를 긍정적으로 인정하고 있었다. 그러나 여·야 합당을 통해 여성후보에게 할애해 줄 공천후보의 자리가 없다는 엄연한 현실에 대해서는 여성을 위한 할당제 같은 배려를 실제로 주저하고 있다는 것이다. 따라서 여성의 정치참여확대를 위해서는 여성유권자운동이 보다 활발히 전개되어야 할 것이다.

둘째, 여성정치세력민주연대(2005)에서 17대 국회 여성의원의 의정활동을 평가한 「여세연 의정모니터평가서」에 따르면, ① 전문적인 의정을 성실히 수행했는가, ② 당 내외 개혁을 위해 노력했는가, ③ 소외 계층을 대변하는 일에 매진했는가, ④ 여성 관련 활동을 활발히 수행했는가 등에 중점을 두고 있다. 이처럼 기존의 국회의원의 평가기준이 일반적인 의정활동뿐만 아니라 여성 관련한 정책 질의 및 입법활동을 얼마나 적극적으로 하고 있는가, 여성계와의 소통 및 부정적인 정치문화 개선에 얼마나 기여했는가 등을 평가기준으로 삼고 있으며 성 인지적인 의정활동의 필요성을 주장하고 있다. 한편, 국감활동을 평가하면서 '여성의원의 부정적 국감활동', '대안제시 능력의 부족', '현실성이 떨어지는 질의' 등을 문제로 지적했다.

셋째, 심상정(2006)은 '성 인지적 예산편성 제도를 주장하며 정부가 성 인지 예산과 관련된 조치들을 수행하도록 하기 위해서는 국가재정법의 예산원칙에 성별 형평성의 원칙을 명시하고, 외국의 경우처럼 국회에 제출하는 예산안과 결산서에 별도의 '양성평등 예·결산 보고서'를 제출하도록 명시해야 한다고 주장하며 이는 여성가족부 혹은 몇몇 의원들의 개별적인 노력에서 그치는 것이 아니라 제도화되어야 한다고 말하고 있다.

마지막으로, 사단법인 21세기여성정치연합은 여성의원들이 의정활동 참여성, 전문성, 여성친화성, 국정활동 등을 분석하고 있는데 여성들은 특히 보육, 성매매, 성희롱 문제 등 여성관련 문제중심의 의정활동에 적극적인 것으로 나타났다.

한편, 한국의 역대 국회의원들의 신상자료를 분석하여 국회의원들의 사회적 특성을 밝힌 연구에서는 국회의원 구성에서 여성이 차지하는 비율이 낮아 여성의 정치엘리트의 진출은 아직도 요원한 과제(유창선, 1993)라고 지적하고 있다. 여성 국회의원들의 국회 진출이 저조한 것은 국민들이나 국회의원들의 의식구조가 여성표에 대한 중요성을 인정하지 않기 때문인 것보다는 제도적인 문제(한국여성유권자연맹, 1992)라는 점을 설문결과 밝히고 있다.

그럼에도 불구하고 2004년 17대 총선에서 여성의원 비율이 13.0%(39명)로 늘어나 정치에 새로운 희망을 갖게 하는 기대가 높아지고 있다. 이와 관련하여 17대 국회에서 여성의원의 의정활동 평가를 통하여 성차를 발견하고, 앞으로 여성의 정치참여 확대를 위한 논리를 개발하는 것은 이론적, 실천적으로 의미가 클 것으로 전망된다. 그렇기

에 국민의 대의기관에서 남녀 의원의 성 인지성 확보는 중요한 과제
임이 틀림없는데도 불구하고 아직 성 인지적 관점 및 정책 마련에는
미흡한 형편이고 이와 관련한 연구 또한 전무한 실정이다.

국회의원 의정활동 성차 및 성 인지성에 관한 이론적 배경

1. 개념정의

가. 성 차

한국에서의 여성의 사회참여 정치참여를 가로막는 요인들로 성별분업론이란 개념 즉 여성은 가정, 남성은 일, 여성은 사적 영역, 남성은 공적 영역, 여성은 주부, 어머니, 출산·양육·가사 담당자, 남성에 대한 생계의존자라는 인식이 사회구성원들 뇌리에 박혀있기 때문인 것을 들 수 있다. 이는 한국의 여성이 여전히 신분사회에 살고 있음을 말해준다. 왜냐하면 봉건적 신분제도가 폐지됐다는 근대 시민사회의 원리가 공적 영역, 남성의 영역에만 적용되고, 여성은 여전히 지위와 역할이 날 때부터 고정되는 성 신분제의 구속을 받기 때문이다(이영자, 1999). 이러한 배경에서 마주르(Mazur, 2002)는 여성과 남성의 다른 성 역할에 대한 지배적 관념에 관심을 가질 필요가 있다고 주장하면서 지배적인 성별 분업의 문제를 인정해야 한다고 주장한다. 한편, 러웰 엘더(Laurel Elder, 2004)는 미국의 정치적 제도에서 여성의 참여가 저조한 이유를 복합적인 측면에서 접근하고 있는데, 주 요인은 사회적인 성 역할, 정치적 자신감의 결여, 가족에 대한 책임감, 그리고 상대적으로 모든 영역에서 활동하는 역할 모델 부족 등에 있다고 분석한바 있다.

정치가 집단과 개인들을 권력의 장 안에 합리적으로 배치하는 기술이라면, 그것은 사회 모든 영역의 구조적 인간관계를 표나게 집약하는 핵심공간이라고 할 수 있다. 따라서 성적 차원에서 인간관계가 평등해지려면 인류의 반인 여성이 정치 영역의 반을 차지해야 한다. 그러나 그동안 정치는 전형적인 남성의 영역으로 여겨졌다. 여성의 역할은 전통적으로 가정이라는 사적 영역에 머물러야 했다. 공적 영역으로서의 일터는 무엇보다도 남성의 영역이었다. '공적 남성'과 '사적 여성'이라는 성 역할의 분리는 출산과 양육이라는 '여성의, 여성만의 독특한 책임 영역'을 근거로 정당화되었다. 즉 이러한 여성과 남성의 성 역할 분리는 생물학적 차이에 바탕을 두고 있다. 즉 여성과 남성은 각자의 해부학적 차이에 따라 적절하게 사회화됨으로써 지위와 역할이 달라진다는 것이다. 하지만 여성과 남성의 사회적 정체성은 그들의 성 역할, 곧 젠더에 바탕을 두고 있는 것이지 생물학적 성에 직접적으로 바탕을 두고 있는 것은 아니다(고종석, 2003).

여성주의자들은 생물학적 또는 신체적 성차를 의미하는 성(sex)와 구분되는 개념 범주로서 사회적으로 구성된 성차로서의 젠더(gender)를 고안하여 사용함으로써 이론적 근거를 마련하였다. 젠더개념에서 성차는 양성 간의 '자연적인' 차이로 보는 생물학적 결정론에서 벗어나서 남성과 여성을 사회적 및 역사적 구성물로 이해할 수 있는 시각을 제공해 주고 있다. 이처럼 젠더의 시각에서 보면, 성차는 남성과 여성들이 태어날 때 각기 다르게 타고난 고정불변의 본성에서 비롯된 것이라기보다는 양육과 교육 및 사회적 경험 등 사회화 과정을 통해 후천적으로 형성된다(이구표, 2003: 252). 결과적으로 남성과 여성에 대한 이분법적이고 일반화된 통념의 수준을 벗어나서 깊이 있는 통찰력을 키우기 위해서는 여성과 남성이라는 범주의 의미를 사회적 구성물로서 이해할 수 있어야 한다는 것이 핵심이다. 무엇보다 성차를 인지하는 것은 우선적으로 여성과 남성 간의 다름을 인정하는 것에서부터 출발한다.

한편, 국회의원 성차의 경우 17대 남녀 의원들은 '가장 우선시하는

정책 현안'에 대해 남·여의원간에 서로 뚜렷한 입장 차를 보이는 것
으로 나타났다. 남성의원은 경제성장(28.6%), 외교·안보·통상(24.1%)
문제에 우선순위를 두고 있는 반면, 여성의원은 양극화 해소(45.8%)
를 가장 시급한 정책 현안으로 꼽아 상대적으로 남성의원에 비해 진
보적인 성향을 나타냈다. 또, 양극화 해소에 이어 여성·노동문제
(8.3%), 교육문제(8.3%)도 중요한 현안이라고 답했다. 김은경(2006)
은 17대 남녀 의원의 이념 성향을 평가한 결과, "여성의원이 남성의원
보다 이념 성향에서 더 진보적이며, 선출직 여성들이 더 진보적"이라
고 분석했다(우먼타임스, 2006. 10. 25.)[5]. 여성의 주요 관심 분야가
남성보다 더 인도주의적, 사회복지 지향적, 온정적 성향이 두드러지게
나타나는데 이것 역시 가정에서의 양육자로서의 역할 때문이라고 주
장하기도 한다(이범준, 1998: 29에서 재인용). 의회에서 여성을 대표
하는 즉 여성의 의제, 아이, 가족 문제는 남성보다 여성의원이 더 적
극적인 자세를 보인다는 것이다(Sue Thomas, 1990). 이는 곧 남녀 국
회의원의 성차는 여성의원이 여성으로서 자라온 환경적 요인으로 인
해 남성의원보다 더 복지나, 여성정책에 친화적이라는 것이다. 여성
친화적이라는 것은 곧 남성의원들이 보지 못하는 정치의제를 '여성의
경험'과 '여성의 눈'으로 더 세심하게 바라볼 수 있는 가능성이 잠재되

---

5) 미국에서는 1976년부터 여성투표의 여권투표화라는 새로운 성차(gender gap)
가 나타나고 있다. 즉 여성들은 남성에 비해 공화당에 표를 덜 던지는 경향이
있으며 전쟁과 평화의 문제, 평등권, 낙태, 복지문제 등에서 남성에 비해 진보
적인 성향을 보이는 것으로 드러났다. 이러한 사실은 전통적인 여성유권자에
대한 가설이 최근 변화되고 있음을 보여주는 것이다(오유석, 1999: 324). 한국
에서도 1990년 이후 이러한 변화가 일어나고 있고 17대 국회에서도 나타나고
있다고 할 수 있겠다. 즉 사회적 변화로 인해 여성의 영역이 사적 영역에서 공
적 영역으로 확대되어 갈수록 미국에서 나타나는 새로운 성차가 한국에서 나
타날 수 있다는 것을 시사한다.

어 있다는 것을 의미한다.

한편, 정치이슈에 대한 여성의 보수적, 윤리적 접근과는 다소 모순되는 듯한 또 다른 여성의 성향은 사회·경제정책과 관련된 이슈에 대해서도 남성보다 더 진보적인 태도를 보인다는 점이다. 그런가 하면 영국의 대의제도 보고서(The British Representation Survey, 2001)에 따르면 여성의원과 남성의원은 정당 내에서 각각 정치적 태도와 가치 범주에 따라 입장과 차이가 다름에도 불구하고 여성은 일반적으로 긍정적인 태도나 자유로운 성 평등정책을 지향하고 있다는 것이다. 다시 말하면 여성이 복지 이슈를 수행하거나 복지위원회에 더 쉽게 일하는 것을 보면, 여성의원은 보수적인 제도나 그들의 입장에도 불구하고 여성친화적인 자유로운 복지정책을 수행할 가능성이 있다는 것을 보여준다(Sarah Poggione, 2004: 305).

나. 성 인지성(gender sensitivity)

성 인지성은 지금까지 성별에 대한 차이가 성차별을 유발할 수 있다는 문제의식에서 출발한다. 즉, 성 인지적 관점이란 일반적으로 여성이 남성과는 다른 이해(interest)와 요구(need)를 가지고 있다고 보면서 여성과 남성의 삶을 비교하고 여성 특유의 경험을 반영하며 특정한 개념이 특정 성에게 유리하거나 불리하지 않은지 성 역할 고정관념이 개입되어 있는지 아닌지 등을 분석에 적용하는 것을 의미한다(차인순, 2002). 이런 점에서 성 인지력(gender sensitivity)이란 특정 성에게 불평등이 발생하지 않도록 여성 또는 남성의 권익과 사회참여 등에 미칠 영향을 인식·반영하는 능력이라 정의내릴 수 있다(여성발전기본법 21조 3, 2005. 12. 8. 개정). 즉, 성 인지성이란 여성과 남성의 차이에 대한 인식을 기반으로 성 인지적인 실천을 할 수 있는 실천의지가 함양되어 개인이 처한 각 사회적 상황에서 성 인지력을 실천할 수 있는 것을 의미한다. 이러한 성별영향을 인식하는 것을 성 인지라고 하며 남성과 여성 간의 불평등이 결코 형성된 생물학적 성(sex) 차이로부터 발생하는 것이 아니라 사회적으로 형성된 성별에 따른 역할기대와 그로 인해 만들어진 믿음, 관습, 제도 등으로 형성되는 것이라는 점을 민감하게 인지하는 것을 의미한다(여성가족부, 2006).

그러나 주의할 것은 여성과 남성의 생물학적, 사회문화적 차이에 대한 객관적 증거와 이러한 요인이 차별로 이어져 나타나는 현상의 결과, 여성과 남성의 차이와 차별에 대한 인식의 필요성, 이를 위한 정책과 제도의 종류와 의미, 국제적 노력 등 성 인지와 관련된 각종 지식을 체계적으로 알고 있다는 것이 성 인지성은 아니라는 것이다. 체계적 지식을 가졌다는 것이 태도나 실천으로 이어지기 위해서는 사고를 행동화하기 위한 몇 단계의 절차가 필요하다고 할 수 있다(한국양성평등교육진흥원, 2006). 무엇보다 성 인지력을 갖추기 위해서는 성을 고려하지 않은 소위 몰성적(gender blind) 정책이 양성에게 차별적으로 영향을 미칠 수 있음을 인식해야 한다.

결국, 성 인지성이란 여성과 남성의 차이에 대한 인식과 이로 인한 차별적 상황을 인지하는 감수성을 기반으로 이에 대한 반성적 사고를 통한 경험적 재구성을 통하여 실천의지를 함양함으로써 개인이 접하는 다양한 상황에서 실천의지를 발현할 수 있는 것으로 규정할 수 있다(한국양성평등교육진흥원, 2006: 311).[6] 따라서 양성평등을 저해하

---

6) 성 인지성에 대한 출발은 성별에 따른 조건과 특성, 요구를 민감하게 인지하여 차이가 차별로 이어지지 않도록 하는 능력으로 '무엇이 문제이고 어디에 문제가 있는지에 대한 일반적으로 수용할 수 있는 설명이 부재하는 현실

는 요인에 대하여 민감하게 인식하고 이에 대한 대안 제시와 대안을 실현할 수 있는 의지를 기반으로 실천을 담보하는 역량이라고 할 수 있다. 요컨대 여성과 남성 간의 차이에 대한 인식, 차이에서 나타나는 차별에 대한 인식 그리고 나아가 불평등의 시정 조치를 의미하며, 이러한 과정은 궁극적으로 성별 형평성(gender-equity)을 추구하는 것이라고 할 수 있다(차인순, 2003).

2. 국회의원의 의정활동 성 인지성 확대의 필요성

국회가 입법에 관한 권한을 갖는 것은 대의기관인 국회의 본질적 기능으로서 헌법에서도 명시하고 있다.[7] 입법권을 비롯하여 세부적인 국회의 권한으로 예산심의·확정권, 결산심사권, 조세종목과 세율법정권, 예비비지출승인권, 긴급재정·경제처분에 대한 승인권, 국가나 국민에게 중요한 재정적 부담을 지우는 조약의 체결·비준 동의권 등의 재정권, 국정의 행정 관료화 현상, 전문화 현상에 따른 국가 운영상의 문제점을 극복할 수 있는 제도적 보완장치인 국정통제권 등을 꼽을 수 있다. 또한, 국회는 헌법과 법률에 의하여 보장되는 폭넓은 자율권

에서 젠더의식화(gender conscientisation) 작업이 필요하다'(강선미, 2005). 이처럼 성 인지성에 대한 출발은 여성과 남성은 다른 이해나 요구를 가지고 있다고 보고, 특정 개념이 특정 성에게 유리하거나 불리하지 않은지, 성 역할 고정관념이 개입되어 있는지 아닌지를 검토하는 관점을 의미한다(여성가족부, 2006).

7) 헌법 제40조에서 "입법권은 국회에 속한다"라고 선언함으로써 국회에는 법률의 제정권과 함께 의원의 법률안제출권, 헌법개정안 발의·의결권, 조약 비준동의권 등이 있다.

을 갖는다. 즉, 국회규칙제정권, 내부조직권, 의사에 관한 권한을 가지며, 대의기관인 의원들의 독립성 내지 신분보장을 위하여 의원에 대한 불체포특권과 면책특권이 인정된다.

국회의 소집을 의미하는 집회는 헌법 제47조와 국회법 제4조에 의해 매년 9월 10일부터 100일간 집회함을 원칙으로 하는 정기회와 특별한 필요가 있을 때 부정기적으로 소집되는 임시회로 구분되어 운영된다. 국회가 활동을 할 수 있는 기간을 의미하는 회기는 국회의 의결에 의해 연장이 가능하나, 정기회 100일, 임시회 30일을 초과할 수 없도록 되어 있다. 한편 회의는 국회의원 전체가 참여하여 국장사안을 논의·표결하는 본회의와 전체 의원 중 소수를 선임·구성하는 위원회 회의로 구성·운영된다.

주요 의정활동으로는 한정된 자원을 배분하고자 하는 의사결정과정으로서의 예산심의, 상임위원회의 예비 심사를 거쳐 예산결산특별위원회에서의 종합심사 후, 본회의 심의를 거쳐 최종적 확정을 얻게 되는 결산심사, 국회의원 10인 이상의 찬성에 의해 발의되거나 정부가 제출한 법률안에 대한 심사, 국정 전반에 관한 사항을 전 상임위원회에서 매년 정기국회 중 20일간 의무적으로 시행하도록 규정되어 있는 국정감사 등을 들 수 있다. 국회는 위원회 중심으로 운영되고 있으며, 이는 본회의에 앞서 특정한 범주의 정책사안들을 전문적인 소수 의원들로 하여금 사전에 심사하게 하는 제도이다. 위원회 제도의 핵심인 상임위원회는 정책 분야별 또는 행정부처별로 분류·설치되어 의회의 정책결정과 행정 감시기능을 실질적으로 수행하는 의회 내부의 상설기관으로 되어 있다.[8] 대부분의 국가에서 상임위원회는 법안을 발안할 수 있고,

---

8) 박찬욱(1995), "한국 의회정치의 특성", 의정연구 제1권 제1호, 한국의회발전연구회, pp.136-142.

의회에 제출된 법안을 사전에 심사하여 본회의에 회부하거나 이를 폐기할 수 있는 동의권한을 보유하고 있다. 또한, 상임위원회는 행정부에 대해 국정감사나 국정조사를 실시하고 필요시에는 청문회 및 공청회를 개최할 수 있다.[9] 이러한 위원회는 본회의 축소형으로서 항구성(permanency)보다는 유동성(flux)을 갖는 토론과 타협의 장이며 계서적(scalar) 과정보다는 수평적(lateral) 과정의 집단의사결정의 장으로, 정치(politics)와 정치인(politicians)의 광장(forums)이 되는 것이다.[10]

의회는 본연의 기능을 수행함에 있어서 국민대표로 구성된 의원 전원에 의하여 운영되는 것이 기본이나, 다수의원 전원이 장기간의 회기 동안 고도의 기술적이고 복잡 다양한 내용의 방대한 안건을 다루기에는 능력과 시간상의 제약이 따른다. 따라서 의원 전원 참석의 한계를 극복하기 위한 방안으로 태동된 것이 위원회 제도이며, 이러한 위원회 중심의 국회운영은 의안 심의의 효율성, 사안의 전문성과 기술성, 증대하는 안건 처리의 효율성, 건설적인 심사의 필요성, 회의 운영에 있어 타협점의 발견 및 설득형 발언 토의를 가능하게 하는 탄력성 등을 높일 수 있다.[11]

이처럼 국회의원들이 수행하는 주요 기능으로는 첫째, 입법에 관한 권한, 둘째, 예산결산 심의, 셋째, 일반 사무에 대한 감사 등의 업무를 들 수 있다. 국회라는 기관이 국민의 정치적 대표기관이라는 점(정치적 갈등 해결)을 감안한다면 문제해결 및 갈등조정을 위해 국회의원들은

---

9) 정종섭(1992), "우리나라 입법과정의 문제 상황과 그 대책", 법과사회 제6호, 법과사회이론연구회, pp.85-92.

10) Tomas Saalfeld(1998), "The German Bundestag: Influence and Accountability in a Complex Environment", P. Norton ed. *Parliaments and Governments in Western Europe*, London: Frank Cass, pp.38-62.

11) 김성철, 장석영, 강여진(2000), "국회 예산심의의 결정요인에 관한 실증분석", 한국행정학보 제34집 제2호, 한국행정학회, pp.64-73.

정치적 리더십과 함께 전문성이 요구된다. 그렇기 때문에 인구의 반을 차지하는 여성의 입장을 고려하기 위하여 성 인지성을 가지는 것은 중요하다.

현재 세계 여러 나라에서는 성 인지적 관점의 정책을 추진하기 위한 도구로 성 분석, 성별 영향 평가, 성 인지 예산, 성별 통계 등을 사용하고 있다. 한국에서도 성 인지 정책을 형성할 수 있는 법적 근거가 2002년에 『여성발전기본법』이 개정되면서 성별 영향 분석·평가에 관한 조항이 포함되었고, 여성가족부는 2005년 6월에 성별 영향 평가부서를 별도로 신설함에 따라, 성 분석과 성별 영향 평가를 위한 구체적인 지침의 개발이 활발해지고 있다(김경희, 2005). 특히, 2006년 9월 국가재정법이 통과됨에 따라 성 인지 예산의 법적 근거를 마련함으로써 성 인지 예산의 분석기법 개발이 활발해질 전망이다. 이러한 배경으로 성 인지 정책은 일반 정책이 기획단계에서부터 집행과 평가 단계에 이르기까지 여성과 남성의 독특한 요구와 상황을 정확하게 파악하고 그들의 경험과 관점을 반영하여 특정 성에 대한 편견이 없이 공정하게 이루어지도록 유도하게 될 전망이다(김경희, 2005: 6). 전통적으로 여성이 사적·재생산적 영역에 한정된 존재였으며 이러한 경향이 현대까지 이어져 여성이 정치 영역에 참여하거나 정치에 필요한 능력을 함양할 기회에서 매우 불리하게 작용하였던 점을 부인할 수 없을 것이다. 이러한 사회적 인식은 여성의 정치참여와 행정 관리직 진출의 방해요인으로 작용하고 있으며 따라서 이러한 상황을 극복하기 위한 차원에서 성 인지성의 확대가 필요하다. 이는 곧 한국 사회에서 남성과 여성은 삶의 경험과 상황이 다름으로 인해 남녀의 사회 경제적인 지위의 차이를 낳는다는 점에서 출발한다. 즉 남성과 여성의 현실을 반영하여 만들어지고 정책의 효과가 양성 간에 형평성과 평등을 가져오도록 하는 것을 핵심으로 한다. 결국 사회적 범주로서의 성 인지성의 확대는 여성의 경험이 어디서 오며, 또한 여성들의 경험이 왜 남성들의 경험과 다른지에 대해 질문하고 대답할 수 있는 이론적 관점을 제공한다. 여성은 남성과 다르게 사회적으로 구성되었으며, 그 결과 다른 방식으로 사회관계와 사회과정의 지배를 받기 때문에 여성의 경험과 삶은 남성의 삶과 다를 수밖에 없다.

이처럼 현존하는 성 차이와 성차별에 대한 인식을 바탕으로 나아가 이러한 차이가 여성과 남성이 사회적 차원에서 접근 및 통제할 수 있는 능력에 영향을 미친다는 것을 이해하고, 그것이 미칠 수 있는 영향을 고려하는 성 인지성의 확대방안이 필요하다고 할 수 있겠다. 성별 영향을 고려한 정책은 여성과 남성의 서로 다른 요구와 삶의 경험, 특성과 차이를 반영하여 국가의 정책과 사업을 실행함으로써 그 결과가 양성 간에 형평성과 평등을 가져올 수 있도록 하기 위한 것이다.[12] 한편, 성차별이라는 경험이 피해자의 개인적이고 일상적인 수준에서 이루어지기 때문에 성차별에서 기인하는 문제를 정확히 파악하고 정의하기가 쉽지 않다. 하지만 이러한 성차별의 비가시성을 가시화하

---

12) 성 인지성을 확대하기 위해서는 성별 영향 평가를 수반하게 된다. 이는 여성과 남성의 서로 다른 요구와 삶의 경험, 특성과 차이를 반영하여 여성, 여성적인 것의 가치를 재평가하고, 여성이 가족과 사회를 위해 수행해 온 노동과 활동의 생산성을 인정하며, 여성들이 지닌 욕구(need)와 이해를 충분히 고려하는 것을 전제로 한다. 다시 말하면 성별 영향 평가란 성 분석(gender analysis) 또는 양성평등분석과 통용되는 개념으로 성 주류화를 위한 도구이며, 이를 위해 성 인지적 관점(gender sensitivity perspective)으로 정책형성 전 단계에서 남녀에게 미치는 영향을 고려하여 정책을 기획하고 집행하며 평가하기 위한 도구이다(여성가족부, 2006: 195). 한국에서 성별 영향 평가의 법적 근거는 2002년 개정된 여성발전기본법 제10조(정책의 분석평가 등)에 있으며 이 조항에서는 정책을 수립 및 시행하는 과정에서 사전에 미리 분석 평가하는 것으로 규정하고 있다.

는 동시에 양성 평등한 사회 구축을 위한 구체적인 해결방안을 모색해야 한다. 그 해결방안의 첫걸음이 바로 성 인지 교육인 것이다(여성가족부, 2006: 82-83).

특히, 입법부에서 성 인지 정책의 중요성이 강조된 것은 제17대 국회에 들어와 여성의원이 15대 3.0%, 16대 5.9%에서 13.0%로 늘면서부터이다. 그간 여성정책이 정부중심으로 이루어져 온 측면이 크나, 민주주의가 확대되는 가운데 국민의 대의기관인 국회의 기능이 좀더 활성화될 때 여성정책은 한층 더 발전할 것이다. 실제 국회가 달성해야 할 목표 중 하나가 인구의 반을 차지하는 여성의 입장을 대변하여 국가적 이해에 관련된 정책을 개발하고 포함하는 것이어야 한다. 이와 관련하여 17대 국회에서 여성의원의 의정활동 평가를 통하여 성차를 발견하고, 앞으로 여성의 정치참여 확대를 위한 논리를 개발하는 것은 이론적, 실천적으로 의미가 클 것으로 기대된다.

3. 최근 시민단체들의 국회의원 평가 내용 및 평가 틀 분석

한국여성단체연합이 지방자치단체를 중심으로 여성발전조례 및 여성정책이 실시되고 있는 정도를 다음과 같이 5가지로 성별 영향 평가의 틀을 제공했다. 첫째, 정책 또는 공공서비스가 여성과 남성에게 영향을 주는 요소들을 고려하는 것. 둘째, 정책입안과정 또는 정책개발 과정에서 요구되는 자료와 성별 통계를 수집하는 것. 셋째, 정책관련 집단들이 관계를 형성하고 아이디어와 의사소통을 할 수 있도록 전략을 수립하는 것. 넷째, 남녀가 정책 또는 공공서비스를 어떻게 달리 경험하는지를 집중 탐색하는 것. 다섯째, 특정 정책이 남녀에게 미친 영향을 검토하고 평가하는 것 등이다. 결국 이러한 분석 틀은 정책에 성 인지적 관점을 통합하기 위한 도구라고 할 수 있다. 결과적으로 정책과 사업의 젠더관련성(gender relevance)을 찾아냄으로써 성별에 따라 미치는 영향을 찾고자 하는 것이다.

한편, (사)여성정치세력민주연대는 17대 여성 국회의원을 대상으로 하여 성 인지적 관점과 개혁성, 전문성, 성실성을 기준으로 국정감사 모니터를 실시했다. 2006년 국정감사는 여성 국회의원 정책국감 주도 노력에도 불구하고 북핵과 정개개편에 떠밀려 사회적 관심을 받지 못했다는 평가다. 그러나 여성의원들이 늘어나고 적극적으로 활동하면서 각 상임위별로 여성에 관련한 내용에 한정하지 않고 보다 전문적인 능력을 보이면서 왕성한 의정활동을 보였다. 여세연 의정모니터단은 17대 여성의원들의 의정활동을 관찰하고 평가했는데 2005년의 경우 여성의원의 평가 틀을 네 가지로 분류하여 모니터했다. 첫째는 여성의원들이 전문적인 의정을 성실히 수행했는가, 둘째는 당 내외 개혁을 위해 노력했는가, 셋째는 소외계층을 대변하는 일에 매진하였는가. 넷째는 여성 관련 활동을 활발히 수행했는가 등에 중점을 두고, 통계치 조사, 회의록 분석, 상임위 방청, 기사스크랩을 토대로 다음과 같은 평가를 내렸다.

① 여성의제, 국회 수면 위로 떠올랐다.

② 성실하고 준비된 자세로 의정활동을 했다.

③ 의장석 점거, 명령조의 발언, 숫자 채우기 입법발의 등 구태의연한 모습도 나타났다.

④ 호주제 폐지는 이루어냈으나, 여성연대 활동은 기대에 못 미쳤다.

⑤ 당내 입지를 찾아가는 일에 적극적이지 못했다.

⑥ 필요악인가? 대변인을 맡고 있는 여성의원의 경우 발언이 지나치다.

⑦ 여성보좌진 채용에는 인색했다는 평가다.

국정감사에 대한 총평에서 여세연은 '폭로성 문제제기 수준을 넘어 구체적인 대안까지 제시하는 여성의원들이 늘고 있고, 피감기관의 여성공무원 비율을 따져 묻는 등 여성현안에 대한 책임감을 보여주었다'며 성실성과 정책 대안 제시에서 여성의원이 두각을 나타냈다고 평가했다.

다른 한편으로, 17대 국회에서 여성 국회의원이 남성의원보다 사회적 약자에 대한 정책을 우선시하며 법률안 발의와 통과 건수도 많다는 조사 결과가 나왔다. 한국여성정책연구원에서는 2006년 9월 남녀 국회의원 187명(남성의원 159명, 여성의원 26명)을 대상으로 조사한 결과, 당선 직후부터 9월까지 2년 반 동안 여성의원은 한 사람당 평균 40.42건의 법률안을 제안했다고 나타났다(한겨레, 2006. 10. 24.).[13] 특히, 여성의원들이 다수 참여하고 있는 정무위원회, 보건복지위원회, 문화관광위원회 등은 물론 여성의 참여가 없었던 건설교통위원회에도 여성의원이 참여하여 긍정적인 평가를 받고 있다. 또한 여성의원들의

---

13) 여성의원의 비율이 급격히 높아진 17대 국회에서 여성관련법률안의 발의와 처리 비율도 월등히 증가한 것으로 나타났다. 또 여성의원이 남성의원보다 더 많은 입법을 발의했고, 여성 관련 의제뿐 아니라 노동, 복지, 양극화 해소 등에 관심을 나타내 남성의원에 비해 진보적인 이념 성향을 지닌 것으로 나타났다. 여성관련법안 발의 건수는 여성이 30건, 남성은 38건을 발의해 남녀 간 큰 차이가 없었고, 각 상임위에 골고루 포진돼 있어 성 인지적 관점 차원에서 긍정적으로 평가됐다. 법안 내용에 있어서도 평소 여성문제로 특화되어 있던 노동, 복지, 보육, 가족 등의 영역에 머무르지 않고, 저출산, 고령화, 이혼율 증가, 세법 관련, 외국인 가족문제 등 다양한 분야에 걸쳐 나타났다(우먼타임스, 2006. 10. 24.).

여성고위직 비율의 불균형에 대한 지적은 물론, 남성의원의 경우 이제 여성정책에 대한 관심이 필요하거나 여성고위직이 늘어나야 한다는 부분에서는 어느 정도 인식이 공유되고 있다고 평가하고 있다. 예를 들어, 국방위원회에서는 황진하 의원이 기혼여군의 출산율이 평균보다 낮고 40% 정도가 자녀가 없는 점을 지적하면서, 출산과 복지대책을 지적하는가 하면, 원혜영 의원은 여군의 양적 확대에 비해 고위직이 부재한 점을 지적하며 여성 특화된 병과 이외에도 여성장군이 나와야 한다고 제안하였고, 육해공군 내 보육시설은 단 5곳에 불과하고 운영도 주간에만 함으로써 이용률도 낮다고 밝히면서 보육환경 개선을 요구했다.14) 이처럼 여성이 정치에 참여하면서 남성중심의 의제들이 간과되었거나 발굴해내지 못한 이슈들이 정치의 영역으로 포함되고 있다는 점을 알 수 있다.

한편 열린우리당 이경숙 의원(국회 여성위 간사)은 2005년 97회를 맞이하는 '3·8세계여성의날'을 기념하여 17대 국회의원을 대상으로 〈17대 국회 여성과제 관련 입법활동 계획〉에 대한 설문조사를 실시하였다. 조사 기간은 2. 25.~3. 5.로 전체 국회의원 299명 중 100명이 응답하였다. 이는 〈국회의원들의 여성관련 '입법과제' 관심도〉를 조사하기 위한 것이었으며, 이 조사에서 17대 국회의원이 답변한 여성 관

---

14) 여성정치세력민주연대 평등국회지킴이(2006)에 따르면, 지난해에 비해 의원들의 질의가 비교적 다양한 주제에 걸쳐 고루 이루어졌다고 할 수 있다. 손봉숙 의원은 파주 집장촌의 지자체 임대문제를 비롯해 유사성 매매에 대한 법해석 문제, 의식개선을 위한 지상파 공익광고 필요성, 유력일간지(스포츠지)의 성인사이트 불법운영 문제 등 성매매 관련 문제를 두루 지적하였고, 김영주 의원도 보육시설평가인증제도와 관련한 날카로운 질의를 하였다. 또한 고경화 의원은 보육시설 재무회계규칙 및 보육시설상의 보육교사 겸임관련 정책 혼선을 지적하였다. 한편 홍미영 의원의 경우 성별 영향 평가 관련 전담기구나 성별통계의 중요성을 지적하며 여성문제에 관해 비교적 다양한 질의가 이뤄졌다고 평가하고 있다.

련 최우선 과제는 '저출산 고령화에 따른 대책 수립'(32.4%)으로 나타났다. 성별로 나누어 보면, 여성의원들은 '여성의 일자리 창출, 여성 비정규직 차별 해소문제 해결'(25%)을, 남성의원들은 '저출산 고령화에 따른 대책 수립'(26%)을 최우선 과제로 꼽았다. 당별로 보면, 열린우리당, 한나라당, 민주당 의원들은 '저출산 고령화 관련법률 제·개정안'을 1순위로, 민주노동당 의원들은 '여성의 일자리 창출 등 경제지원 관련법률 제개정안'을 1순위로 꼽았다. 여성 관련 입법과제와 관련하여, 대표발의 의사를 밝힌 의원은 60%였으며, 가장 많은 관심 분야는 보육관련법률안(18%)이었다.[15]

그리고 한국유권자운동연합은 연례적으로 한 해 동안 이루어진 국회의원들의 의정활동을 평가해 오고 있다. 이는 국회 상임위원회의 속기록을 분석하여 국회의원 한 사람 한 사람의 활동을 분석 평가해 보는 것을 주된 목적으로 하여 국회의원들에게는 지난 일 년간 의정활동을 돌이켜 볼 수 있는 계기를 제공할 것으로 판단되며, 유권자들에게는 국회의원들의 의정활동을 정확히 평가할 수 있는 정보를 마련하여 줌으로써 향후 선거에서 보다 현명한 주권행사를 할 수 있게 할 것이다.

평가 대상은 지난 한 해 동안 국회 각 상임위원회에서 의정활동을 펼친 제15대 국회의원 전원을 대상으로 한다. 그러나 국회의장단, 정당의 주요 당직자(당대표, 사무총장, 원내총무, 정책의장 및 대변인) 및 당해 위원회의 위원장은 그들이 맡은 직무로 인해 상임위원회 활동에 제약이 있는 바 본 평가의 대상에서 제외하였다. 또 회기 중 위원회의 소속을 변경한 경우, 정부의 각료로 입각한 경우, 그리고 법률적인 판단에 의해 수감된 경우와 사망 등의 이유로 의원직을 잃게 된

---

15) 이경숙 의원(열린우리당/국회 여성위 간사/문광위원) 보도자료.

경우도 제외하였다.

분석대상이 된 위원회는 전반기와 후반기 중에 활동한 14개의 상임위원회이다. 운영위원회와 정보위원회를 제외한 모든 상임위원회가 대상이 되었다. 운영위원회는 국회의 의사일정 등 운영사항을 심의·의결할 목적으로 구성 운영되고 있는바 국회의원들의 의정활동 평가대상으로 적절하지 않다는 판단에서 제외되었고, 정보위원회는 활동 내역이 공개되지 않고 있는 바 평가대상에서 제외될 수밖에 없었다. 아울러 윤리특별위원회, 여성특별위원회, 예산결산특별위원회 등 특별위원회 또한 분석 및 평가대상에서 제외되었다. 예산결산특별위원회는 그 중요성이나 활동의 내용으로 보아 당연히 분석의 대상이 되어야 할 위원회이지만 그 독특한 성격으로 인해 평가척도가 다른 위원회와 같을 수 없다는 지적이 많아 당분간 평가를 보류하기로 하였다. 그 외의 특별위원회는 독자적인 위원회로 평가할 만큼의 눈에 띄는 활동이 없거나 한시적 성격을 지니고 있는 관계로 제외되었다.

1996년 한국유권자운동연합이 속기록의 내용을 분석하기 위해 개발한 평가지표에 의해 실시되었으며, 평가지표의 구체적인 내용은 국회의원이 위원회 활동을 통해 문제제기능력(의제화 능력: 정책심의능력)이나 대안제시능력, 그리고 사안에 대해 개인적이나 특정 이익집단을 대변하지 않는 공익성을 어느 정도나 과시하였는지(공정성), 또한 절차상의 민주성 정도는 어떠하였는지(민주성), 성실성 등을 포함하고 있다. 평가점수의 계산 방법은 정성평가인 내용평가에 400점, 정량평가인 과정평가에 100점을 부여하여 총 500점을 만점으로 하였다. 정성평가는 평가항목당 4인으로 구성된 학자 및 해당 분야 전문실무자 평가위원이 별도로 해당위원회의 속기록을 읽고 난 후 위원회 소속 의원별로 상대 평가하여 객관성과 공정성을 확보하도록 노력하였다. 위원회의

활동이 해당 항목에 있어 가장 뛰어난 상위 10%를 90점으로 설정하고 그 다음 20%는 80점, 중간 40%는 70점, 하위 20%에는 60점, 그리고 최하위 10%에는 50점을 배당하는 기준을 원칙으로 하였다. 정량평가 항목인 위원회 활동에 대한 성실성(100점 만점) 평가항목은 출석률(50점), 발언량(30점) 및 발언빈도(20점)를 측정하여 계산하였다.

평가대상의 선정에 있어서의 공평성, 비교평가에 의한 상대적 우수성의 중시, 의정활동 내용 충실성에 비중, 전문성을 충족시키는 평가위원의 선정과 복수로 구성된 평가위원으로 객관성의 확보 등이 기존의 평가와는 다른 특징을 가지고 있으며, 국회의원들의 본 회의에서의 활동이나 지역구 활동 등의 원외활동을 제외한 국회 내 일부 의정활동 평가로 보아야 한다는 한계를 가지고 있다. 때문에 본 평가의 결과를 바탕으로 국회의원의 중요한 의정활동인 막후 교섭활동, 지역구 활동, 사회활동 등을 포함한 전체를 평가할 수는 없다.[16]

한편, 강원택(2006)은 17대 국회의 전반기 2년의 평가를 네 가지 측면에서 분석했다. 첫째, 입법활동, 둘째, 행정부 견제활동, 셋째, 원내 갈등 관리, 넷째, 대국민 관계 등이다. 입법활동의 경우 지난 16대보다 활발해졌다는 점에서 긍정적인 평가를 내리고 있다. 또한 행정부 견제 활동이 활발해졌지만 실질적이고 깊이 있는 활동으로 이어지지는 못했다고 분석했다. 한편 나머지 두 영역에서는 이전과 비교해서 나아진 것이 없거나 오히려 퇴보하는 모습을 보이고 있다고 지적했다. 원 구성부터 시작해서 쟁점 사안마다 파행으로 이어지고 있다는 점을 비판하면서 법안처리 과정이 파행으로 이어지지 않도록 하기 위한 방안의

---

16) 한국유권자운동연합 의정평가단(1999), "제3차 국회의정활동 평가서-15대, 1998년도", 서울: 금문당, 한국유권자운동연합 의정평가단(2000), "제4차 국회의정활동 평가서-15대, 1999년도", 서울: 금문당, 한국유권자운동연합 의정평가단(2001), "제5차 국회의정활동 평가서-16대, 2000년도", 서울: 금문당.

마련이 시급하다고 말하고 있다. 결론적으로 종합적인 평가에서 살펴보면, 2004년 17대 총선 직후 국민들이 가졌던 정치개혁과 새로운 정치에 대한 기대감을 충족시키기에는 지난 2년의 활동은 매우 미흡했다는 지적이다.

이러한 평가는 남녀 국회의원의 성비에 따른 법안발의 건수나, 입법활동보다는 성비를 구분하지 않는 몰성적인(gender-blind) 관점에서 발의 법안 횟수, 비율, 상임위원회별 활동 등을 분석하는 정도에 그치고 있다.[17] 가령, 17대 국회에서 발생한 '사건'의 다수가 술자리 폭행, 성추행, 욕설 등과 같이 품위를 손상하는 '비윤리적' 행위였다는 점에서 문제의 심각성을 지적(강원택, 2006: 13)하고 있다. 하지만 반인권, 반여성적 행위에 대해 어떤 국회의원이 어떤 발언을 하고 대처했는가에 대한 구분은 명확하지 않다. 단지 이러한 국회의원의 윤리위반 사건에 독립적이고, 사회적 규범에 어긋나는 행위에 대한 실질적인 가이드라인을 제시하는 것이 필요하다는 주장을 하고 있다.

그럼에도 불구하고 2006년 국정감사에서 여성의원은 저출산, 복지, 일자리 문제 등 여성 의제와 관련한 이슈를 만들어내면서 정책 국감을 주도했다는 점은 긍정적으로 평가된다. 이는 270여 개 시민단체로 구성된 국정감사NGO 모니터단이 선정한 58명의 국감 우수 의원 명단에 여성의원이 13명을 차지했다(여성신문사, 2006. 11. 3.)는 점에서 확인할 수 있다.

---

17) 마찬가지로 박찬표(2006) 또한 "17대 국회 전반기 2년의 평가"를 분석하고 있는데, 입법활동 관련, 예결산 심의, 국회 원내활동, 국회의원 윤리문제 등에 관해서 몰성적인 분석에 그치고 있다.

17대 국회의원의 여성의제 및 여성정책에 대한 관심도 조사결과 분석

1. 문제의 제기

사회학적 견지에서 여성의 성차를 지지하는 이론적 논거는 주로 다음과 같은 가정에 기초하고 있다(Norris 1996). 첫째, 하나의 사회에서 남성과 여성의 구조적 차이는 모든 영역에서 광범위하게 나타나고 있다는 것이다. 둘째, 이러한 차이로 인해 사회의 주요 이슈에 대해 여성 특유의 관점이 생성되도록 한다는 것이다. 셋째, 이러한 특유의 정치적 관점을 고려한다면 효과적인 민주주의는 정책결정 과정에 여성들의 목소리가 반영되어야 한다는 것이다. 페미니스트들은 보다 많은 여성들을 공직에 진출시킴으로써 여성이 여성을 대표하게 되고, 여성들의 관심사를 집약하고, 공공정책의 본질과 방향을 바꿀 수 있다고 주장한다. 여성들의 관심과 이익은 계급, 인종, 종교 등 사회의 균열에 의해 다양하게 나뉘어져 있기 때문에 몇몇 소수의 여성들만으로는 여성의 이익을 결집할 수 없을 것이라고 생각할 수 있다.

이러한 주장에 기초하여 여성들은 자신의 정치적 태도, 리더십 스타일뿐만 아니라 정책 우선순위에 의해 국회에서도 특유의 기여를 할 수 있을 것으로 기대하고 있다. 특히 여성들은 여성문제, 육아문제, 가족문제 등과 같은 이슈에 보다 우선순위를 둘 것으로 기대되고 있으며, 다른 문제들도 젠더의 관점에서 재구성할 것으로 기대되고 있다. 아울러 개인적 스타일의 측면에서 여성들의 의회진출 확대는 갈등보다는 중재, 위계보다는 협력, 부도덕보다는 정직으로 특징지어지는 보다 친절하고 점잖은 정치(kinder, gentler politics)(Norris 1996)가 이루어질 것이라고 내다보기도 한다.

그러나 정치 영역에서의 여성의원들의 성차에 관해서는 긍정론과 부정론이 병존하고 있다. 긍정론의 논거는 위에서 언급한 바와 같이 여성은 특유의 정책 의제를 가지고 있다는 주장이며, 다른 하나는 일반적인 정치태도와 행태에 있어서 성차가 나타나고 있다는 것을 입증하고 있는 것이다. 전자의 경우를 보면, 미국 연방의회와 주 의회 연구결과 여성들은 여성권익 증진에 보다 적극적이고, 건강, 복지, 그리고 소비자보호와 같은 법안을 보다 많이 제안하고 있는 것으로 나타났다(Thomas 1994, Dodson and Carroll 1991). 스칸디나비아 국가들에 대한 연구에서도 의안 심의, 질의 및 연설에 있어서 성차가 나타나고 있다는 연구가 제시되었다(Skard & Haavio-Mannila 1985). 이처럼 입법활동에서의 성차는 왜 발생하는 것일까? 이러한 질문에 대한 답은 사적 영역에서의 여성의 경험과 책임이 여성의원들의 태도와 행태에 영향을 미친다는데 있다(Thomas 1994, Mezey 1994).

다음으로 일반적인 정치태도와 행태에 대해서 알아본다. 미국의 선출직 여성의 환경, 복지, 그리고 군비지출과 같은 이슈들에 있어서 투표행태와 태도를 살펴보면 같은 당내에서도 남성보다 여성이 더 진보적인 것으로 나타났다(Thomas 1994, Dodson & Carroll 1991). 뿐만 아니라 영국의 국회의원 연구에서도 여성들은 같은 당내에서도 남성보다 진보적인 것으로 나타났으며, 페미니스트적 가치를 더욱 중요하게 여기고, 나아가 사회복지 이슈를 우선시하는 것으로 나타났다(Norris and Lovenduski 1995). 특히 여성정치인은 남성보다 동정적이고, 윤리적이며, 협동적이라는 믿음이 널리 확산되어 왔다.

그러나 이러한 긍정론에 대해 회의론도 제기되기도 한다. 스칸디나비아 국가 연구에 의하면 지난 30여 년간 정치커뮤니케이션에서의 남녀 의원 간의 유사성이 점차 증대되고 있다는 것을 보여주고 있다(D'Amico 1995). 아울러 여성정치인이 보다 동정적이고 윤리적이라는 전통적인 믿음도 강화되기보다는 도전받고 있다는 점도 제기되고 있다(Willams & Best 1990).

이러한 회의론의 기저에는 정치적으로 일탈하지 않고 기존의 지배적인 의회와 정당의 정책의제나 절차에 도전하기 어려운 제도적 제약이 존재한다는 것을 말해준다. 단적인 예로 초선 의원들이 당론이나 당의 규율을 어기며 독자적인 행동을 취할 여지가 없다는 것이다. 이러한 논의는 정치적 행태가 구조적 맥락에 따라 형성된다는 중대한 다수이론(critical mass theory)에 의하여 뒷받침되기도 한다. 느슨하게나마 신제도주의적 관점에 기초한 이 이론은 정치인이 자신을 둘러싼 기회에 대해 전략적으로 반응한다는 것이다. 즉, 여성이 의회의 극소수를 차지한다면 입법에서의 성차는 거의 없을 것이나 만약 여성이 중대한 다수를 차지할 경우에는 상황이 변화할 것이라는 것이다 (Sapiro 1981). Dahlerup(1989)이 제시한 네 가지 상황 유형에 따르면, 하나의 집단에 의해 지배되는 단일 그룹(uniform groups), 15% 이하의 소수를 가진 비대칭 그룹(skewed groups), 40% 정도까지의 소수가 존재하는 천막 그룹(tilted groups), 끝으로 6:4 내의 비율을 가진 균형 그룹(balanced groups)을 상정할 수 있다. 그는 스칸디나비아 의회가 비대칭 그룹에서 천막 그룹으로 이동하게 됨에 따라 정치문화와 지배적인 담론 그리고 정책 의제의 변화가 일어났다는 것을 밝히고 있다. 이처럼 여성의 비율이 어느 정도의 수준에 이르지 못할 경우에는 여성이 공직에서 여성의제를 펼치기 어려운 제약에 직면할 수도 있다는 것을 말해주고 있다. 선출직 여성의원의 확대는 여성친화적 정책을 수립하는 데 크게 기여할 수 있다는 주장은 미국의 주 의회 연구에서도 나타나고 있다. 미국 50개 주 선출직 여성의원 수와 여성친화적 정책수립 간의 상관관계를 분석한 결과를 보면 선출직 여성의원

점수가 1단위 증가할 때마다 여성친화적 정책점수가 3.46씩 증가하는 것으로 나타났다(Caizza 2002). 이러한 측면에서 한국의 국회는 지금 비대칭 그룹으로 남아 있는 여성의원에 의한 특유의 정책을 의제화하거나, 우선순위를 바꾸는 데 한계가 있을 수 있음을 말해준다고 할 수 있다.

앞에서 열거한 이론들을 경험적으로 검증하기 위해 국회의원 조사[18]를 통한 분석을 시도해보았다. 이 논문의 분석에서는 여성의제 및 성 인지성과 일반적인 의정활동 전반에 관한 분석과 정치적 태도 및 행태에 관한 분석을 중심으로 이루어질 것이다(설문은 〈부록 1〉 참조).

2. 조사개요

조사는 2006년 9월 1일부터 8일 사이에 전체 의원 297명(2명 공석)을 대상으로 방문조사를 통해 이루어졌으며 그 가운데 62.96%인 187명이 설문에 응답하였다. 응답자의 구성을 모집단인 전체 의원 297명에 비추어 볼 때, 남성의원 159명(85%), 여성의원 26명(13.9%)으로 모집단 대비 비율이 근접하여 표본의 대표성을 갖고 있었다. 또한 초선 의원은 134명, 재선의원 27명, 3선 이상 의원 21명이었으며, 정당별 분포에서는 열린우리당 91명, 한나라당 72명, 민주당 5명, 민주노동당 8명, 국민중심당 2명, 무소속 2명이 응답하였다. 표본의 대표성을 〈표

---

18) 조사는 2006년 9월 1일부터 8일 사이에 전체 의원 297명(2명 공석)을 대상으로 방문조사를 통해 이루어졌으며 그 가운데 62.96%인 187명이 설문에 응해 실제 분석에 활용되었음. 모집단과 표본 간의 대표성은 〈부록 1〉 참조.

Ⅲ-1>과 같이 정리하였다. 한편, 조사결과는 빈도, χ2, t-test, 요인분석의 방법을 사용하여 분석하였다.

<표 Ⅲ-1> 표본의 대표성

	표본(n=187)	모집단(n=297)	차이(%)
성 별			
남성의원	159(85.03%)	256(86.2%)	−1.17
여성의원	26(13.9%)	41(13.8%)	+0.1
선 수			
초 선	134(73.6%)	189(63.6%)	+10
재 선	27(14.8%)	52(17.5%)	−2.7
3선 이상	21(11.4%)	56(18.9%)	−7.5
정 당			
열린우리당	91(50.6%)	141(47.5%)	+3.1
한나라당	72(40.0%)	126(42.4%)	−2.4
민 주 당	5(2.8%)	11(3.7%)	−0.9
민주노동당	8(4.4%)	9(3.0%)	+1.4
국민중심당	2(1.1%)	5(1.7%)	−0.6
무 소 속	2(1.1%)	5(1.7%)	−0.6

3. 조사결과 분석

가. 정치적 태도와 의정활동

1) 정치적 태도

(1) 이념성향

먼저 남녀 국회의원들의 이념적 성향을 살펴보자. 〈표 Ⅲ-2〉를 살펴보면 일반적으로 선출직 여성들은 남성보다 더 진보적인 것으로 나타나고 있다. (〈표 Ⅲ-2〉 참조) 여성의원은 평균이 3.88인 데 반해 남성의원은 4.81로 나타나 여성이 보다 진보적 성향을 갖고 있는 것을 알수 있다. 이러한 이념적 성향이 정책으로 표출될지 여부가 주목된다고 할 것이다.

〈표 Ⅲ-2〉 남녀 의원 이념 차

	남 성	여 성
N	153	26
평 균 값	4.81	3.88
표준편차	1.925	2.179
t값	t=2.223(p=.027)	

* 이념성향은 0~10까지의 척도 중 선택도록 하였으며, 0이 가장 진보적, 10이 가장 보수적임을 말함.

나아가 이러한 이념성향이 각 정당의 남녀 의원 간에도 유의미한 차이가 있는지 각 정당별로 고찰해 보면 다음과 같다. 먼저 열린우리당의 경우에는 남녀 의원 간의 이념차이가 뚜렷이 나타나고 있는 것으로 나타났다. 즉, 남성의원의 이념평균이 4.05인 데 반하여 여성의원의 이념평균은 2.91로 나타나 여성의원이 훨씬 진보적임을 알 수 있다. 그리고 이러한 차이는 통계적으로 유의미한 차이임을 알 수 있다 (p< .001).

<표 Ⅲ-3> 열린우리당 남녀 의원 간 이념차이

	남성의원	여성의원
N 평 균 값 표준편차	77 4.05 1.432	11 2.91 .701
t값	t=4.282 (p=.000)	

그러나 한나라당의 경우에는 이와 다른 결과가 나왔다. 한나라당의 경우에는 소속 남녀 의원 간의 이념차이가 여성 쪽이 더 보수적인 것으로 나타났다. 즉, 남성의원의 이념평균이 5.95인 반면 여성의원의 이념평균은 6.20으로 나타나 여성의원 쪽이 보다 보수적인 것으로 나타났다. 그러나 이러한 남녀 의원 간의 한나라당 내의 차이는 통계적으로 유의미하지 않은 것을 알 수 있다(p> .05).

<표 Ⅲ-4> 한나라당 남녀 의원 간 이념차이

	남성의원	여성의원
N 평 균 값 표준편차	59 5.95 1.785	10 6.20 1.135
t값	t=-.428(p=.670)	

결과적으로 국회 전체적으로는 여성의원이 남성의원보다 진보적인 것으로 나타났으나, 정당의 내부적으로는 열린우리당의 경우에는 여성이 보다 진보적이며, 한나라당의 경우에는 여성이 보다 보수적임을 알 수 있다. 이러한 결과는 정당의 후보 추천과정과 밀접한 연관이 있는 것으로 보인다. 즉, 열린우리당은 진보적인 정당으로서 비례대표 후보자 공천에서 지퍼식이 도입됨으로써 중도보다 진보적인 여성의 공천이 많이 이루어졌으며, 한나라당의 경우에는 역으로 중도보다 보수적인 여성의 공천이 많이 이루어졌음을 추론할 수 있을 것이다.

(2) 의원역할 유형

다음으로 의원들의 역할에 대한 주관적 성향을 살펴보자. 다음의 〈표 Ⅲ-5〉는 14개 설문문항에 대한 요인분석을 통하여 국회의원의 역할유형을 밝힌 것이다. 이 연구에서의 목적은 국회의원들이 의정활동과 관련된 상이한 동기가 무엇인가, 그리고 그들의 행태적 상이성에 대한 배경을 밝히는 데 있다. 베리맥스 회전에 의해 추출된 요인 패턴은 기존의 의원역할 유형에 관한 연구(Searing 1994, 윤종빈 2004)에서 제시한 유형들과 유사한 패턴을 보여주고 있다. 요인추출은 통계적으로 유의미한 최소 고유값(eigen value)인 1.0 이상의 기준을 충족하는 5개의 요인 패턴이 나타났다.[19]

첫 번째 요인은 시어링이 말한 의회형 역할(Parliament Men role)과 정책입안형 역할(Policy Advocate role)의 특성을 복합적으로 보여주는 의회/정책입안형이라고 할 수 있다. 이 요인에 높은 요인점수를 보유한

---

19) 이 연구에서는 고유값(eigenvalue)이 1.0보다 큰 경우의 요인을 통계적으로 유의미하게 추출되었다고 판단한다. 또한 개별 요인적 재량(factor loadings)이 0.4보다 큰 변수들을 각 요인의 분산을 설명하는 데 기여했다고 판단한다.

의원일수록 대표자로서의 국회의원의 역할을 지역구 활동보다 법제정이나 행정부 감시기능 등 국민에 대한 의무를 강조하며, 의회의 내적 제도적 발전을 충족시키는데 최우선의 선호를 가지는 경향이 있다고 해석할 수 있다. 이와 같은 해석의 전제로 국회의원은 국민에 대한 의무감에 기초해야 한다(적재치 .780)고 생각하며, 국회의원의 업무는 정책대안제시와 법제정(적재치 .756)과 행정부를 감시하고 견제하는 역할(적재치 .611)에 높은 비중을 두고 있다. 또한 상임위원회가 전문성을 확보하는 것이 국회의 중요한 과제라고 생각(적재치 .658)하고, 선거공영제의 성공적인 정착이 국회와 개별 의원의 자율성 확보에 중요(적재치 .503)하다고 생각하는 경향이 두드러진다. 그러므로 이러한 역할의 수행이 국민에 대한 의무감 이행의 토대가 된다고 생각하는 경향이 있다.

〈표 Ⅲ-5〉 요인분석 결과(배리맥스 회전)

	요인 1	요인 2	요인 3	요인 4	요인 5
V1	**.756**	−.103	.005	.040	.180
V2	.220	.190	.085	.077	.779
V3	**.611**	.104	.109	.099	.350
V4	.139	**.659**	.151	.171	.325
V5	**.503**	.363	.105	.122	−.494
V6	**.658**	.079	.071	.096	.018
V7	**.780**	.161	.124	−.018	−.123
V8	.055	**.830**	.100	−.089	−.163
V9	.062	**.694**	−.144	.142	.130
V10	.167	−.232	**.611**	.417	−.003
V11	.097	.100	−.144	**.896**	−.011
V12	.056	.125	.331	**.714**	.105
V13	−.001	.159	**.783**	−.207	.130
V14	.160	.017	**.744**	.153	−.033
아이겐값	2.38	1.93	1.77	1.65	1.20

* 기여율: 63.84%

두 번째 요인은 정당 및 시민단체 충성형(Party and NGO Royalist)으로 명명할 수 있는 변수들이 높은 적재치를 보이고 있다. 이 유형에 높은 요인점수를 나타내는 의원은 정당정치 발전을 위해 의정활동 전반에 걸쳐 소속 정당의 입장을 반영해야 한다(적재치 .830)는 의견과 중앙당 관련 활동은 국회의원의 중요한 업무라는 의견(적재치 .659)에 높은 상관관계를 보이고 있다. 아울러 시민단체의 의견을 반영하는 것도 중요하다(적재치 .694)는 의견에도 상관관계를 나타내는 경향이 있다.

세 번째 요인은 직업정치인 유형(Political Politician role)으로 불릴 수 있는 유형으로(윤종빈 2004) 정당 및 선거구에 나름대로 탄탄한 기반을 가진 의원들을 말한다. 이 유형은 스스로 소속 정당의 중진의 입장이라 생각하고 있으며(적재치 .783), 재공천에 어려움이 없을 것이라고 생각하고 있으며(적재치 .744), 선거구에서도 재선에 큰 어려움이 없을 것이라고 생각하는(적재치 .611) 경향이 강하다.

네 번째 요인은 당직추구형(Party Post seeking role)이라고 부를 수 있는 유형을 말한다. 이러한 유형은 스스로 기회가 되면 중간 당직으로서 대변인, 정책조정위원장 등의 당직을 맡기를 원하며(적재치 .896), 나아가 고위당직으로서 사무총장―원내대표―최고위원 등으로 봉사하고자 하는(적재치 .714) 경향을 나타내고 있다. 이들은 국회의원에 당선된 후에 중간 당직과 고위 당직을 맡음으로써 본인의 경력을 강화하여 정치인으로서의 기반을 강화하려는 동기를 가진 것으로 해석할 수 있다.

다섯 번째 요인은 지역구 의원형(Constituency Member role)이라고 규정할 수 있다. 이 요인에 높은 요인점수를 보유한 의원은 국회의원의 가장 중요한 업무로 지역구민을 위한 법제정, 사업확보, 민원해결을 생각하고 있다(적재치 .779). 이 요인은 시어링이 제시한 지역구 의원형과 같은 유형으로 의원들은 지역구 봉사가 가장 중요한 역할이라고 생각하는 경향을 지닌다고 할 수 있다.

그렇다면 남녀 의원별로 국회의원 역할유형은 어떠한 차이를 보이는 것일까? 다음의 〈표 Ⅲ-6〉는 추출된 요인의 요인점수 평균을 남성의원과 여성의원으로 구분해서 고찰하고 있다. 여성의원들은 남성의원들에 비해 의회/정책입안형 역할과 정당/시민단체 충성형 역할에 보다 높은 평균 요인점수를 보유한 것으로 나타났다. 반면 직업정치인형, 당직추구형, 지역구의원형 역할에는 반대의 경향을 보이며, 낮은 요인점수를 보이고 있음을 알 수 있다.

〈표 Ⅲ-6〉 의원 역할유형의 평균 요인점수(Factor Scores)

구 분	남성의원 (n=137)	여성의원 (n=23)	전 체 (n=160)
의회/정책입안형(요인1)	-0.04	0.18	-0.008
정당/시민단체충성형(요인2)	-0.05	0.33	0.005
직업정치인형(요인3)	0.09	-0.55	-0.002
당직추구형(요인4)	0.02	-0.03	0.013
지역구 의원형(요인5)	0.07	-0.42	0.000

이러한 경향을 보여주는 원인은 여성의원의 확대가 주로 비례대표의 확대에 의해 이루어진 것으로 이들은 지역구의원형과는 다른 역할유형을 보여줄 것이라는 점에서 기인한다. 아울러 비례대표로 국회에 진출한 여성의원은 대체로 초선 의원으로 직업정치인이나 당직추구형과는 다른 역할유형을 모색할 것을 예측할 수 있다. 따라서 이들은 전문적인 직능대표로서 의회형 또는 정책입안형 역할유형을 모색할 것으로 기대되며, 나아가 공천한 정당에 대해 지역구 의원보다 구속적일 것으로 예측되기 때문이다. 이러한 역할유형의 남녀 차이는 충원배경

과 무관하지 않으며, 남성의원들과의 차이를 두드러지게 하고 있다.

(3) 정책현안 우선순위

다음으로 남녀 의원들의 정책현안에 대한 인식의 차이를 알아보았다. 먼저 여성문제를 떠나 현재 가장 중요하다고 생각하는 우리나라의 정책현안이 무엇인지 질문하였다. 의원들이 가장 우선시하는 정책 현안에 대해 분석해 본 결과 남녀 의원 간에 뚜렷한 차이가 나타나고 있음을 알 수 있다. 가장 우선순위를 두고 있는 정책현안을 분류한 결과 다음의 〈그림 Ⅲ-1〉과 같은 결과를 얻었다. 의원들이 가장 우선순위를 두고 있는 정책 분야는 경제성장(경제 살리기), 양극화 해소, 외교/안보/통상 문제, 복지, 여성/노동(일자리 창출 등), 교육문제 등으로 생각하고 있는 것으로 나타났다.

경제성장 문제(28.6%), 외교/안보/통상 문제(24.1%)에 우선순위를 두고 있는 경우는 남성의원들이 우세하였으나, 양극화 해소(45.8%), 여성/노동 문제(8.3%), 교육문제(8.3%) 등에서는 여성의원들이 우선순위를 두고 있는 경우가 많은 것으로 나타났다. 이러한 결과는 선행 연구에서 논의된 바와 같이 한국의 경우에서도 여성의원들이 사회적 약자를 위한 양극화 해소와 여성/노동 문제, 그리고 교육문제에 더욱 우선순위를 두고 있다는 것을 확인해 주고 있는 것이라고 할 수 있다.

〈그림 Ⅲ-1〉 정책현안 우선순위

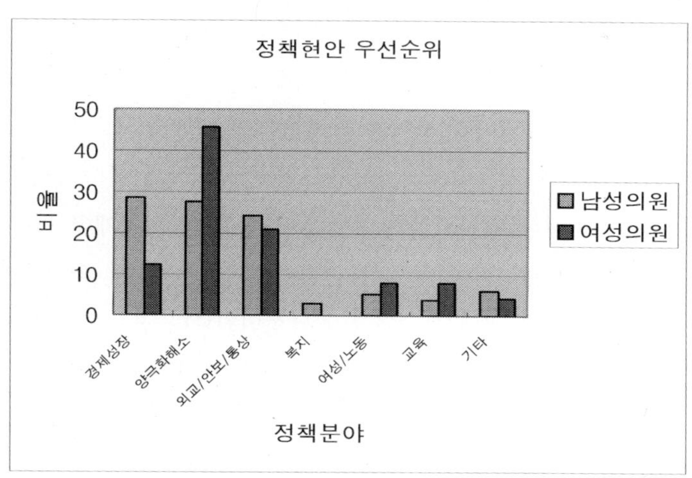

다음으로 입법활동에 있어서 사회적 약자 또는 사회적 갈등요소를 갖고 있는 사안에 대한 중요도를 알아보았다. 먼저 대상으로서의 노인, 여성, 기업, 노동조합, 장애인, 이주노동자에 대해 어느 정도 중요하다고 생각하고 있는지 알아보았다. 분석결과 여성문제에 대해서만 남녀 의원 간에 중요도의 차이가 유의미하게 나타났다.

〈표 Ⅲ-7〉 사회적 약자에 대한 중요도 차이(평균비교)

	남성의원	여성의원
노　　인	4.77	4.73
여　　성*	4.64	4.88
기　　업	4.44	4.22
노동조합	3.93	3.79
장 애 인	4.61	4.52
이주노동자	3.99	4.25

* $p < .05$

** 중요도는 1 전혀 중요하지 않다 …… 5 매우 중요하다의 5점 척도로 측정됨.

전반적으로 노인, 기업, 노동조합, 장애인에 대한 중요도에서는 남성의원 쪽이 높게 나타났으며, 여성, 이주노동자 문제에 대해서는 여성의원 쪽이 높게 나타났다. 그러나 이러한 차이는 여성문제를 제외하고는 통계적으로 유의미한 차이를 보이는 것은 아니었다.

다음으로 사회적 갈등요소가 내포된 이슈에 대한 남녀 의원들의 중요도 인식의 차이를 알아보았다. 분석결과를 보면 지역개발 이슈만이 통계적으로 유의미한 차이를 보이고 있음을 알 수 있다. 환경보전 이슈와 양극화 이슈에 대해서는 여성이 남성의원보다 중요도를 높게 평가하고 있으며, 지역개발 이슈와 국내시장 개방 이슈에 대해서는 남성의원이 중요도를 높게 평가하고 있는 것으로 나타났다. 그러나 이러한 차이는 지역개발 이슈의 경우에만 통계적으로 유의미한 것으로 나타났다.($p < .01$)

<표 Ⅲ-8> 주요 이슈에 대한 중요도 인식 차이(평균비교)

	남성의원	여성의원
지역개발*	4.34	3.83
환경보전	4.37	4.38
국내시장 개방	3.96	3.71
양극화 해소	4.63	4.76

* $p < .01$

2) 의정활동 성과

다음으로 의정활동 성과에 대해 분석해 보았다. 2004년 4월 당선 이후부터 조사가 실시된 2006년 9월까지 수행된 의정활동 성과를 질문하였다. 남녀 의원별로 분류해 본 조사결과는 다음의 〈그림 Ⅲ-2〉

와 같다. 기간 중 법률안 발의 건수는 남성이 평균 23.25건인 데 비해 여성의원의 경우 40.42건으로 나타나 여성의원이 남성의원보다 의정활동참여에 적극적인 것으로 나타났다. 그리고 통과된 법률 건수도 남성의원이 5.42건인 데 비해 여성의원은 6.96건으로 여성 쪽이 더 많은 것으로 나타났다.

반면 청원이나 진정의 처리 건수와 지구당 활동과 관련한 모임·행사·회의 참석 횟수는 여성의원보다 남성의원이 더 많은 것으로 나타났다. 즉, 청원이나 진정처리의 경우 여성의원이 평균 5.61건인 데 비해 남성의원의 경우에는 16.23건을 기록하고 있다. 아울러 지구당 활동과 관련한 모임에는 여성이 일주일에 4.29건인 데 비해 남성은 일주일에 6.95건으로 나타나 남성의원 쪽이 더 활발한 것으로 나타났다. 그러나 의정활동과 관련한 여론수렴을 위한 접촉 횟수는 일주일 평균 남성 4.31회인 데 반해 여성은 4.94건으로 여성의원이 높은 것으로 나타났다. 따라서 지역구 활동이 아니라 일반적인 의정활동으로서 국민 접촉은 여성의원이라고 해서 소극적이 아님을 알 수 있다. 그리고 위의 〈그림 Ⅲ-2〉에는 나타나 있지 않으나 행정부 감독과 관련하여 몇 건의 서류제출을 요구하였는지 알아보았다. 남성의 경우 평균 560.91건으로 나타났고, 여성의원의 경우에는 391.25건으로 나타나 남성의원 쪽이 행정부 견제활동에 보다 활발했음을 알 수 있다.

<그림 Ⅲ-2> 의정활동 추진실적(평균)

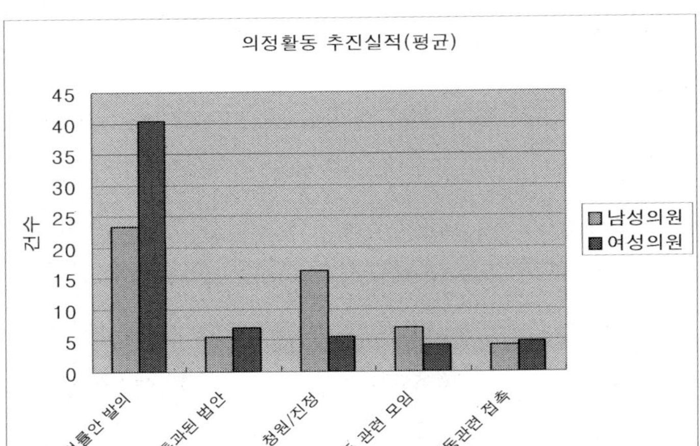

　이러한 의정활동의 성과에 있어서의 긍정적인 평가는 17대 국회 1년의 평가에서도 나타난 바 있다. 먼저 여성의원들은 본회의 출석률, 안건 투표율, 상임위 출석률 등에서 모두 남성의원보다 높은 점수를 받아 성실한 의정활동을 하고 있음을 보여주었다(21세기여성정치연합 2005). 나아가 국정감사 등에서도 호통치기, 인격모독, 일회성 폭로, 중복감사 등 부정적 모습을 극복하고 새로운 모델을 제시한 것으로 평가받기도 하였다. 이러한 평가의 연장선상에서 여성의원들의 의정활동이 양적 측면뿐만 아니라 질적 측면에서도 우리 국회에 새로운 자극을 주고 있음을 추론할 수 있다.

　다음으로 의정활동을 하는 데 있어서 의원들은 여성의원에 대해 어떻게 인식하고 있는지 알아보았다. 교차분석 결과 남성의원보다 여성의원들 쪽에서 '여성의원이 더 능률적'이라고 인식하고 있는 것으로 나타났다. 이러한 응답은 여성의원 스스로 의정활동을 보다 적극적으로 열심히 하고 있으며, 설득력·협상력·전문성 등에서 남성의원보다 뒤지지 않는다는 것을 나타내고 있다고 볼 수 있다. 그러나 설문에서 여성의원이 더 능률적이라는 이유를 묻는 질문에 대한 응답률이 낮아 구체적 이유를 확인할 수는 없었다.

〈표 Ⅲ-9〉 여성의원에 대한 인식 차이(%)

	남성의원	여성의원	$\chi^2(p)$
여성의원이 더 능률적	4.0	65.4	
남성의원이 더 능률적	3.3	3.8	74.573(.000)
남녀 의원이 같다	92.7	30.8	

3) 여성정책관련 연수경험

다음으로 17대 의원을 대상으로 남녀평등 또는 여성정책관련 교육이나 연수 경험이 있는지 알아보았다. 조사결과 응답한 전체 의원(n=175)의 59.4%인 104명이 '있다'고 응답하였다. 남녀 의원별 차이는 다음의 〈표 Ⅲ-10〉과 같다. 전체 응답 여성의원의 84.6%가 교육연수 경험이 있는 데 반하여 남성의원의 경우에는 55.0%에 그치고 있다. 그리고 교육연수의 내용은 정책의 양성평등관점에 대한 고려(59%), 의정활동의 양성평등관점 통합방안(15.2%), 한국 여성의 지위현황(10.5%), 성희롱·성폭력 방지(8.6%) 등의 순으로 나타났다.

〈표 Ⅲ-10〉 여성정책관련 교육연수 여부

	남성의원	여성의원	$\chi^2(p)$
있다	55.0	84.6	
없다	45.0	15.4	8.06(.018)

이러한 결과는 향후 여성정책의 보다 실질적인 추진을 위해서는 남성의원들에 대한 교육이나 연수가 필요하다는 것을 보여준다고 할 것이다. 특히 정책의 양성평등관점과 성 인지적 예산을 비롯한 의정활동 전반의 양성평등관점을 함양하는 노력이 필요하다고 본다.

끝으로 여성보좌진(보좌관 및 비서관) 활용 여부에 대하여 알아보았다. 응답 의원의 80.2%가 보좌진을 활용하고 있는 것으로 나타났다. 그러나 맡고 있는 업무에 관해서는 남녀 의원에 따라 다르게 나타나고 있다. 여성의원들은 여성보좌진을 여성정책관련 업무를 맡기는 데 반하여 남성의원들은 일반 정책관련 업무를 담당하도록 하는 경우가 많은 것을 알 수 있다. 아울러 일반 행정업무 처리를 담당하는 경우도 19.8%를 차지하고 있는 것으로 나타났다.

<표 Ⅲ-11> 여성 보좌진 담당업무

	남성의원	여성의원	$\chi^2(p)$
여성정책관련 업무	11.6	73.1	
일반 정책관련 업무	66.9	23.1	46.670(.000)
전화업무 등 행정업무	19.8	3.8	

* 기타는 결측 처리

나. 성 인지성 및 여성정책에 대한 인식

1) 여성정책 및 지위에 대한 평가

남녀 의원들의 여성정책에 대한 의견을 알아보았다. 먼저, 여성의 지위향상 정도에 대해 남녀 의원이 어떻게 인지하고 있는지를 살펴보기 위해, 우리나라 여성정책 전반에 대해 어떻게 평가하고 있는지 질문하였다. 남녀 의원은 전반적으로 기대한 만큼의 성과가 약간 있었다는 의견에 남녀 각각 74.8%, 65.4%, 기대한 만큼의 성과가 매우 있었다는 의견에는 12.6%, 19.2%로 응답하여 어느 정도의 성과가 있는 것으로 평가하고 있었다. 과거에 비해 별로 차이가 없다(남 5.7% 여 7.7%)는 의견과 기대한 만큼 성과가 별로 없었다(남 6.9% 여 7.7%) 등 낮은 평가와는 대조를 보이고 있다. 이러한 결과는 그동안 여성발전기본법 제정과 여성정책 기본계획 수립, 여성발전기금 조성, 여성부 출범, 여성정책 책임관 및 6개 부처 여성정책 담당관제 신설, 국회 여성가족위원회 발족 등 괄목할 만한 제도적 성과가 반영된 것이라고 할 수 있다.

다음으로 부문별 여성정책에 대한 평가를 알아보았다. 전체적으로 8개 분야별 향상정도를 알아본 결과 남성의원의 평균은 4.25로 나타났고, 여성의원의 평균은 3.85로 나타나 여성의원보다 남성의원 쪽이 여성지위가 보다 향상된 것으로 인식하고 있는 것으로 나타났으며, 이러한 차이는 통계적으로 유의미한 것으로 나타났다(p< .001). 이러한 결과는 남녀 의원들의 여성지위 인식에 대한 확연한 차이를 드러내고 있는 것으로, 남성이 주류를 차지하고 있는 한국 국회에서 남성의원이 여성지위에 대한 문제점의 인식이 낮을 경우 여성친화적 정책을 수립하기 어렵다는 결론이 나온다고 할 것이다.

분야별 응답결과를 분석하면, 남녀 의원 모두 비교적 향상정도를 높게 평가한 항목은 교육기회증진(-0.37), 정치 및 공직 참여(-0.31), 법·제도의 정비(-0.01)를 꼽을 수 있으며 이러한 항목의 성차는 비교적 낮은 것을 알 수 있다. 그러나 경제활동 참여(-0.65), 인적 자원 개발(-0.63) 분야에서는 남녀 의원 간의 성차가 크게 나타나고 있는 것을 알 수 있다. 또한 인적 자원 개발과 가족 내 남녀평등 분야는 남녀 의원 모두 향상된 정도를 낮게 평가하고 있음을 알 수 있다.

〈표 Ⅲ-12〉 여성의 지위 향상 정도

(단위: 평균값)

	항 목	남성의원(A)	여성의원(B)	성차(B-A)
1	법과 제도 정비	4.20	4.19	-0.01
2	가족 내 남녀평등	4.03	3.65	-0.38
3	교육기회 증진*	4.52	4.15	-0.37
4	경제활동 참여**	4.27	3.62	-0.65
5	정치 및 공직참여	4.19	3.88	-0.31
6	사회문화 참여*	4.42	3.96	-0.46
7	시민사회활동(NGO)*	4.44	4.00	-0.44
8	인적 자원개발**	3.94	3.31	-0.63

1-전혀 향상되지 않았다/ 2-별로 향상되지 않았다/ 3-그저 그렇다/ 4-약간 향상되었다/ 5-매우 향상되었다
* p< .01   ** p< .000

2) 여성정책관련법제도 및 현안에 대한 인식

(1) 여성정책관련법제도에 대한 인지도

다음으로 남녀 의원들의 여성정책관련 제도 변화에 대한 인지도를 알아보기 위해, 여성정책관련법제도에 대해 최근 제정된 건강가정기본법에서부터 1995년에 제정된 여성발전기본법까지 16개 항목에 대해 질문하였다. 이 가운데 남녀 의원 모두 많이 인지하고 있는 법제도로는 '정당법개정을 통한 비례대표후보의 여성 50% 공천'에 대한 인지도가 가장 높았고, 그 다음으로 호주제폐지, 군가산점 폐지, 성매매방지법, 성폭력특별법, 가정폭력특별법, 남녀고용평등법의 순으로서, 최근 제·개정된 내용 중 언론을 통해 논의가 많이 되었던 법률에 대한 인지도가 높은 것으로 나타났다.

그러나 전반적인 여성정책관련법에 대한 인지도에 있어서 남녀 의

원 사이에는 성차가 나타났다. 여성 관련 법을 주제별로 분류했을 때, 가장 큰 차이가 나타나는 분야는 여성복지지원과 관련한 법[20]과, 여성에 대한 차별개선관련법[21]이었으며, 여성인력개발과 관련된 분야[22]에서는 비교적 인지도의 차이가 좁게 나타났다.[23]

<표 Ⅲ-13> 여성정책관련 제도의 변화에 대한 인지도

(단위: 평균값)

	남성의원(A)	여성의원(B)	성차(B-A)
여성에 대한 폭력 관련법*	3.10	3.53	0.43
차별개선관련법**	2.99	3.47	0.48
적극적 조치관련법*	3.01	3.46	0.45
여성인력개발관련법*	2.38	2.73	0.35
여성복지지원관련법**	2.59	3.25	0.66

1-전혀 모른다/ 2-조금 아는 편이다/ 3-잘 아는 편이다/ 4-매우 잘 아는 편이다.
* p< .01   ** p< .000

(2) 여성정책 현안 및 추진

다음으로 남녀 의원들이 생각하는 여성정책 중 가장 중요한 현안이 무엇인지 알아보았다. 위에서 살펴본 법제도에 대한 인지도와 관계없이, 남녀 의원 모두 보육시스템 구축과 저출산문제 해결을 가장 중요

---

20) 건강가정기본법, 영유아보육법, 모·부자복지법.

21) 호주제폐지, 남녀차별금지및구제에관한법률 폐지, 남녀고용평등법, 군가산점제폐지, 여성발전기본법.

22) 여성과학기술인육성및지원에관한법률, 여성기업인지원에관한법률, 여성농어업인육성법.

23) 여성에 대한 폭력관련법으로는 성매매방지법, 가정폭력특별법, 성폭력특별법, 적극적 조치와 관련된 법으로는 정당법개정으로 비례대표 여성 50% 공천, 국공립대 여교수 채용목표제를 질문함.

한 현안으로 꼽았다. 그러나 보육과 저출산에 대한 중요성을 크게 인식하고 있는 것과 비교할 때, 노인 돌봄에 대한 사회화 문제에 대해서는 거의 중요성을 인식하지 않고 있었다.

중요 현안을 3순위까지 정리해 본다면 남성의원은 1, 2순위 모두 보육과 저출산 문제, 그리고 3순위에서 여성에 대한 폭력예방 및 성차별문화 개선, 취약계층 여성의 취업문제를, 그리고 여성의원은 1, 2순위에서 보육과 여성인적 자원 개발의 문제, 3순위에서 공직의 여성대표성 확대 문제를 제기하여 저출산을 중요 현안으로 삼고 있는 남성의원과 차이가 나타났다. 한편, 전반적으로 남녀 의원 모두 소외 여성에 대한 복지서비스나, 가족지원서비스에 대한 응답은 거의 나타나지 않았다.

〈표 Ⅲ-14〉 현재 가장 중요하다고 생각하는 여성정책 현안

(단위: 명(%))

	여성정책 현안 1순위	남 성	여 성	전 체
1	공직에의 여성의 대표성 확대	6(3.9)	4(15.4)	10(5.6)
2	여성의 인적 자원 개발 지원을 위한 기구 및 정책개선	14(9.2)	5(19.2)	19(10.7)
3	여성의 취업 확대를 위한 법제 및 인프라 구축	17(11.2)	1(3.8)	18(10.1)
4	취약계층 여성의 직업능력 개발 및 취업촉진	10(6.6)	2(7.7)	12(6.7)
5	보육시스템 구축	42(27.6)	8(30.8)	50(28.1)
6	가족정책 수립 및 가족지원 서비스 강화	8(5.3)	1(3.8)	9(5.1)
7	소외여성에 대한 복지서비스 확대	-	-	-
8	저출산 문제 해결	34(22.4)	1(3.8)	35(19.7)
9	어르신에 대한 돌봄노동의 사회화 강화	3(2.0)	-	3(1.7)
10	가정 및 성폭력 예방, 피해여성 지원	4(2.6)	-	4(2.2)
11	시민양성평등의식 향상, 성차별문화 개선	11(7.2)	3(11.5)	14(7.9)
12	여성의 사회문화활동 역량 강화	2(1.3)	1(3.8)	3(1.7)
13	기 타	1(0.7)	-	1(0.6)
	전 체	152(100.0)	26(100.0)	178(100.0)

(3) 남녀 의원의 양성평등 의식 및 인식 수준

지금까지 여성지위에 대한 평가, 여성정책에 대한 인지도, 그리고 중요한 여성정책 현안에 대해 남녀 의원의 차이를 알아보았고, 좀더 근본적으로 양성평등 의식에 대해 알아보았다. 〈부록 1〉에서 보는 바와 같이 양성평등 의식을 알아보기 위한 전체 17개 문항을 성 역할 인식(1 - 4), 돌봄노동의 사회화(5 - 8)와 다양한 가족, 일·가정 양립지원(9 - 11), 여성인력개발(12 - 14) 및 사회참여, 정책의 양성평등(15 - 17)의 5가지 범주로 나누어 분석하였다.

각 범주별 남녀 의원 간 차이는 뚜렷이 나타나고 있으며(남자 평균 4.04 여자평균 4.50), 그러한 차이는 통계적으로 유의미하게 나타났다. 남녀 의원 간 의식의 차이가 가장 두드러지게 나타나는 분야의 성차를 살펴보면, '다양한 가족에 대한 인정과 일·가정 양립지원에 대한 부문'(0.62)이 가장 높고, 그 다음으로 '정책의 양성평등'(0.56), '여성 인력개발 및 사회참여'(0.49), 전통적인 성 역할 의식(0.4)의 순으로 나타났다.

남성의원들은 다양한 형태의 가족 인정에 대해 여성의원보다 동의하지 않았고, 앞서 제시한 여성정책 현안으로 보육시스템을 1순위로 꼽았음에도 불구하고, 일·가정 양립을 지원하는 여성친화적 기업운영 부분에 있어서는 동의 수준이 낮은 것으로 나타났다. 또한 여성의 사회참여 부문에 있어서 남성의원은 아직도 남녀에게 맞는 분야가 각각 존재하는 것으로 인식하고 있었으며, 할당제 등의 적극적 조치에 대해서도 동의 수준이 낮은 것을 알 수 있다.

2004년에 시범사업으로 운영하고 2005년부터 실시하고 있는 정책의 성별영향 분석에 대한 질문에 있어서도 여성의원은 대부분 매우 동의

하는 수준이나 남성의원은 약간 동의하는 정도에 그치고 있다. 여성정책전담기구의 확대에 대해서 여성의원은 매우 동의하나 남성의원은 중립적 입장을 나타내 큰 의견 차이를 나타냈다.

<표 Ⅲ-15> 부문별 양성평등 의식

(단위: 평균값)

	남성의원(A)	여성의원(B)	B-A
성 역할의식의 개선**	4.36	4.76	0.40
돌봄노동의 사회화*	3.91	4.16	0.25
다양한 가족형태/일·가정양립 지원**	3.76	4.38	0.62
인력개발 및 사회참여**	4.09	4.58	0.49
정책의 양성평등**	4.05	4.61	0.56
전　체**	4.04	4.50	0.46

1-전혀 동의하지 않는다/ 2-별로 동의하지 않는다/ 3-그저 그렇다/ 4-대체로 동의한다/ 5-매우 동의한다.　　** $p < .001$　* $p < .05$

(4) 여성의 고위직 진출과 여성정책 추진역량

끝으로 여성의 고위직 진출에 대한 의견을 알아보았다. 반응은 전반적으로 긍정적인 것으로 나타났다. 여성의원은 고위공직에 진출에 대해 100%가 매우 찬성한다는 반응을 보인 반면, 남성의원은 67.9%가 매우 찬성, 22.6%가 약간 찬성한다는 응답을 보였다($p < .05$). 이러한 결과는 남성보다는 여성이 여성의 고위직 임명에 보다 긍정적 견해를 나타내고 있음을 말하고 있으며, 남성의원들의 여성 고위직에 대한 편견이 작용할 수 있음을 시사하는 것이기도 하다.

다음으로 여성정책을 추진할 수 있는 가장 중요한 요인을 알아보았다. 응답결과 여성의원은 여성정책 전담기구의 조직 및 권한확대(23.1%)와 국회 여성의원의 수적 증가(26.9%), 관계 기관/부처/부서의 협력(23.1%)의 순으로 지적하고 있는 반면, 남성의원은 관계 기관/부처/부서의 협력(55.6%), 여성정책 전담기구의 조직 및 권한확대(25.5%) 등의 순으로 응답하여 차이를 나타냈다. 이는 정책의 양성평등에 대한 인식 및 동의수준에서 나타난 의견 차이와도 관련 있는 것이다. 특히 여성정책 추진을 위해 국회에 여성의원의 수적 증가가 중요한 요인이 될 것이라는 부분에 대한 남성의원들의 응답은 낮은 비율을 차지하고 있다(7.2%). 이는 여성정책 추진의 원동력을 행정부 조직에 있다고 간주하는 것으로 생각할 수 있다.

〈표 Ⅲ-16〉 여성정책을 추진할 수 있는 중요한 요소

(단위: 명(%))

	남 성	여 성	전 체
국회 여성의원의 수적 증가	11(7.2)	7(26.9)	18(10.1)
여성정책 전담기구의 조직 및 권한 확대	39(25.5)	10(38.5)	49(27.4)
대통령의 관심	6(3.9)	2(7.7)	8(4.5)
관계 기관/부처/부서의 협력	85(55.6)	6(23.1)	91(50.8)
기 타	12(7.8)	1(3.8)	13(7.3)
전 체	153(100.0)	26(100.0)	179(100.0)

$\chi^2 = 15.779$ df = 4   p = .003

　법률을 제정하는 역할을 담당하는 여성의원의 증가에 대해 소극적인 태도를 보인 점은 대표성의 의미에 대해 의원들이 다소 간과하고 있는 측면이라 볼 수 있다. Pitkin(1967)의 연구에 따르면, 여성의 대표성은 수치상의 대표성과 좀더 본질적으로 여성을 대변하고(standing for), 여성을 위해 행동하는(acting for) 대표성으로 나눠볼 수 있다. 다시 말해서, 공직에 있는 여성은 그녀가 차지하고 있는 공직의 직책 또는 그 자리에 그녀가 있다는 것만으로도 여성을 대표할 수 있다는 것이다.

따라서 대표들이 누구인가(남성/여성, 흑인/백인 등) 하는 것과, 대표들이 무엇을 하는가 하는 의미의 대표성으로 나눌 수 있는 것이다(Reingold, 1992: 509-510). 이러한 의미에서 본다면 실제 여성정책 추진을 위해 행동할 수 있는 것은 여성의원과 여성정책 전담기구에 속한 여성공직자, 나아가 고위직의 여성 진출이라 볼 수 있다. 따라서 남성의원들이 생각하는 관계기관/부처/부서의 협력이라는 것은 여성대표성에 대한 인식이 낮음을 말해주는 것이라고 할 수 있으며, 여성정책 추진에 대해 매우 소극적인 자세를 나타내는 것이라 할 수 있다.

4. 소 결

여성의원의 확대는 대표성 확대를 통한 양성 평등성 확보를 위해 매우 중요하며, 그것은 국회가 사실상 정책결정을 위한 중요한 토론의 장이기 때문에 더욱 중요하다고 할 것이다. 또한 여성의원의 확대는 정치적 태도, 의정활동 역할, 정책 우선순위와 선호에 영향을 미치기 때문에 여성친화적 정책을 만들 수 있다는 점에서 의미를 가질 것이다. 그러나 지금까지 후자의 논의에 대해서는 경험적인 논거가 뒷받침되지 못해왔다. 이러한 측면에서 본 연구의 의미가 크다고 할 것이며, 향후 여성 대표성 확대를 위한 논의의 준거가 될 것으로 판단된다.

이 논문의 분석결과에 따르면 젠더(gender)는 정책태도와 우선순위 그리고 의원역할에 이르기까지 전반적으로 영향을 미치고 있음을 보여준다. 첫째, 여성은 이념성향에서 남성보다 진보적이며, 의원역할 유형에서도 의회/정책입안형 역할과 정당/시민단체 충성형 역할에 보다 높은 정향을 보이는 것으로 나타났다. 둘째, 일반 정책의 우선순위에 있어서도 남성의원은 경제성장, 외교/안보/통상 문제에 우선순위를 두고 있는 반면, 여성의원은 양극화 해소, 여성/노동, 교육문제에 우선순위를 나타내고 있으며, 정책대상에 대해서도 여성문제에 대한 중요성을 높게 갖고 있음을 확인할 수 있었다. 셋째, 여성의원들은 법안발의, 법안의결 과정에서 남성보다 우세한 것으로 나타나 의정활동 또한 성실하게 임하고 있음을 알 수 있었다. 넷째, 남녀 의원 간의 양성평등 의식 또한 뚜렷하게 나타나고 있으며, 성차는 다양한 가족개념과 일·가정의 양립지원에 대한 부문, 정책의 양성평등, 여성인력개발과 사회참여 등의 순으로 나타났다.

이러한 분석결과는 여성이 국회에서 여성의제를 실질적으로 대표할 수 있다는 것을 말해준다. 그러나 여성의원의 수가 15% 이하의 비대칭 그룹으로 남아 있을 경우 정치문화와 지배적 담론, 그리고 정책의 제의 변화가 일어나기 어렵다는 연구결과는 의미를 지닌다고 할 것이다. 이러한 맥락에서 향후 여성의 대표성이 지속적으로 확대될 때 정책의제의 실질적 변화를 기대할 수 있을 것이다.

17대 국회의원의 입법활동 분석*

1. 연구개관

이 장에서는 여성국회의원의 수가 크게 확대된 17대 국회를 대상으로 남녀국회의원의 입법활동 분석을 통해 17대 국회 이전과 변화된 상황이 무엇인지를 확인해 보고자 하였다. 17대 국회는 2007년 12월 현재 전체 국회의원 중 여성의원이 43명을 차지함으로써 그 비율이 14.4%에 이르고 있어 역대 국회 역사상 가장 높은 비율을 차지하고 있다.[24] 이러한 여성의원의 양적 증가는 법률안 발의의 증가와 함께 입법 활동의 적지 않은 변화를 예상할 수 있다. 예컨대 여성의원의 수적 증가는 여성의원들의 상임위원회 참여를 확대시키고, 이전에는 여성과 관계가 없는 것으로 보이는 분야의 법률안 발의의 증가와 더불어 법률안 심의과정에서의 발언내용도 보다 성 인지적 관점에서의 발언이 많을 것으로 보인다. 또한 이는 남성국회의원들에게도 영향을 미쳐 국회 전반적인 입법 분위기의 변화에 영향을 줄 것으로 예상된다.

이러한 가정 하에서 본 연구는 여성국회의원 수가 확대된 17대 국회를 대상으로 국회의원의 입법활동 분석을 통해 의원 성차와 성 인지적 측면에서의 입법활동을 살펴보고자 하였다. 이러한 사항을 규명

---

* 이 장의 일부 내용은 여성연구 2008년 1호(한국 여성정책 의제의 변화와 확대: 17대 국회 전반기 입법활동을 중심으로(김원홍, 윤덕경, 최정원)에 게재된 내용을 수정, 보완한 것이다.

24) 17대 국회의 여성의원들의 비율은 2004년 총선 당시에는 총 39명의 의원이 당선되어 13.0%를 차지하였으나, 이후 서혜석 의원(열린우리당, 2005.2.1), 문희 의원(한나라당, 2005.10.4), 김송자 의원(민주당, 2006.9.29), 신명 의원(열린 우리당, 2007.2.2)이 비례 승계를 통하여 17대 국회에 진입하였다. 따라서 본 연구의 분석 시기인 17대 국회 전반기에는 41명의 13.7%, 후반기에는 43명의 14.4%의 비율을 보이고 있어, 본 장에서는 설명하는 시기에 따라 다른 비율을 적용하였다.

하는 데 초점을 맞추어 본 장에서는 다음과 같은 연구가 진행될 것이다.

첫째, 처음으로 여성의원 비율이 14.4%로 늘어난 상황에서 여성의원들에게 요구되는 역할은 무엇이며, 실제 어떤 역할을 수행하고 있는가에 관해 설명해 보고자 한다. 세계 최대의 소수집단이라 불리는 여성을 대표하는 것은 남성의원보다 여성의원에 의해 보다 수월하게 대표될 수 있다. 캔터(Rosabeth Moss Kanter)는 여성이 어떤 조직에서 진정으로 효율적이기 위해서는 적어도 전체 구성원의 15%는 되어야 하며, 여성이 그 지점에 오를 때까지, 여성의 이익은 무시되고, 여성의 요구는 저지될 것이라고 주장한다. 이에 따르면 의회에서 15%의 여성의원을 갖는다는 것은 여성 의원들이 특정 사안을 지원하고 영향력을 행사하기 위한 입법적 행동이 가능함을 의미한다(Kanter, 1977). 여성의 정치적 대표성이 단순히 여성 정치인의 수적 증가만을 의미하는가에 대하여는 논란의 여지가 있다. 그러나 지난 20여 년간 여성관련 법률의 제·개정을 살펴보면 대부분의 여성정책에서 여성뿐만 아니라 남성의원들도 정당을 초월하여 협조하는 분위기였던 반면, 호주제 폐지나 군가산점제와 같이 남성들의 권익과 직결되어 있는 제도를 개선하거나 새로 마련하고자 할 때에는 남성의원들의 호응을 얻기가 쉽지 않았다(박숙자 2004, 5). 이렇게 볼 때, 여성은 남성과는 다른 여성 중심의 시각에서 정치 이슈에 대한 접근이 가능하기 때문에 본질적인 여성문제는 여성에 의해 보다 적절하게 대표되는 것으로 보인다.

둘째, 여성의원들의 증가는 입법과정의 변화를 가져왔는가에 관해 분석하고자 한다. 즉, 법안발의와 심의과정에서 여성의원들의 전반적인 국회 의정활동은 어떠했으며, 여성관련 정책을 수립하는 데 적극적인 역할을 수행했는가? 입법과정에서 의원 간의 성차가 발견되는가?

여성의원의 양적 증가가 여성대표성의 확대를 의미한다고 보면, 15%에는 미치지 못하지만 2007년 12월 현재 14.4%의 여성의원이 활동하고 있는 17대 국회의 입법 활동은 이전 국회와는 다른 변화가 예상된다. 증가된 여성의원들은 상임위원회의 참여가 확대되고, 이전에는 여성과 관계가 없어보이던 분야의 법률안 발의가 늘어나는 것과 더불어 법률안 심의과정에서의 발언 내용 역시 성 인지적 관점에서의 발언이 많을 것으로 예상할 수 있다. 또한 여성의원의 증가는 국회의 전반적 분위기를 변화시키고 양성평등, 인권증진, 가족, 보육, 가정과 직장의 양립문제 등에서 여성의 대표성이 강화된 의정활동이 증가하리라 예측할 수 있다.

셋째, 양성평등정책과 남녀의원들의 성 인지성에 관해 보고자 한다. 여성의원들의 증가는 전반적인 국회 의정활동을 어떻게 변화시켰는가? 남성의원들의 성 인지성 정도는 변화되었는가? 이를 살펴보기 위해 17대 국회에서 제기되는 여성정책 의제들은 이전의 여성정책 의제들과 비교하여 어떤 특징과 변화가 나타나는지, 그리고 여성의제에 대한 성 인지성 정도는 어떻게 변화되었는지를 분석해 보고자 한다.

일반적으로 여성정책의 수립과 시행은 그동안 행정부에서 주도권을 쥐고 결정적인 역할을 하였기 때문에 의회의 중요성이 크게 주목받지 못하는 경우가 많았다. 그러나 행정부가 계획하는 여성정책이 추진되기 위해서는 기본적으로 법률적 근거를 갖추어야 하며, 법률적 근거하에서 체계적이고 지속적인 정책 집행 및 예산지원이 가능하므로 의회의 정책결정과정은 매우 중요할 뿐만 아니라 반드시 필요한 과정이다(박숙자 2004, 4-5). 특히 많은 연구들은 효과적인 여성정책 결정을 위해서는 참여 행위자 간의 역학관계가 매우 중요함을 강조하는데, 즉 여성정책은 복합적이고 다양한 요인이 영향을 미치지만, 가장 중요한 요인은 정책결정과정에서의 여성들의 참여 여부이며, 여러 경로를 거쳐 투입되는 여성들의 요구가 정책으로 전환될 때 여성친화적인 정책이 형성된다는 것이다(Mazur 2002; Stetson 2001; Dahlerup 2003). 따라서 달럽(Drude Dahlerup)은 정책결정과정 전 분야에 여성이 어느 정도 통합, 동원되어 있느냐가 여성정책의 성공 정도를 결정한다고 지적하고 있다(Dahlerup 2003; 문경희 2007).

본 연구의 이와 같은 분석을 위해서 두 가지 연구방법을 사용하였다. 하나는 17대 국회가 개원한 2004년 5월 30일부터 2006년 6월 30일까지의 기간 중에 국회의원이 발의한 법안 전체를 대상으로 남녀국회의원의 전체 법률안 및 여성관련 법률안의 입법실태를 살펴보고, 이를 통해 17대 국회의 여성의원 증가에 따른 국회의원 의정활동의 변화를 분석하고, 여성관련 법률안을 대상으로 17대 국회의 여성정책 의제의 특징과 변화를 알아보았다. 또 다른 방법은 17대 남녀 국회의원들의 상임위원회 활동에 관한 행태를 분석한 것이다. 같은 기간 동안의 국회 본회의와 전체 상임위원회의 회의록을 중심으로 법률안 심의과정과 정책관련 질의, 답변과정에 나타난 성 인지성 여부와 여성 및 양성평등 법·정책에 대한 발언 빈도, 긍정·부정적 발언 수 등을 통해 국회의원의 성차를 살펴보고, 여성정책 관련 발언을 통해 여성정책 의제의 변화 상황과 성 인지성 정도를 살펴보았다.

분석 시기는 17대 국회 전체시기를 분석하는 것이 가장 이상적일 것이나, 본 연구에서 연구시기를 17대 전반기(2004년 5월 30일~2006년 6월 30일)로 한정한 것은, 연구를 시작한 시점이 17대 국회 후반기라는 시간적 제약 때문이다. 또한 17대 국회 전반기는 엄밀히 따지면 2004년 5월 30일부터 2006년 5월 29일까지이나, 17대 국회 개원 후 2004년 7월에 들어서야 본격적인 입법 활동이 시작되었다는 점과

2006년에는 260회 임시회가 6월 30일까지였던 점을 감안하여 본 연구에서는 2006년 6월 30일까지로 연구시기를 한정하였다.[25] 이에 따르면, 247회부터 260회까지의 총 14회기 동안의 본회의와 17개 상임위원회에서 이루어진 입법 활동 분석과 회의록 분석이 본 연구의 대상이다.[26]

분석 대상 중, 여성관련 법률안을 어떻게 정의할 것인가, 또 여성관련 법률안을 전체 법률안에서 어떻게 구분해 낼 것인가는 연구자의 관점에 따라 다를 수 있으나 본 연구에서는 여성발전기본법에 기초하여 여성정책의 내용을 담고 있는 법률안들을 모두 여성관련 법률안에 포함시켰다.[27] 이에 따르면 남녀평등이나 여성의 인권보장 및 사회참여와 직접 연관되는 법률안뿐만 아니라 법안의 일부 규정이 간접적으로나마 이러한 내용을 규정하고 있는 법안들은 모두 포함될 수 있다.[28] 따라서 본 연구에서 분석할 여성관련 법률안은 국회 여성가족위원회 소관 법안들뿐만 아니라 전체 법률안 중 양성평등 관련, 여성

---

25) 17대 국회 개원 후 첫 임시회(247회; 2004.6.5.~2004.7.4.)의 활동은 전반적으로 원구성과 관련된 활동들이었으며, 248회 임시회(2004. 7. 5.~2004. 7. 15.)부터 본격적인 입법활동이 전개되었다. 한편, 17대 국회 전·후반기로 구분되는 2006년 5~6월에는 259회 임시회(2006.4.3.~2006.5.2.)와 260회 임시회(2006.6.19.~2006.6.30.)가 개의되었는데, 본 연구에서는 260회 임시회까지를 연구시기에 포함시켰다.

26) 247회~260회는 2번의 정기회(250회, 256회)와 12번의 임시회로 이루어져 있다. 17개의 상임위원회는 여성위원회와 여성가족위원회를 하나로 산정한 것이다.

27) 「여성발전기본법」 제3조(정의) 제1호에 의하면 "'여성정책'이란 남녀평등의 촉진, 여성의 사회참여확대 및 복지증진에 관한 대통령령이 정하는 정책을 말한다."로 규정되어 있다.

28) 전자의 대표적인 예는 남녀고용평등법, 성매매처벌법 등이고, 후자의 예는 호주제 폐지를 담은 민법, 육아휴직을 정한 국가공무원법, 부모 양계혈통주의를 정한 국적법 등이다.

의 사회참여 관련, 여성의 복지 관련 등 법안의 내용이 여성과 특별히 관련이 있다고 판단되는 모든 상임위원회의 법안들을 포함하였다.

그런데 여성관련 법률안이라고 모두 '성 인지적'인 것은 아니다. 따라서 본 연구에서는 위의 선별기준에 따라 '성 인지적'인 여성관련 법률안 162건을 선정하고[29], 이를 여성관련 법률안으로 한정하여[30] 분석하는 반면, '성 인지적 관점이 결여된 '여성관련 법률안에 대해서는 몇 가지 사례를 제시하였다. 또한 여성관련 법률안 162건을 여성정책 의제와 관련하여 정치참여, 고용 및 노동, 교육, 복지, 가족, 성문제·폭력, 성 인지성[31], 여성농어업인 육성의 8개 분야[32]로 나누어 분석하였다.

한편, 본 연구에서 수행하는 각 법률안의 내용을 파악하여 전체 법률안에서 여성관련 법률안, 성 인지적 여성관련 법률안을 분류해 내고 분석하는 작업과 본회의 회의록 및 전체 상임위원회의 회의록의 내용을 파악하여 분석하는 작업은 매우 방대하여 적지 않은 시간을 요구하는 작업이므로, 17대 국회 전체를 포괄하여 보완하는 작업은 추후의 과제로 남긴다.

---

29) 법률의 제·개정목적은 의원발의 제·개정법률안의 '제안이유'에서 확인하였으며, 제안이유 중에 선별기준에 해당되는 내용이 있으면 '성 인지적 여성관련 법률안'에 포함시켰다.

30) 이하 본 연구에서 여성관련 법률안이라 함은 성 인지적 여성관련 법률안 162건을 의미한다.

31) '성 인지성'은 여성화장실 대변기수의 합리적 조정을 내용으로 하는 '공중화장실 등에 관한 법률 개정법률안'이나 여성용위생용품 세금면제에 관한 '부가가치세법 개정법률안' 등 여성정책을 내용으로 하지 않는 일반법에서 성 인지적 관점을 반영한 경우를 따로 구분한 것이다.

32) 여기에 제시된 8개 분야는 여성정책의 분야를 여성발전기본법 시행령 제2조의 여성정책의 범위에 해당하는 정책을 기준으로 하였으나, 발의된 법률안 수 등을 고려하여 임의로 8개 분야로 묶은 것이다.

2. 17대 국회의 의원 구성 및 의원발의 여성관련 법률안

1) 17대 국회 및 상임위원회별 의원 구성현황

2004년 5월 30일부터 임기가 시작된 17대 국회의원은 〈표 Ⅳ-1〉에서 볼 수 있듯이, 2007년 8월 현재 남성 256명, 여성 43명으로 여성의원 비율이 14.4%로 나타났다. 이것은 2005년 세계 여성의원 비율의 평균치인 16.3%에는 못 미치는 수치이지만, 15대 국회의 3%, 16대 국회의 5.9%에 비하면 크게 늘어난 것으로 역대 국회 역사상 가장 높은 비율을 차지하는 것이다. 비례대표의원 56명 중에 여성의원은 33명, 남성의원은 23명이고, 지역구 의원 243명 중 남성의원은 233명, 여성의원은 10명이다.

〈표 Ⅳ-1〉 16 · 17대 국회 국회의원 현황

(단위 : 명, %)

성별	16대 국회		17대 국회(2007. 8.)	
	의원 수	비례대표/지역구	의원 수	비례대표/지역구
남	257 (94.1%)	35 / 222	256 (85.6%)	23 / 233
여	16 (5.9%)	11 / 5	43 (14.4%)	33 / 10
계	273	46 / 227	299	56 / 243

출처: 중앙선거관리위원회. 『제16대, 제17대 국회의원 선거총람』.

이를 보다 세분화하여 여성의원들이 소속된 상임위원회별로 살펴보면 〈표 Ⅳ-2〉와 같다. 17대 국회 전반기 동안 여성의원의 비율이 높은 위원회는 여성가족위원회가 가장 높고(68.8%), 보건복지위원회가 30%, 문화관광위원회, 교육위원회, 재정경제위원회, 과학기술정보통신위원회가 20% 이상이었던 반면, 통일외교통상위원회, 행정자치위원회, 환경노동위원회, 산업자원위원회는 10% 미만으로 상대적으로 낮은 참여율을 보이고 있다. 특히 농림해양수산위원회, 건설교통위원회는 여성의원의 참여가 1명도 없어 이들 위원회에서 심의되는 법안들에는 여성의원의 의견과 요구가 포함될 기회가 전혀 없었다.

이와 같은 현황은 17대 국회 후반기에 구성된 상임위원회별 구성에서도 유사하게 나타난다. 여성의원의 비율이 높은 위원회는 75%의 수치를 보이는 여성가족위원회를 제외하면 보건복지위원회가 40%로 가장 높게 나타나고 있으며, 정무위원회(29.2%), 문화관광위원회(25%), 국회운영위원회(22.7%), 교육위원회(22.2%) 순이다. 이는 전반기에 비하면 재정경제위원회의 여성의원이 감소하고, 국회운영위원회, 정무위원회, 보건복지위원회의 여성의원이 증가한 것이다.

여성의원들이 교육, 보건복지, 문화관광위원회에 몰려있는 것은 기존 연구 결과에서 볼 수 있듯이 여성의원들의 주된 관심사가 사회적 약자를 위한 양극화 해소와 여성/노동문제 등, 교육, 복지, 문화적 측면에 놓여있음을 보여 주는 것이다.[33] 이는 또한 여성의원들이 개별적으로는 성 인지성이 약한 경우에도 재선을 위한 선거운동과 의정활동 홍보에서 대표성의 희소성으로 인한 장점을 잘 인식하고 있기 때문에 교육, 사회복지, 환경 등의 정책 영역에 차별성을 두어 강조하기 때문이라는 분석도 가능할 것이다(황아란, 2007 : 91).

---

[33] 2006년 10월에 이루어진 설문조사를 보면, 경제성장 문제(28.6%), 외교/안보/통상 문제(24.1%)는 남성의원들이 우선순위를 두고 있는 경우가 우세한 반면, 양극화 해소(45.8%), 여성/노동 문제(8.3%), 교육문제(8.3%) 등에서는 여성의원들이 우선순위를 두고 있는 경우가 많은 것으로 나타났다(김원홍 · 이현출 · 김은경, 2007).

<표 Ⅳ-2> 17대 국회 상임위원회별 여성의원 구성 현황

(단위 : 명, %)

위원회		17대 국회 여성의원 수 (비율)	
이름	인원수 (전/후)	전반기	후반기
국회운영위원회	21/22	3(14.3)	5(22.7)
법제사법위원회	15/16	2(13.3)	1(6.3)
정무위원회	22/24	4(18.2)	7(29.2)
재정경제위원회	25	5(20.0)	3(12.0)
통일외교통상위원회	25	2(8.0)	0(0)
국방위원회	18	3(16.7)	3(16.7)
행정자치위원회	25/24	2(8.0)	3(12.5)
교육위원회	18	4(22.2)	4(22.2)
과학기술정보통신위원회	20/19	4(20.0)	4(21.1)
문화관광위원회	24	6(25.0)	6(25.0)
농림해양수산위원회	20/19	0(0)	0(0)
산업자원위원회	21/22	1(4.8)	1(4.5)
보건복지위원회	20	6(30.0)	8(40.0)
환경노동위원회	16/15	1(5.6)	1(6.7)
건설교통위원회	26	0(0)	1(3.8)
정보위원회	12	3(25.0)	1(8.3)
여성가족위원회	16	11(68.8)	12(75.0)

출처: 대학민국 국회. 각 상임위원회 http://committee.na.go.kr/intro.html을 검색
하여 작성함.

17대 국회에 들어와 강화된 여성의 정치적 대표성을 보여 주는 또
다른 수치는 상임위원회 위원장에 여성의 수가 확대되었다는 것이다.
위원회 위원장은 위원회 대표권, 의사정리권, 위원회의 질서유지권 및
사무감독권을 갖고 있는데, 이는 국회의장의 직무와 다를 바 없을 뿐
만 아니라(국회법 10조, 49조), 위원회의 속성이 다수결보다는 다원적
토론이 보장되고 있다는 점을 고려한다면 더욱 큰 권한이라 할 수 있
다. 뿐만 아니라 국회는 안건심사절차에서 상임위원회 중심주의를 택

하고 있어 소관 위원회의 안건심의과정에 대해서는 국회의장도 직접 관여할 수 없는 배타적 재량권을 가지고 있다(유병곤, 2006 : 46). 이렇게 볼 때, 17대 국회 전반기에 정무위원회의 김희선 의원, 문화관광위원회의 이미경 의원, 여성위원회의 김애실 의원이 상임위원장의 역할을 수행하였고, 후반기에 문화관광위원회의 조배숙 의원, 여성가족위원회의 문희 의원이 위원장직을 수행한 것은 이전에 비해 강화된 여성의 대표성을 반영하는 것이라 볼 수 있다.

한편, 17대 국회의 초선 여성의원 34명을 대상으로 소속 상임위 배치에 연속성이 있는지의 여부를 알아보았다. 34명의 여성의원 중 61.8%인 21명이 전·후반기에 같은 상임위원회에서 활동함으로써, 절반이 훨씬 넘는 전체 상임위 이동률과 비교해 볼 때, 여성의원들은 보다 연속적인 상임위 활동을 하고 있다. 16대 국회의 경우에도 비슷하여 16명의 여성 국회의원 중 10명이 16대 국회 4년 동안 동일한 상임위원회에 소속되어 활동함으로써 남성의원들에 비해 보다 연속적인 상임위 활동을 하였다. 이는 여성의원들이 전문적이지 못하다는 일반적인 평가와는 달리 관련 분야의 전문성이 제고될 수 있음을 보여줄 뿐만 아니라 남녀의원 간 의정활동의 차이를 보여 주는 근거로도 볼 수 있을 것이다. 의원들의 의정활동에 관한 성차는 의정활동 평가에서도 나타나는데, 여성의원들은 본회의 출석률, 안건 투표율, 상임위 출석률 등에서 모두 남성의원보다 높은 점수를 받아 성실한 의정활동을 하고 있음을 보여 주었다(여성정치세력민주연대, 2005; 김형준, 2005).

2) 17대 국회 전반기의 의원 대표 발의 여성관련 법률안의 내용

17대 국회 전반기(2004년 5월 30일~2006년 6월 30일)까지 남녀의

원이 대표 발의한 여성관련 법률안 중 성 인지적인 법률안 162건의
내용을 상임위원회별로 개괄해 보면 다음과 같다.

○ 국회운영위원회

국회운영위원회 소관법률로 여성의원과 남성위원이 대표 발의한 여
성관련법률안이 각 1건씩 있으며, 성추행 등의 윤리심사에 관한 규정
을 두도록 한 국회법 개정안(심상정 의원 대표 발의[34])과 여성 등에
대한 복지제공규정을 두고 있는 국가균형발전특별법 개정안(노회찬
의원)이 그것이다.

○ 법제사법위원회

법제사법위원회 소관으로 여성의원이 대표 발의한 법률에는 민법,
가사소송법, 형법, 성폭력특별법, 성매매처벌법, 가정폭력특례법, 국가
인권위원회법 개정안이 있다.

이 중 민법 개정과 관련해서는 호주제 폐지(이경숙 의원), 혼인연
령의 남녀평등(이계경 의원), 부부재산계약과 재산분할(최순영 의원),
부부재산관련조항의 개선(이계경 의원), 부부재산의 실질적 평등 실현
(한명숙 의원) 등을 내용으로 하는 민법 일부개정안이 발의되었다. 또
한 호주제 폐지에 따른 가사소송법 일부개정(나경원 의원), 협의이혼
절차 지원 법률안(유승희 의원), 이혼절차에 관한 특례(이은영 의원)
등이 발의되었다. 그리고 양육비 등에 대한 이행확보수단 마련을 위한
민사집행법 개정안(한명숙 의원)과 가사사건에 관련된 민사사건의 가
정법원 처리에 관한 가사소송법 개정안(한명숙 의원)이 있다.

법률에 의해 구금된 부녀간음행위를 처벌하기 위한 형법개정안(나

---

34) 이하에서는 '대표 발의'를 생략함.

경원 의원)이 있고, 성폭력범죄 처벌 및 피해자 보호 등에 관한 법률의 개정과 관련해서는 구금, 감호자에 대한 성폭력을 비친고죄로 하고(나경원 의원), 13세 미만 미성년자에 대한 강간, 강제추행은 2년 이상 유기징역으로 하며(문희 의원), 재소자를 위한 성폭력방지위원회 설치(박순자 의원), 13세 미만 여자에 대한 유사성교행위자 5년 이상 유기징역(이계경 의원) 등을 내용으로 한다.

피해자보호조치 마련 등 가정폭력범죄의 처벌 등에 관한 특례법의 개정안(안명옥, 홍미영 의원)과 감호위탁처분의 삭제, 유사성교행위의 정의 등 성매매알선 등 행위의 처벌에 관한 법률 개정안이 발의되었다(조배숙, 이경숙, 김희정 의원).

또한 성매매단속과 관련하여 여성부 및 관련 지방자치단체의 공무원에게 사법경찰권을 부여하기 위한 '사법경찰관리의 직무를 이행할 자와 그 직무범위에 관한 법률' 개정안이 발의되었다(이계경 의원). 국가인권위원회법 일부개정안(김애실 의원)은 여성위원 비율강화와 성차별전담 기관구성을 내용으로 한다.

남성의원이 대표 발의한 법률안에는 민법, 호적법, 국적법, 가사소송법, 형법, 성폭력특별법, 가정폭력특례법, 성매매처벌법, 국가인권위원회법 개정에 관한 것이 있다.

우선 호주제 폐지를 내용으로 하는 민법개정안과 이와 관련된 '출생, 혼인, 사망 등의 신고 및 증명에 관한 법률'안(노회찬 의원)과 호적법 일부 개정안(이성구 의원)이 발의되었다. 또한 대한민국국민과 결혼한 외국인이 배우자로부터 폭행 등 학대행위로 인해 혼인생활을 영위할 수 없을 때에는 혼인생활에 필요한 법정기간을 충족하지 못했을지라도 그 잔여기간 국내에 주소를 가지고 있는 자는 법무부장관이 귀화를 허가할 수 있도록 하는 국적법 개정안(최규식 의원)과 '양육비 이행확보에 관한 특별법'안(김재경 의원) 및 면접교섭 이행위반자에 대한 이행명령처분을 가능하게 하는 내용의 가사소송법 개정안(김석준 의원)이 발의되었다.

형법 개정안에는 강간죄 객체의 남녀평등(서병수 의원)과 간통죄 삭제(염동연 의원)에 관한 내용이 있고, 군형법 개정안은 강간죄 객체의 남녀평등(서병수 의원), 군 내부 성범죄 근절(이경재 의원)을 내용으로 한다. 또한 간통제 삭제에 따른 배우자고소조항 삭제를 위한 형사소송법 개정안(염동연 의원)도 있다.

성폭력범죄의 처벌 및 피해자 보호 등에 관한 법률의 개정에 관해서는 친족 성폭력 주체를 '동거하는 친족'으로 확대(정성호 의원)하거나 강간죄 객체의 남녀평등(서병수 의원), 장애인 성폭력의 항거불능 재개념화(박세환 의원)를 내용으로 하고 있고, 전자추적장치 부착에 관한 소위 '전자팔찌제도' 도입에 관한 "특정 성폭력 범죄자에 대한 위치추적 전자장치 부착에 관한 법률안"이 발의되었다(박세환 의원). 가정폭력범죄 중 고소취하된 경우 보호처분을 가능하도록 하는 등을 내용으로 하는 가정폭력범죄의 처벌에 관한 특례법 개정안이 발의되었다(정갑윤, 박명광, 우윤근 의원) 또한 성매매 알선 등 행위의 처벌에 관한 법률의 개정안(박세환 의원)과 차별시정기관통합에 관한 국가인권위원회법 개정안도 발의되었다(최재천 의원).

○ 정무위원회

여성의원이 대표 발의한 법률안에는 관리 인력대상의 범위를 국민으로 확대하여 남성, 여성에 대한 차별요소 제거를 내용으로 하는 비상대비자원관리법 일부개정(이계경 의원)과 여성 사회 활동의 확대로 인한 방과 후 교육의 보조관련 규정을 포함하는 학령기 아동, 청소년

보호와 교육 지원에 관한 법률안(김현미 의원)이 있다.

남성의원이 대표 발의한 법률안에는 청소년유해정보차단 등을 내용으로 하는 청소년보호법 개정안(이군현, 지병문 의원)과 남성도 성범죄의 피해자로 하거나(서병수 의원), 청소년의 성을 사는 행위에 대한 알선행위 정의추가, 벌칙정비·강화(이근식 의원)와 관련된 청소년의 성보호에 관한 법률 개정안이 있다.

○ 재정경제위원회

여성의원이 대표 발의한 법률안에는 조세특례제한법, 부가가치세법, 신용보증기금법 개정안이 있고, 남성의원 대표 발의 법률안에는 소득세법 개정안이 있다.

조세특례제한법 개정안은 사업주가 직장보육시설을 취득한 경우 세제지원을 상향조정하거나(이계경 의원), 한국여성경제인협회에 지출하는 기부금 손금 삽입(김애실 의원), 위생용품에 대한 부가가치세 영세율 적용(김희선 의원) 등을 내용으로 한다.

소득세법 개정은 가사노동의 경제적 가치를 소득세제에 반영(이계경 의원), 산후조리원에 납부하는 비용을 근로소득금액에서 공제(안명옥 의원)하는 것을 내용으로 한다.

여성용위생용품관련 법령정리와 유아용·여성용 위생용품 세금면제(김희선 의원)를 내용으로 하는 부가가치세법 개정이나 신용보증기금을 여성기업에게 최우선적으로 지원하고자 하는 신용보증기금법 개정(이계경 의원), 그리고 여성고용비율을 준수한 업체에게 국가계약자격을 부여하기 위한 국가를 당사자로 하는 계약에 관한 법률 개정안(진수희 의원)이 있다.

남성이 대표 발의한 경우는 여성 취업에 따른 소득 공제에 관한 소득세법 개정안(이계안 의원)이 있다.

○ 국방위원회

여성의원이 대표 발의한 개정안의 경우는 육아휴직기간을 진급최저복무기간에 산입(김명자 의원)하기 위한 군인사법 개정안, 여군 등의 출산휴직기간을 복무기간에 산입(김명자 의원)하는 군인연금법 개정안과 여성의 복무 영역을 확대(송영선 의원)하는 내용의 병역법 개정안이 있다.

남성의원이 대표 발의한 경우는 여자단기복무부사관에 비해 1년 더 복무하는 남자단기복무부사관의 의무복무기간 단축(박찬석 의원 대표 발의)을 위한 군인사법 개정안, 공군기술고등학교에 여자입학이 가능(정성호 의원)하도록 한 공군기술고등학교설치법 개정안이 있다.

○ 행정자치위원회

여성의원이 대표 발의한 경우는 여성후보자 추천비율을 규정한 공직선거법 개정안(홍미영 의원), 여성추천보조금을 규정한 정치자금법 개정안(홍미영 의원)이 있다.

또한 공무원연금법 개정안은 유족연금권리자에 대해 재혼기간에도 권리를 보장할 것과 여자 공무원의 임신·출산기간을 재직기간에 포함하는 내용을 담고 있다(이계경 의원).

여성화장실 대변기 수 합리적 조정(유승희 의원), 임산부 등 사용변기설치의 강행규정화(박순자 의원)에 관한 공중화장실 등에 관한 법률 개정안과 성매매알선범죄의 처벌과 관련된 풍속영업규제에 관한 법률 개정안(이경숙 의원)이 있다.

남성의원이 대표 발의한 법률안에는 여자공무원의 육아휴직기간인정 및 연장에 관한 국가공무원법과 지방공무원법 개정안(박형준 의원), 특수경력직 지방공무원의 임신출산휴직 신설을 위한 지방공무원법 개정안(김춘진 의원)이 있다.

또한 성범죄 등 일련의 범죄행위 예방 및 국민의 생명, 신체 등 보호를 목적으로 하는 열쇠관리업법안(고조흥 의원)이 발의되었다.

○ 교육위원회

여성의원 대표 발의 법률안에는 육아휴직의 요건 완화에 관한 교육공무원법 개정안(박찬숙 의원), 유아 및 교직원에게 성폭력예방교육을 실시하도록 한 유아교육법 개정안(안명옥 의원)이 있다. 또한 학교보건법 개정안(안명옥 의원)은 학생과 교직원에 대한 성폭력예방교육 실시를 내용으로 한다.

남성의원이 대표 발의한 법률안은 사립학교 교직원연금법 개정안(최재성 의원)으로 여성교직원의 임신·출산휴직기간을 퇴직수당에 고려할 것을 내용으로 한다.

○ 문화관광위원회

문화관광위원회 소관 법률안으로는 남성의원이 대표 발의한 2건의 법안이 있다. 여기에는 노래연습장업자 및 비디오물감상실업자는 남녀를 불문하고 접대부를 고용·알선하는 행위를 금지한다는 음반·비디오물 및 게임물에 관한 개정안(정성호 의원)과 음악산업지원을 위한 법적 근거를 마련하기 위한 음악산업진흥법안(안민석 의원)이 포함된다.

○ 보건복지위원회

여성의원이 대표 발의한 법률안은 국민건강증진법, 국민건강보험법, 모자보건법, 장애인복지법, 약사법, 간호법, 식품위생법, 공중위생관리법, 국민연금법 등이다. 그 내용을 보면, 국민건강증진법 개정안에서는 건강증진사업에 여성, 노인 등 건강증진을 명시하였고(안명옥 의원), 요양급여를 받는 자 중 임산부와 만 7세 미만 아동에 대해서는 본인일부부담금을 부과하지 않도록 하는 국민건강보험법 개정안(현애자 의원)이 있다.

모자보건법 개정안은 산후조리시설 설치근거(박영선 의원), 모성과 영유아 보호 비용의 부담(현애자 의원), 임신과 출산의 중요성을 고취하기 위해 10월 10일을 임산부의 날로 정하도록 하거나(안명옥 의원) 모자보건사업경영자에게 모자보건책임을 명시하고 있다(장복심 의원).

장애인복지법 개정안의 내용은 여성장애인 권익 보호(장향숙 의원), 여성장애인 임신, 출산과 관련한 전담기관지정과 비용 지원(손봉숙 의원)이고, 수유시설 및 육아편의시설 설치를 내용으로 하는 장애인, 노인, 임산부 등의 편의증진보장에 관한 법률 개정안이 발의되었다(안명옥 의원).

또한 태반을 의약품원료로 함에 있어 산모동의를 구하도록 한 약사법 개정안(박찬숙 의원)과 대표적 여성 직종인 간호사들의 직업적 자긍심 확보를 목적으로 하는 간호법안(박찬숙 의원)이 발의되었다.

식품접객업소, 공중위생업소에서의 성매매, 음란영업행위 등의 근절을 내용으로 하는 식품위생법, 공중위생관리법 개정안이 발의되었다(이경숙 의원).

국민연금법 개정안은 가입자의 출산, 육아기간을 가입기간에 산정하도록 하였고(현애자 의원), 농어촌주민의 보건복지증진을 위한 특별법 개정안은 농어촌여성의 모성보호와 농어촌 보육여건 개선을 추가할 것을 내용으로 한다(김현미 의원).

남성의원이 대표 발의한 법률안에는 국내체류 외국인 중 대한민국 국민과 혼인하여 대한민국 국적의 미성년자녀를 양육하는 사람에게 수급권을 인정하도록 한 국민기초생활보장법 개정안(김춘진 의원)과 여성의 경제, 사회활동과 출산, 양육병행 지원을 내용으로 하는 고령사회기본법안 (김춘진 의원)이 발의되었다.

또한 국민연금법 개정안은 남편의 유족연금 수령요건을 아내와 동등하게 할 것을 내용으로 하였고(박성범 의원), 장애인복지법 개정안은 임산부 여성장애인에 대한 보조(김기현 의원), 여성장애인의 권익 증진(정화원 의원)에 관한 것이었다.

장애인 차별금지 및 권리구제에 관한 법률안(노회찬 의원)은 장애여성 차별금지에 관한 규정을 별도로 두도록 하였다.

태반은 산모의 서면동의가 있어야 이용 가능하다는 내용의 태반의 이용 및 관리 등에 관한 법률안(박재완 의원)과 난자의 관리와 제공, 정자 및 난자매매의 유인 및 알선행위 처벌에 관한 생명윤리 및 안전에 관한 법률안(박재완 의원), 그 외 체외수정 등에 관한 법률안(박재완 의원)이 발의되었다.

의료법 개정안은 조산사 양성을 통해 임산부의 안전한 출산을 도모할 것을 내용으로 하며(김학송 의원), 신중한 입양동의를 위해 산모에게 입양동의를 할 것인지에 대하여 생각할 최소한의 시간을 주도록 숙려기간제도를 도입하기 위한 입양촉진 및 절차에 관한 특례법 개정안(김춘진 의원)이 있다.

○ 농림해양수산위원회

여성의원이 대표 발의한 법률(개정)안에는 여성농어업인 모성보호, 보육여건 개선 등을 내용으로 하는 여성농어업인육성법 개정안(김현미 의원)과 모성보호 및 보육요건개선에 관한 농어업인 삶의 질 향상 및 농산어촌지역 개발 촉진에 관한 특별법(김현미 의원)이 발의되었다.

남성의원이 대표 발의한 개정안에는 여성농어업인육성기본계획의 수립·시행자를 농림부장관에서 시·도지사까지 확대하거나(조일현 의원) 농림어업인의 모성보호를 위해 일반 여성근로자의 출산전후 휴가제도와 육아휴직제도에 상응하는 제도마련(김춘진 의원)을 내용으로 하는 여성농어업인육성법 개정안이 발의되었다.

또한 여성농업인의 불평등 개선에 관한 농업, 농촌기본법 개정안(김우남 의원)도 있다.

○ 산업자원위원회

여성의원이 대표 발의한 개정안에는 여성경제인의 정의를 여성기업 아닌 전체 기업의 여성임원으로 확대(박순자 의원), 여성기업이 생산한 물품을 공공기관이 구매할 수 있도록 법에 명문화(이계경 의원)하기 위한 여성기업지원에 관한 법률 개정안이 있다. 남성의원이 대표 발의한 여성관련법률 개정안은 없다.

○ 환경노동위원회

여성의원이 대표 발의한 개정안에는 결혼휴가제도 보장(문희 의원), 배우자의 출산휴가 인정(진수희 의원)을 내용으로 하는 근로기준법 개정안과 직장내 성희롱 예방교육 관련(박찬숙 의원), 육아휴직 대상 확대(김애실 의원), 배우자출산간호휴가에 대한 급여보조(진수희 의원)를 내용으로 하는 남녀고용평등법 개정안이 있다.

또한 여성인력개발센터 지원에 관한 근로자직업능력개발법 개정안(안명옥 의원)과 배우자출산간호휴가 및 태아검진 휴가 중의 급여지급에 관한 고용보험법 개정안(진수희 의원)이 발의되었다.

남성의원이 대표 발의한 개정안에는 우선 유·사산휴가 및 배우자출산휴가 명문화(이목희 의원), 취업규칙 작성·신고대상에 모성보호 사항 추가(이경재 의원), 생리휴가와 육아기간 보장(단병호 의원), 비정규직 여성근로자들에 대한 보호(배기선 의원), 성별 등에 의한 차별 이외에 혼인여부, 출신지역, 출신학교, 연령, 고용형태에 의한 고용차별을 금지하도록 하는(배일도 의원) 근로기준법 개정안이 있다.

또한 남녀고용평등법 개정안은 배우자출산휴가급여 지급(이목희 의원), 모유수유시설의 설치 및 지원(김춘진 의원), 입양아 양육을 위한 육아휴직의 근거마련(정성호 의원)을 내용으로, 고용보험법 개정안은 산전후휴가급여를 고용보험에서 전체 지급하도록 하거나(이목희 의원), 입양휴가급여 신설(정성호 의원)을 내용으로 한다.

그리고 취업관련 차별금지사유에 혼인·임신을 추가하는 내용의 고용정책기본법 개정안(염동연 의원), 여성장애인 의무고용에 관한 장애인 고용촉진 및 직업재활법(최구식 의원), 여성 사회활동에 의한 사회서비스 수요급증에 대한 공급을 내용으로 하는 사회적 기업지원법안(우원식 의원)이 발의되었다.

○ 건설교통위원회

여성의원이 대표 발의한 법률안에는 이동권이 임산부·노인 등의 기본권임을 명시한 장애인·노인·임산부등의교통수단이용및이동보장에관한법률안(현애자 의원)이 있다.

남성의원이 대표 발의한 개정안으로는 성범죄자 등의 택시운전업무 종사 금지를 규정한 여객자동차운수사업법 개정안(최인기 의원)과 영, 유아, 임산부 등의 교통약자를 위한 편의시설 설치에 관한 교통약자의 이동편의 증진법 개정안(권영세 의원)이 발의되었다.

○ 여성가족위원회

여성의원이 대표 발의한 개정안에는 가정폭력방지 및 피해자 보호 등에 관한 법률 개정안(홍미영 의원)과 성매매 방지 및 피해자 보호 등에 관한 법률 개정안(이경숙, 유승희, 진수희 의원)이 있다.

또한 가족의 날 변경 등을 내용으로 하는 건강가정기본법 개정안(안명옥, 김현미 의원)과 건강하고 안전한 출산과 임신의 지원에 관한 건강가족기본법 개정안(김현미 의원), 가족지원기본법안(장향숙 의원), 평등가족기본법안(진수희 의원)이 발의되었다.

영유아보육법 개정안의 내용은 직장보육시설의 확대(김영주 의원), 영유아 및 보육시설종사자에 대한 성폭력예방교육 실시(안명옥 의원), 직장보육설치 위반에 대한 제재(이계경 의원), 직장보육시설의 설치(전재희 의원)에 관한 것이다.

남성의원이 대표 발의한 개정안에는 성희롱방지교육을 규정한 여성발전기본법 개정안(김기현 의원)과 가정폭력 방지 및 피해자 보호 등에 관한 법률 개정안(우윤근 의원)이 발의되었다.

또한 전업주부 인적자원 개발에 관한 건강가정기본법 개정안(이재오 의원)과 영유아의 성추행, 폭행 등 아동학대 방지를 위한 CCTV 등의 설치 의무화(우윤근 의원), 셋째 이후 자녀의 보육에 필요한 비용을 지원함으로써 여성의 사회참여 활성화(안상수 의원)를 내용으로 하는 영유아보육법 개정안이 있다.

모·부자복지법 개정안은 미혼모시설을 미혼모자시설로 개편하여 자녀양육기능을 포함할 것을 골자로 한다(이계안, 심재철 의원).

○ 여성위원회

여성의원이 대표 발의한 개정안에는 일제하 일본군위안부피해자에 대한 생활안정지원 및 기념사업 등에 관한 법률 개정안(안명옥 의원)과 보육시설 대상지역에 농어촌지역을 추가하는 내용의 영유아보육법 개정안(김현미 의원)이 있다.

3. 입법활동에서의 국회의원의 성차 분석

1) 전체 법률안을 중심으로 본 남녀 국회의원의 입법활동

의원 입법만을 중심으로 17대 전반부인 2004년 5월 30일~2006년 6월 30일 사이에 발의된 전체 의원발의 법률안은 총 3,401건이다. 이는 16대 국회 전 기간 동안 발의된 법률안이 총 1,912건이었던 것과 비교하면 17대 국회에 들어와서 법률안 발의가 월등하게 증가한 것이다. 그 중 여성의원이 대표 발의한 법률안은 660건(19.4%), 남성의원이 대표 발의한 법률안은 2,484건(73.1%), 위원회안은 256건(7.5%)이다 (〈표 Ⅳ-3〉 참조). 여성의원의 비율이 13.7%인데 비해, 여성의원이 대표 발의한 법률안의 비율이 19.4%를 차지하고 있다는 것은 여성의원들이 남성의원들에 비해 법률안 발의에 더욱 적극적으로 임하고 있음을 보여 주는 것이다. 이는 역으로 남성의원의 경우, 의원 비율은 86.3%이고, 대표 발의 법률안 비율은 73.1%로 나타나 여성의원에 비해 법안 발의가 상대적으로 저조하였다고 할 수 있다.

〈표 Ⅳ-3〉 17대 국회의원의 법률안 발의 현황(2006. 6. 30 기준)

(단위 : 건(%))

여성대표 발의안	남성대표 발의안	위원회안	계
660(19.4)	2,485(73.1)	256(7.5)	3,401(100.0)

출처: 대한민국 국회. 『국회 의안정보시스템』. www.search.assembly.go.kr/bill 을 검색하여 작성함.

대표 발의안을 1인당 발의건수로 살펴보면, 여성의원 1인당 법률안 발의건수는 16.5건, 남성의원 1인당 발의건수는 9.7건으로 나타나 남녀

의원 간 입법활동의 차이는 보다 크게 벌어진다(〈표 4〉 참조). 실제 각 의원들의 법률안 발의건수에는 차이가 있지만, 평균적으로 여성의원 1인이 16.5건을 발의하여 남성의원보다 2배 가까이 높다는 것은 법률안 발의에서 여성의원들이 남성의원들에 뒤지지 않을 뿐 아니라 오히려 앞서고 있음을 보여 준다.

위원회안 256건을 제외한 3,144건의 의원발의 법률안을 보다 구체적으로 소관 상임위원회별로 나누어 보면 〈표 Ⅳ-4〉과 같다. 이를 보면 모든 의원들이 최소한 1건 이상의 법률안을 발의한 것으로 나타났다. 여성의원들이 발의한 법률안을 보면, 정보위원회를 제외하고는 모든 상임위원회 전 영역에 걸쳐 이루어졌다. 이 중 보건복지위원회(129건), 재정경제위원회(86건), 행정자치위원회(83건), 교육위원회(63건), 법제사법위원회(61건)의 순으로 여성대표 발의가 많았다. 이는 여성의원들의 관심이 이 분야에 집중되어 있었기 때문이기도 하지만, 이 위원회들에 여성의원들이 상대적으로 많이 포진하고 있었기 때문이기도 하다. 실제로 여성대표 발의안의 비중이 10% 미만으로 나타난 건설교통위원회(6.6%), 농림해양수산위원회(7.7%), 산업자원위원회(8.3%)는 여성의원들이 아예 없거나 겨우 1명이 소속되어 있었던 반면, 여성가족위원회(70.0%), 보건복지위원회(44.6%), 교육위원회(34.2%)를 포함하여 여성대표 발의안의 비중이 높은 위원회들은 대부분 많은 수의 여성의원들이 소속되어 있는 상임위원회들이었다.

<표 IV-4> 17대 국회 소관 상임위원회별 의원발의 법률안 현황*

(단위 : 건, 명)

위원회	여성대표 발의안		남성대표 발의안		총계	
	법안 수	의원 수	법안 수	의원 수	법안 수	의원 수
국회운영위원회	27 (15.4)	14	148	79	175	93
법제사법위원회	61 (22.8)	24	207	86	268	110
정무위원회	18 (17.5)	7	85	57	103	64
재정경제위원회	86 (21.3)	15	317	105	403	120
통일외교통상위원회	9 (13.8)	7	56	35	65	42
국방위원회	13 (14.4)	7	77	39	90	46
행정자치위원회	83 (18.1)	22	376	137	459	159
교육위원회	63 (34.2)	10	121	40	184	50
과학기술정보통신위원회	22 (23.4)	6	72	38	94	44
문화관광위원회	43 (22.5)	11	148	47	191	58
농림해양수산위원회	12 (7.7)	6	143	48	155	54
산업자원위원회	14 (8.3)	8	154	68	168	76
보건복지위원회	129 (44.6)	20	160	61	289	81
환경노동위원회	40 (24.1)	14	126	49	166	63
건설교통위원회	19 (6.6)	8	271	81	290	89
정보위원회	-	-	14	10	14	10
여성가족위원회**	21 (70.0)	15	9	7	30	22
계***	660 (21.0)	194	2,484	987	3,144	1,181
국회의원 1인당 발의건수	16.5		9.7		10.6	
법률안발의 참여의원 수****	41		256		297	

출처: 대한민국 국회. 『국회 의안정보시스템』. www.search.assembly.go.kr/bill 및 국회 상
임위원회 http://committee.na.go.kr/intro.html을 검색하여 작성함.
* 17대 국회의 수치는 2006년 6월 30일까지의 수치임.
** 여성가족위원회의 법안발의건수는 이전 여성위원회의 법안발의건수를 포함한 수치임.
*** 법안발의의원수의 계는 한 의원이 여러 개의 법안을 발의한 경우 각각을 한 건으로 계
산한 단순 총계임.
**** 법률안 발의현황과 관련해서는 2006. 6.30. 현재 국회의원의 인원수는 여성의원 41명,
남성의원 256명으로 하여 집계하였음.

반면에 남성의원이 대표 발의한 법률안은 행정자치위원회(376건),

재정경제위원회(317건), 건설교통위원회(271건), 법제사법위원회(207

건), 보건복지위원회(160건)의 순으로 많이 나타나고 있으며, 여성가족위원회(9건)가 가장 적게 나타났다. 여성가족위원회에서 심의하는 법률안들은 전적으로 여성관련 법률안이라고 할 때, 여성가족위원회의 남성의원 대표 발의안이 최하로 나타나고 있는 것은 결국 남성이 아닌 여성이 여성의 관심사를 의회로 가지고 오며, 여성이 여성을 대표한다는 주장을 뒷받침해주는 실례라 할 것이다.

한편, 여성국회의원들의 법률안 발의현황만을 따로 보면 〈표 Ⅳ-5〉과 같다. 1인당 법률안발의건수가 1~10건이 15명, 11~20건이 15명, 21~30건이 5명, 31~40건이 3명, 41~50건이 1명, 50건 이상이 1명인 것으로 나타났다. 그 중 법률안을 가장 많이 발의한 경우는 1명으로 86건을 발의하였으며, 그 다음이 45건(1명), 39건(2명), 35건(1명)의 순으로 많이 발의하였다.

〈표 Ⅳ-5〉 여성국회의원 법률안 발의현황(2006. 6. 30 기준)

(단위 : 명)

1인당 법률안 발의건수	1~10건	11~20건	21~30건	31~40건	41~50건	50건 이상	계
의원 수	15	15	5	3	1	1	40

출처: 대한민국 국회. 『국회 의안정보시스템』. www.search.assembly.go.kr/bill을 검색하여 작성함.

이번에는 의원발의 법률안의 처리현황을 살펴보았다. 17대 전반기에 처리된 법률안은 총 3,401건 중 1,271건으로 나타났다. 이는 16대 국회 전 기간에 처리된 법률안 1,912건과 비교하면 17대 국회에 들어와서 법률안 발의와 그에 따른 처리가 월등하게 증가했음을 볼 수 있다. 〈표 Ⅳ-6〉의 의원발의 법률안 처리결과에서 볼 수 있듯이, 2006년 6월 30일 현재 남성의원이 발의한 법률안 2,485건 중 처리된 건수는 847건이고, 여성의원이 발의한 법률안 660건 중 처리된 건수는 167

건으로 나타났다. 이는 처리율로 보면 남성의원 발의안의 처리율은 34.1%, 여성의원발의안의 처리율은 25.3%를 보이는 것으로 발의율의 경우에는 여성의원발의율이 높은 반면, 발의된 법률안의 처리율은 남성의원이 높은 것을 의미한다.

남성의원발의안의 처리는 대안폐기(51.1%)가 가장 많고, 수정가결(22.3%), 폐기(13.9%), 원안가결(7.9%), 철회(4.6%), 부결(0.1%)의 순으로 나타났다. 여성의원발의안의 경우에는 대안폐기(60.5%)가 가장 많고, 수정가결(16.2%), 폐기(13.8%), 철회(6.0%), 원안가결(3.6%)의 순이다. 여성의원 발의안이 남성의원 발의안에 비해 대안폐기의 비율이 높고, 수정가결이나 원안가결의 비율이 낮다. 그러나 대안폐기는 여러 사람에 의해 발의된 동일한 법률안들을 모아 소관 상임위원회 대안을 만들기 위한 과정으로서의 의미가 있다고 볼 때, 대안폐기와 수정가결, 원안가결을 합한 수치는 남성의원발의안의 경우 81.3%, 여성의원발의안의 경우 80.3%를 기록하고 있어 법률안의 처리 결과에 있어 여성의원이 발의한 법률안이 남성의원의 그것에 비해 큰 차이가 없음을 알 수 있다.

〈표 Ⅳ-6〉 의원입법 처리현황(2006. 6. 30 기준)

(단위 : 건(%))

		처 리							계류
		계	원안가결	수정가결	대안폐기	폐기	철회	부결	
남성 발의	2,485	847 (100.0)	67 (7.9)	189 (22.3)	433 (51.1)	118 (13.9)	39 (4.6)	1 (0.1)	1,637
여성 발의	660	167 (100.0)	6 (3.6)	27 (16.2)	100 (60.5)	23 (13.8)	10 (6.0)	-	493

출처: 대한민국 국회. 『국회 의안정보시스템』. www.search.assembly.go.kr/bill 을 검색하여 작성함.

2) 여성관련 법률안을 중심으로 본 남녀 국회의원의 입법활동

17대 전반부인 2004년 5월 30일~2006년 6월 30일까지 발의된 전체 의원발의 법률안 중 여성관련 법률안만을 따로 구분하면 총 162건이다. 이는 16대 국회 전 기간 동안의 여성관련 의원발의 법률안 46건에 비하면 괄목할 만큼 증가한 수치이다.[35] 임기의 반 밖에 지나지 않은 17대 국회에서 이미 여성관련 법안 수가 16대 국회의 건수를 4배 가까이 앞서고 있다는 점은 그만큼 여성관련 입법이 활성화되고 있음을 보여 주는 것이다. 이처럼 17대 국회에서 여성관련 법률안이 많이 발의된 것은 그동안 여성들에게 차별적으로 작용하던 법 내용들을 양성평등적 시각에서 제·개정하려는 실질적인 노력들이 국회를 중심으로 강하게 표출되었기 때문이라 할 것이다. 다시 말하면, 17대 국회에서 수적으로 증가한 여성의원들이 여성관련 정책에 관심을 갖고 입법발의를 많이 했기 때문이다. 이들 법률안들이 여성정책, 더 나아가서는 양성평등정책의 근거법으로 작동한다고 볼 때, 성 인지적 여성관련 법률안의 증가는 매우 발전적이고 바람직한 결과라고 할 수 있다.

여성관련 법률안 162건을 대표 발의의원의 성별을 중심으로 분류해 보면, 여성의원이 발의한 여성관련 법안 수는 89건이고 실제 법안을 발의한 의원의 수는 28인이다. 반면에 남성의원이 발의한 여성관련 법률안수는 73건이고 실제 법안을 발의한 의원의 수는 43인이다. 이는 여성의원 1인당 여성관련 법률안 발의건수는 2.23건인 반면, 남성의원 1인당 여성관련 법률안 발의건수는 0.3건임을 의미하는 것으로 여성의

---

35) 16대 국회의 경우 남성의원이 발의한 여성관련 법안 수는 26건이고 실제 법안을 발의한 의원의 수는 23인이었던 반면, 여성의원이 발의한 여성관련 법안 수는 20건이고 실제 법안을 발의한 의원의 수는 10인이었다(대한민국 국회. 『국회 의안정보시스템』. www.search.assembly.go.kr/bill 참조).

원이 여성관련 법률안을 훨씬 더 많이 발의하고 있음을 보여 주는 것이다(성차). 또한 여성관련 법률안 발의에 여성의원은 전체 여성의원 중 약 70%가 참여한 반면, 남성의원은 전체 남성의원 중 불과 16.8%만이 참여함으로써 단연코 여성의원들이 여성관련법률안 발의에 적극적임을 알 수 있다.

<표 Ⅳ-7> 남녀국회의원 여성관련법률안 발의현황(2006. 6. 30 기준)

(단위 : 명, %)

1인당 법률안 발의건수	1-2건	3-4건	5-6건	7-8건	9-10건	11건이상	계
여성대표 발의	14 (50%)	9(32.1%)	3(10.7%)	-	-	2(7.1%)	28
남성대표 발의	34(79.1%)	7(16.3%)	2(4.7%)	-	-	-	43

출처: 대한민국 국회. 『국회 의안정보시스템』. www.search.assembly.go.kr/bill을 검색하여 작성함.

이러한 점은 1인당 여성관련 법률안 발의건수를 보여 주는 <표 Ⅳ-7>에서도 나타난다. 여성의원의 경우, 1~2건을 발의한 의원은 14명, 3~4건을 발의한 의원은 9명, 5~6건이 3명, 그리고 11건 이상 발의한 의원도 2명이나 있어, 전체적으로 볼 때 법률안을 발의한 여성의원의 50% 이상이 3건 이상을 발의하였다. 이에 비해 남성의원들은 약 80%인 34명이 1~2건의 여성관련 법률안 발의에 참여하였고, 3~4건이 7명, 5~6건이 2명인 것으로 나타났다. 이처럼 남성의원이 발의한 여성관련 법률안에 비하여 여성의원이 발의한 여성관련 법률안이 많은 것은 여성이 여성을 더 대표할 수 있다는 성별 대표성 원리를 보여 주는 것이며, 여성관련 이슈를 수렴하는 데 여성의원들이 더욱 적극적임을 나타내는 증거라 할 수 있다.

그러나 남성의원들의 경우에도 발의 법률안이 이전에 비해 지속적으로 증가하는 추세를 보이고 있어 양성평등적 관점이 증가하는 것으로 볼 수 있으며, 이는 여성의 문제를 비단 여성만의 문제가 아닌 사회의 문제로 바라보는 성 인지적 시각으로 전환하는 바람직한 현상이다. 이들 법률안들이 여성정책, 더 나아가 양성평등정책의 근거법으로 작동한다고 볼 때, 발전적이고 향상된 결과라 할 수 있다. 또 한 가지 주목할 점은 여성의원의 30% 정도와 남성의원의 80% 이상은 여성관련 법률안을 1건도 대표 발의하지 않은 것으로 나타난 것이다. 특히, 여성관련 법률안 발의에 한 번도 참여하지 않은 여성의원들이 30%를 넘는다는 것은 다소 의외의 결과이다. 이는 한편으로는 본 연구의 분석 범위가 17대 국회의 전반기만 다룸으로써 후반기에 이루어진 여성관련 발의법률안이 포함되지 못한 한계에 기인한다고 볼 수 있을 것이다. 또 다른 한편으로는 같은 여성의원이라 할지라도 성별 요인 외에 정당, 이념 등 다양한 영향 요인 속에서 성 중립적일 수 있는 개인차가 존재하기 때문일 것이다.

〈표 Ⅳ-8〉 소관 상임위별 여성관련 법률안 발의현황(2006. 6. 30 기준)

(단위 : 건, 명)

위원회	여성대표 발의안		남성대표 발의안	
	법안 수	의원 수	법안 수	의원 수
국회운영위원회	1	1	1	1
법제사법위원회	23	14	20	14
정무위원회	2	2	4	4
재정경제위원회	9	5	1	1
통일외교통상위원회	-	-	-	-
국방위원회	3	2	3	2
행정자치위원회	7	5	4	3
교육위원회	3	2	1	1

위원회	여성대표 발의안		남성대표 발의안	
	법안 수	의원 수	법안 수	의원 수
과학기술정보통신위원회	-	-	-	-
문화관광위원회	-	-	2	2
농림해양수산위원회	2	1	3	3
산업자원위원회	2	2	-	-
보건복지위원회	14	9	12	7
환경노동위원회	7	5	13	10
건설교통위원회	1	1	2	2
정보위원회	-	-	-	-
여성가족위원회*	14	12	7	6
계	89	61	73	56
1인당 발의건수	2.2		0.3	
법률안발의 참여의원 수	28 (70%)		43 (16.8%)	

출처: 대한민국 국회. 『국회 의안정보시스템』. www.search.assembly.go.kr/bill 및
　　　국회 상임위원회 http://committee.na.go.kr/intro.html을 검색하여 작성함.
* 여성위원회에서의 처리법안이 포함된 수치임.

이번에는 여성관련 법률안을 보다 세분화하여 〈표 Ⅳ-8〉과 같이 소관 상임위원회별로 살펴보았다. 이를 보면 법제사법위원회에서 43건으로 가장 많이 발의되었고, 보건복지위원회 26건, 여성가족위원회 21건, 환경노동위원회 20건, 행정자치위원회 11건, 재정경제위원회 10건의 순으로 발의되었다. 반면에 통일외교통상위원회, 과학기술정보통신위원회, 정보위원회는 여성관련 법률안이 1건도 없어 전체적으로는 여성관련 법률안을 주로 다루는 소관위원회에서 여성관련 법률안이 많이 발의되고 있음을 알 수 있다. 여성의원의 경우를 보면 법제사법위원회(23건), 보건복지위원회(14건), 여성가족위원회(12건), 재정경제위원회(9건)에서 10건 이상의 여성관련 법률안을 발의함으로써 여성의원이 많이 속한 상임위원회에서 여성관련 법률안이 많이 발의되었다.

이는 각 상임위원회에 소속된 여성의원의 수와 발의된 법률안 사이에 상관관계가 있음을 보여 주는 것으로, 보다 많은 여성이 국회로 진출하면 성에 기초한 차이가 확연히 나타난다는 주장을 뒷받침한다. 특히 여성관련 법률안들을 관례적으로 발의하던 여성가족위원회나 보건복지위원회에서 발의한 법률안이 여전히 우세하긴 하나 여기에 치우치지 않고, 재정경제위원회, 행정자치위원회, 국방위원회, 농림해양수산위원회, 산업자원위원회, 건설교통위원회 등 여성정책이나 관련법들과는 거리가 있는 것으로 여겨지던 위원회에서 여성관련 법률안들이 발의되고 있는 점은 매우 고무적인 일이다.

남성의원들의 여성관련 법률안 발의현황을 보면, 법제사법위원회(20건), 환경노동위원회(13건), 보건복지위원회(12건), 여성가족위원회(7건)를 비롯하여 거의 전체 상임위에서 발의되고 있는 것으로 나타났다. 남성의원들이 발의한 여성관련 법안들도 상임위원회 전체에 걸쳐 고루 발의되고 있다는 점에서는 여성의원의 발의현황과 유사하다. 반면에 여성의원 발의법안이 재정경제위원회, 보건복지위원회에서 많이 발의된 것에 비해 남성의원 발의법안은 정무위원회와 환경노동위원회에서 많이 발의되고 있다는 차이점을 보인다. 이는 같은 성 인지적 법안이라 해도 남성의원과 여성의원의 관심 분야에 차이가 있음을 보여 주는 것이다. 한편, 남성의원들의 여성관련 법률안 발의건수나 참여의원 비율이 여성의원에 비해 아직 낮은 수준이지만, 전체 상임위에 걸쳐 73건을 발의했다는 점은 남성의원들의 여성문제나 성인지적 관점의 배양과 관련된 인식변화를 엿볼 수 있는 부분이다.

한편, 17대 국회에 발의된 여성관련 법률안은 남녀의원을 불문하고 한 의원이 같은 법, 또는 유사한 법을 조항을 달리하여 여러 번 발의하는 경우가 발견되었다. 예컨대 한 의원은 '영유아보육법'을 2년 사이에 조항을 달리하여 4건이나 발의하였는데, 이러한 중복발의는 법률안 발의건수의 양적 증가는 보여 주지만 그렇다고 그것이 질적 수준까지 담보하는 것은 아니다. 따라서 하나의 법에 대한 신중한 검토를 통해 보다 심도 있고, 종합적인 내용의 법률안 발의가 이루어져야 할 필요가 있다.

이번에는 여성관련 의원발의 법안의 처리결과를 다른 법률안들과 비교하여 살펴보면, 〈표 Ⅳ-9〉와 같다. 전체 여성관련 법률안의 경우, 수정가결율이 13.2%인 반면 원안가결율은 불과 4.4%의 수치를 보이고, 여성의원이 발의한 여성관련 법률안은 수정가결율이 6.7%인 반면 원안가결율은 오히려 10%에 이르고 있다. 이러한 점은 건수는 적지만 일단 발의하면 여성의원 발의안의 내용이 보다 명확하고 여성의 요구를 수용한다는 것이라 할 것이다. 여성관련 입법 활동의 비율은 여전히 적지만, 성인지적 사안들을 위한 법안들의 통과는 여성이 의회로 여성의 관심사를 가져왔다는 점과 자신들의 우선권을 통과시키는 데 노력하고 있다는 점에서 의미를 부여할 수 있다.

〈표 Ⅳ-9〉 17대 국회 법안처리결과

(단위 : %)

	원안가결	수정가결	대안폐기	폐기	철회
전체 법률안	23.9	16.8	43.7	11.7	8.7
전체 의원발의안	5.7	17.0	41.3	11.0	3.9
전체 여성관련 법률안	4.4	13.2	58.8	19.1	4.4
여성의원발의 여성관련법률안	10.0	6.7	60.0	20.0	1.0

출처: 대한민국 국회. 『국회 의안정보시스템』. www.search.assembly.go.kr/bill 을 검색하여 작성함.

3) 여성관련 법률안의 내용으로 본 국회의원의 입법활동

이번에는 17대 국회 전반기에 발의된 162건의 여성관련 법률안을 〈표 Ⅳ-10〉과 같이 8개 분야의 내용별로 범주화하였다. 우선 남녀의원이 발의한 여성관련법률안은 성문제·폭력 분야가 45건으로 가장 많고, 그 다음이 고용 및 노동 분야 40건, 복지 분야 35건, 가족 분야 22건, 성 인지성 분야 9건, 여성농어업인 육성 분야 5건, 정치참여와 교육 분야가 각각 3건이다. 여성의원의 경우를 보면, 고용 및 노동 분야와 성문제·폭력 분야가 각각 22건, 복지 분야가 17건, 가족 분야가 16건의 순으로 많았고, 남성의원의 경우에는 성문제·폭력 분야가 23건으로 가장 많고, 고용 및 노동 분야와 복지 분야가 각각 18건, 가족 분야가 6건의 순으로 나타나 법률안이 발의되는 분야가 남녀별로 크게 다르지 않음을 알 수 있다. 그러나 이를 좀 더 자세히 살펴보면, 남녀의원 간 차이를 보이는 부분을 발견할 수 있다. 예컨대, 가족, 성 인지성, 고용 및 노동, 정치참여 분야의 경우에는 여성의원이 대표 발의한 법률안이 남성의원의 경우보다 훨씬 많다. 이는 여성의원이 고용 및 노동, 성 인지성 이슈를 훨씬 더 중요하게 인식하고 있는 것으로, 같은 여성관련 법률안이라 하더라도 법안의 내용과 분야에 따라 성별 차이가 나타날 수 있음을 보여 주는 것이다. 또 한 가지 주목할 점은 정치참여 분야에서는 남성의원의 발의안이 1건도 없다는 점이다. 이는 여성의 정치 참여를 확대하기 위해 선출직 여성할당제나 남녀동반선출제, 여성후보 추천보조금 제도 개선 등과 관련한 입법 활동에 여성의원들이 적극적인 반면, 남성의원들은 무관심하다는 것은 남성들의 권익과 직결되어 있는 제도를 개선할 때에는 남성의원들의 호응을 얻기 어렵다는 것을 보여 주고 있다. 여성의 권익 확보를 위해서는 여성

의 정치참여 확대 및 대표성 강화가 이루어져야 하며, 이것이 입법 과
정의 실질적인 기초가 된다고 볼 때, 여성의 정치참여에 대한 남성의
원들의 무관심은 성별 대표성에 기초한 성차를 보여 주는 또 다른 예
로 볼 수 있다.

〈표 Ⅳ-10〉 의원발의 여성관련법률안의 분야별 현황

(단위 : 건)

분야36)	여성의원 대표 발의	남성의원 대표 발의	계
정치참여	3	0	3
고용 및 노동	22	18	40
교육	0	3	3
복지	17	18	35
가족	16	6	22
성문제·폭력	22	23	45
성 인지성	7	2	9
여성농어업인 육성	2	3	5
계	89	73	162

출처: 대한민국 국회. 『국회 의안정보시스템』. www.search.assembly.go.kr/bill 및
국회 상임위원회 http://committee.na.go.kr/intro.html를 검색하여 작성함.

성 인지적 여성관련 법률안의 내용으로 볼 수 있는 또 다른 특징은
여성관련 법률의 범위가 새로운 사회문제 등을 반영하여 보다 확대되
고 있다는 점이다. 평상시 여성문제로 특화되어 있던 노동, 복지, 보
육, 가족 등의 영역에 머무르지 않고 법안발의의 내용이 저출산, 고령

---

36) 8개 분야 중 고용 및 노동 분야에는 여성인력활용, 고용차별, 탁아시설 확
충, 모성보호 등을, 복지 분야에는 연금, 보건, 생명윤리 등을, 가족 분야에
는 가족법 개정, 가정과 직장의 양립지원, 육아 휴직 등을, 성 인지성 분
야에는 화장실법개정, 여성용위생용품 세금면제 등 성 인지적 관점의 반
영을 포함하였다.

화, 이혼율 증가, 생명윤리, 국제결혼 및 외국인가족문제, 성범죄자 등의 택시운전업무종사 금지 등으로 국민의 안전에 관련된 법안까지 확장된 것은 급격한 저출산·고령화 사회로의 이동, 결혼이주자 가족의 증가, 성범죄의 증가 등 사회 변화에 따른 요구와 정부의 정책방향이 맞물려 여성정책 의제가 다양화되고 있음을 보여 주는 예라 하겠다. 심지어 여성관련 법으로는 분류되지 않았던 세법 문제에까지 성 인지적 시각이나 여성정책 의제 다양화의 차원에서 법안발의가 이어지고 있다.

이를 보다 구체적으로 살펴보면, 가족 분야에서는 호주제 폐지를 내용으로 하는 민법 중 개정법률안과 이에 따른 새로운 신분등록제도 도입을 위한 법의 제정, 부부재산계약, 부부재산관련조항의 개선, 양육비 이행 확보, 이혼절차에 관한 특례인정 등의 내용들이 나타나고 있다. 최근 증가하는 국제결혼가족의 인권보장과 복지증진을 위해 발의된 법률안은 국내체류 외국인 중 대한민국 국민과 혼인하여 대한민국 국적의 미성년자녀를 양육하는 사람에게 연금수급권을 인정하도록 하거나 대한민국 국민과 결혼한 외국인이 배우자로부터 폭행 등 학대행위로 인해 혼인생활을 영위할 수 없을 때에는 혼인생활에 필요한 법정기간을 충족하지 못했을지라도 그 잔여기간 국내에 주소를 가지고 있는 자에 대해 법무부장관이 귀화를 허가할 수 있도록 한 내용이 포함되어 있다. 배우자출산휴가제도의 도입과 건강하고 안전한 임신과 출산 지원과 관련된 법률안의 증가는 저출산 해소와 여성의 사회참여 확대를 동시에 해결하기 위한 수단으로 제시된 것으로 볼 수 있다.

성문제·폭력 분야에서는 성폭력특별법 개정에 관한 법률안이 여러 건 발의되었으며, 초등학생 성폭력 살해사건 등, 최근 수년간 발생한 충격적인 성폭력 사건으로 인해 성폭력특별법에 관한 개정논의가 활발하였다. 17대 국회에서 여성대표 발의안 7건, 남성대표 발의안 6건으로 총 13건의 성폭력특별법 개정안이 발의되었고, 그 중 8개의 법률안을 묶어 국회 법제사법위원회 대안이 마련되어 법제화되었다.[37]

이 외에도 태반의 이용 및 관리, 난자의 관리와 제공, 정자 및 난자 매매의 유인 및 알선행위 처벌 등 생명윤리 및 안전에 관한 내용이나 여성위생용품에·관한 세금면제에 관한 내용과 관련된 법률안들이 발의되어 보다 새로운 영역으로 여성관련 법률안이 확산되고 있다.

발의된 법률안의 내용과 관련하여 남녀의원의 성인지적 관점이 상당히 반영되고 있다는 점도 또 하나의 특징이다. 남녀의원 모두 다양한 상임위원회에서 소관 법률에 관한 제·개정 법률안을 발의하고 있는데, 여성관련 법률안들은 발의 자체로만 본다면 법안 내용에 남녀의원의 성 인지적 관점이 상당히 반영되어 있어 긍정적이다. 여성의원들은 많은 경우, 국회운영위원회에서의 성추행 등의 윤리심사에 관한 규정을 두도록 한 국회법 개정안을 비롯하여 대부분의 상임위원회에 고루 포진되어 있어, 성인지적 관점을 가지고 여성관련법률안 발의에 적

---

37) 성폭력특별법 개정안의 내용은 재소자를 위한 성폭력방지위원회 설치, 구금, 감호자에 대한 성폭력의 비친고죄화, 강간죄 객체를 여자에서 사람으로 변경, 13세 미만 미성년자 강간, 강제추행은 2년 이상 유기징역, 친족 성폭력 주체를 '동거하는 친족'으로 확대, 장애인 성폭력항거불능 재개념화, 여성수사관 전담제, 여성경찰관 배치 의무화, 신뢰관계자 동석 의무화, 진술녹화제 확대 및 성폭력방지센터 도입, 13세 미만 여자에 대한 유사성교행위자 5년 유기징역, 카메라 등 이용범죄 유포 시 7년 이하 징역 또는 3천만 원 이하 벌금, 여성경찰관 동석제 등이다(임종인 2007, 87-88).
  한편, 법제화된 개정 법률의 주요 내용은 13세 미만자에 대한 유사강간 행위 처벌, 장애인 보호시설의 장 및 종사자의 장애인에 대한 성폭력행위 처벌, 통신매체이용음란죄의 법정형 상향, 카메라 등 이용촬영물의 유통행위 처벌, 친고죄의 범위 축소, 성폭력범죄 피해자의 인적사항 등 공개금지, 성폭력범죄 피해자 전담조사제 도입, 의무적 진술녹화의 대상자 연령 상향, 피해자와 신뢰관계 있는 자의 동석범위 확대 등이다.

극적인 역할을 하고 있다. 남성의원의 경우에도, 여성관련 법률안 발의에 대한 남성의원의 참여비율이 낮다는 문제는 차치하더라도, 법률안 내용상 성 인지적 관점의 반영은 긍정적으로 평가할 수 있다. 예컨대 호주제 폐지와 그에 따르는 신분등록에 관한 법률의 정비, 그리고 국제결혼가족의 외국인 배우자에 대한 인권보장을 내용으로 하는 법률안 발의는 대표적인 성 인지적 정책의제라고 할 수 있다. 또한 공군기술고등학교에 여자입학이 가능하도록 한 공군기술고등학교설치법 개정안, 남편의 유족연금 수령요건을 아내와 동등하게 할 것을 내용으로 한 국민연금법 개정안, 미혼모시설을 미혼모자시설로 개편하여 자녀양육기능을 포함할 것을 골자로 한 모·부자복지법 개정안, 신중한 입양동의를 위해 산모에게 입양동의를 할 것인지에 대하여 생각할 최소한의 시간을 주도록 숙려기간제도를 도입하기 위한 입양촉진 및 절차에 관한 특례법 개정안 등도 성 인지적 관점에 입각한 정책의제이다. 그 외에도 성범죄자 등을 일정기간동안 택시운전업무에 종사할 수 없도록 하여 여객을 안전하게 운송할 수 있도록 하거나 영유아의 성추행, 폭행 등 아동학대 방지를 위한 CCTV 등의 설치를 의무화하는 것은 여성에 대한 폭력방지와 인권보호를 목적으로 함으로써 성 인지적 관점이 반영된 법안들이다.

다만, 여성의원 40명 중 28명(70.0%), 남성국회의원 256명 중 43명(16.8%)만이 여성관련법률안 대표 발의에 참여했다는 점은, 앞으로 성인지적 관점의 배양을 통해 여성법률안 발의에 참여하지 않은 12명의 여성의원과 213명의 남성의원들도 여성법률안 발의에 적극 참여하도록 해야 함을 나타내고 있다.

4) '성 인지적 관점이 결여된' 여성관련 법률안

아래에서는 성 인지적 관점이 결여된 여성관련 법률안에 대해 살펴보기로 하겠다. '법률안'의 내용이 여성 또는 여성정책에 관련된 내용을 포함하고 있으나 제·개정 목적이 성 인지적이라고 할 수 없는 경우가 있다. 또한 저출산, 고령화, 가사노동가치의 세제 반영과 관련된 소득세법 개정안 등 몇 건의 법률안들은 성 인지적 관점의 반영 여부를 판단하는 데 주의를 요한다. 어떤 경우는 법률안 내용은 성 인지적이라고 할 수 있지만 법률안 발의과정에서 여성의원들의 소극적인 대처방식 등이 문제가 되는 경우도 있다. 이러한 사항과 관련된 몇 개의 사례를 보면 다음과 같다.

첫째, 노래방 도우미를 형사처벌하도록 한 '음악산업진흥에 관한 법률(2006.4.23 제정)'은 성 인지적 관점이 결여된 대표적인 입법으로 지적할 수 있다. 이 법은 제안배경에서 '노래연습장에서의 퇴폐행위 근절을 위해 남녀를 불문하고 노래방에서 접대부를 고용·알선하는 행위를 처벌하도록 하였고, 최근 사회문제로 대두되고 있는 노래연습장의 도우미 행위를 처벌하는 규정을 신설하였음'을 밝히고 있다.[38] 노래방에서 접대부를 고용하지 않는 것은 노래방업자의 준수사항이며, 이를 어긴 노래방업자를 형사처벌하거나 행정처분하는 것은 당연하다. 그러나 피고용된 노래방도우미를 처벌할 근거는 없다. 단지 최근에 사회문제가 된 노래방도우미의 성매매 행위를 근절하려는 데 목적이 있다면, 성매매가 포착되고 입증된 경우 '성매매알선등행위의처벌에관한법률'위반으로 처벌하면 되는 것이다. 그렇지 않고 노래방 도우미를 성매매범죄의 잠재적 범죄자로 몰아 도우미 행위를 처벌하는 것은 노

---

[38] 국회 문화관광위원회. 2006. 4. 『음악산업진흥법안 심사보고서』.

래연습장에서의 퇴폐행위의 주책임을 도우미에게만 지우겠다는 발상이며, 이것은 과거 '윤락행위등방지법'이 선도의 대상을 윤락여성으로만 한정함으로써 윤락행위의 책임을 윤락여성에게만 지워 해결하겠다는 것과 같은 맥락이다.

이 법은 남성의원이 대표 발의하고 여성의원 3명을 포함한 22명이 공동발의하고 있으나 이러한 배경을 지적하는 의견은 심의과정 어디에도 나타나고 있지 않다. 이 법의 목적처럼 음악 산업의 발전을 촉진하고 국민의 문화적 삶의 질 향상을 위해 노래방에서의 도우미 행위를 근절하겠다면, 도우미 뿐 아니라 도우미를 부른 고객도 처벌되어야 하는 것이다. 노래방의 질서를 어지럽힌 것은 고객이나 도우미 양자에게 모두 책임이 있기 때문이다. 노래방 도우미만을 처벌하도록 한 규정은 도우미의 대부분을 차지하는 여성의 관점에서 고려되어야 하며, 이 규정의 개정이 검토되어야 할 것이다.

둘째, 저출산, 고령화, 가사노동가치 반영과 관련된 내용을 담고 있는 법률안 중에서 성 인지적 관점의 반영여부를 판단하는 데 주의를 요하는 경우로는 2개의 소득세법 개정안을 들 수 있다. 종합소득금액에서 자녀 수에 따른 추가공제를 인정하여 자녀 수가 많을수록 소득세감면 혜택을 크게 부여함으로써 출산장려에 기여한다는 내용의 소득세법 개정안(2005.5.21 김효석 의원 대표 발의)은 저출산 문제라는 사회문제를 의제화했다는 점에서 여성정책 의제의 다양화에 기여했다는 의미를 부여할 수 있다. 그러나 다른 한편으로는 이 법률안의 제안의도가 출산장려라는 국가적 명분을 내세우기는 하였으나 그 이면에는 또 다른 형태의 가족계획을 의도하거나 여성의 몸이나 출산력에 대한 통제의 관점이 녹아있음을 추측할 수 있기 때문에 성 인지적 관점이 반영되었다고 볼 수는 없다.

배우자의 가사노동가치를 소득세제에 반영한다는 소득세법 개정안 (2005.5.18, 이계경 의원 대표 발의)은 가사에 전념하는 배우자의 가사노동 비용을 소득공제에 추가하고, 부양가족이 있는 거주자가 지불하는 가사비용에 대한 추가공제금액을 상향조정함으로써 가사노동의 경제적 가치를 인정하여 소득세제에 반영하는 것을 내용으로 하고 있다. 이것은 그동안 다루어지지 못한 세제 분야에 여성관련 내용을 포함시킨 것으로 긍정적인 평가를 내릴 수 있으나[39] 한편으로는 현행 부부별산제와 상충되며 전업주부만을 대상으로 함으로써 여성의 경제활동을 억제하는 반여성적 법안이라는 이유에서 반대하는 의견도 있다[40]. 따라서 법률안의 성 인지성 판단과 관련해서는 세심한 주의가 필요하다고 할 것이다.

셋째, 난자채취 허용, 난자제공자의 안전 확보 등을 내용으로 하는 '생명윤리및안전에관한법률'[41] 역시 여성의 몸과 관련되기 때문에 여성들의 관점과 고려사항이 반드시 반영되어야 하며 여성의원들의 적극적인 참여가 필요하다. 따라서 성 인지적 관점이 필수적인 법률안임에도 불구하고 이 법률안 개정의 대표 발의는 남성의원이었고, 소수의

---

39) 이에 따라 본 연구에서는 이 법률안을 성 인지적 관점이 반영된 법률안으로 파악하여 162건에 포함시켰다.
40) 국회 재정경제위원회, 2006. 2. 『소득세법 일부개정안 심사보고서』.
41) 생명윤리및안전에관한법률'(제정 2004.1.29 법률 제7150호)은 급격히 발전하고 있는 생명과학기술에 있어서의 생명윤리 및 안전을 확보하여 인간의 존엄과 가치를 보장하고, 국민의 건강과 삶의 질 향상을 위하여 질병치료 및 예방 등에 필요한 생명과학기술을 위하여 개발·이용할 수 있는 제도적 장치를 마련하기 위해 제정되었으며, 인간을 복제하기 위하여 체세포복제배아를 자궁에 착상·유지 또는 출산하는 행위를 금지하고, 임신 외의 목적으로 배아를 생성하는 행위, 특정의 성을 선택할 목적으로 정자와 난자를 선별하여 수정시키거나 사망한 자 또는 미성년자의 정자와 난자로 수정시키는 행위 및 매매의 목적으로 정자 또는 난자를 제공하는 행위 등을 금지하는 것 등을 주요내용으로 하고 있다. 따라서 이 법은 필연적으로 여성의 몸과 관련된 내용을 규정하고 있어 여성의 관심과 이해가 반영될 필요가 있다.

여성의원만이 공동발의자로 참여하고 있다. 여성의 몸과 관련된 법률은 평소 여성의원들이 세심하게 살펴서 문제점이 무엇이고, 이를 개선하기 위해 무엇이 필요한지를 철저한 조사와 연구를 통해 규명하고, 필요한 경우 이를 입법화하는 데 중지를 모아야 구체적이고 바람직한 법안의 내용이 이루어질 수 있다.

4. 속기록으로 본 상임위 심의과정의 변화

1) 상임위원회 심의과정에서의 국회의원의 성차 비교

여성의원의 양적 증가는 여성의원들의 상임위원회 참여를 확대시키고 법률안 발의의 증가와 함께 심의과정에서 성인지적 입법 활동에 영향을 줄 것으로 판단된다. 본 장에서는 여성의원이 양적으로 증가한 17대 국회의 심의과정에서 남녀의원의 성차가 발견되는지 그리고 성인지성이 확대되었는지를 살펴보기 위해, 전체 상임위원회를 대상으로 여성관련 이슈, 또는 양성평등 관련 법·정책에 관한 국회의원들의 발언을 회의록에서 살펴보았다.

우선 17대 국회 전반기인 2004년 5월 30일부터 2006년 6월 30일까지의 본회의와 상임위원회 심의과정에서 여성관련 이슈나 양성평등 관련 법·정책에 대해 1회라도 발언한 국회의원 수는 〈표 Ⅳ-11〉에서 볼 수 있듯이 전체 국회의원 299명 중 131명이다. 이는 16대 국회 전 기간에 걸쳐 전체 국회의원 273명 중 여성관련 법·정책에 대해 1회라도 발언한 국회의원 수가 단지 50명에 불과했던 것과 비교해 보면 괄목할 만큼 증가한 것이다. 16대 국회의 여성관련 법·정책에 관한 이렇게 적은 발언자 수치는, 여성 및 양성평등 관련 법·정책이 상대적으로 중요하지 않은 문제로 취급되었으며 양성평등 문제에 관심을 갖고 있는 의원 수가 절대적으로 부족했음을 보여 주는 것이다. 발언자의 수치에는 반대 발언도 포함되어 있다는 점을 감안하면 16대 국회의원들의 대다수가 여성관련 법·정책에 대해 자신의 의견을 피력하지 않고 무관심했음을 의미한다. 이는 또한 여성의제에 대한 무관심 차원만이 아니라 여성 및 양성평등 관련 의견을 피력하는 데서 오는 불이익을 기피하기 때문이기도 할 것이다(김상희, 2003 : 13).

<표 Ⅳ-11> 양성평등 관련 법·정책에 대한 국회의원들의 발언 수

	16대	17대*
전체 국회의원 수	272명	299명
여성관련, 또는 양성평등 관련 법·정책에 대해 1회라도 발언한 국회의원 수	50명	131명

출처: 16대 국회 자료는 김상희 2003, 19 참조. 17대 국회 자료는 각 『상임위원회 회의록』에 기초하여 작성함.
* 17대 국회의 경우 2006년 6월 30일 기준임.

반면에 17대 국회의 증가된 발언자 수치는 16대 국회에 비해 심의과정에서 여성 및 양성평등 관련 논의가 매우 활발해졌음을 보여준다. 여성의제에 대한 찬반의 입장은 차치하고라도 이전에는 무관심, 또는 고의로 회피했던 쟁점들이 심의과정에서 공개적으로 논의되고 있다는 점은 17대 국회의 심의과정이 변화되고 있음을 보여 주는 것이다. 이는 사회적으로 보다 공론화된 여성관련 이슈들을 여성의원들이 증가된 17대 국회에서 보다 많이 다루었기 때문이다.

〈표 Ⅳ-12〉 위원회별 양성평등 관련 법·정책에 대한 의원들의 발언[42)

(2006. 6. 30 기준)

	여성의원		남성의원		합계	
	발언 수	의원 수*	발언 수	의원 수	발언 수	의원 수
본회의	20	14	15	15	35	29
건설교통위원회	1	1	2	2	3	3
국회운영위원회	8	7	7	7	15	14
정무위원회	5	3	2	1	7	4
재정경제위원회	19	10	7	5	26	15
보건복지위원회	31	11	17	11	48	22
통일외교통상위원회	2	1	4	4	6	5
환경노동위원회	13	3	22	10	35	13
문화관광위원회	12	4	14	9	26	13
과학기술정보통신위원회	19	4	4	4	23	8
농림해양수산위원회	1	1	19	13	20	14
행정자치위원회	16	2	24	18	40	20
교육위원회	15	6	10	6	25	12
국방위원회	19	2	7	4	26	6
법제사법위원회	23	12	22	11	45	23
산업자원위원회	1	1	0	0	1	1
합 계	203	80	176	120	379	200
질의참여의원 수	35		96		131	

출처: 17대 국회. 각 『상임위원회 회의록』에 기초하여 작성함.
* 발언의원 수 및 합계는 질의한 의원 수의 단순 총합이기 때문에 한 의원이 여러 번 질의한 경우 각각을 한 건으로 계산한 총계임.

〈표 Ⅳ-12〉는 17대 국회 전반기 같은 기간 동안 국회의원들의 여성 및 성 인지적 쟁점에 관한 발언을 측정한 것이다. 이를 보면 17대 국회 전반기 국회의원들의 여성 및 성인지적 쟁점에 관한 발언은 총 379건으로 이전에 비해 크게 증가하였다. 특히 여성의원의 발언 횟수

---

42) 여성위원회는 의원들이 중복 소속되어 있을 뿐만 아니라 여성관련 법안을 다룬다는 특수성을 감안하여 포함시키지 않음.

가 203건, 남성의원의 발언 횟수가 176건으로 나타남으로써 여성의원 뿐만 아니라 남성의원의 여성정책 관련 관심 정도가 17대 국회에 들어와 많이 강화되었음을 알 수 있다.

상임위원회별로 보면 보건복지위원회에서의 전체 질의수가 48회로 가장 많이 나타나고 있으며, 법제사법위원회, 행정자치위원회 순이다. 여성의원들만의 질의 횟수를 중심으로 나누어 보면 보건복지위원회 31회, 법제사법위원회 23회로 나타나고 있고, 10회 이상 발언한 위원회는 재정경제위원회, 환경노동위원회, 문화관광위원회, 과학기술정보통신위원회, 행정자치위원회, 교육위원회, 국방위원회 등이다. 보건복지위원회의 경우 여성의원이 6명으로 가장 많이 소속되어 있는 위원회이며, 법제사법위원회는 호주제 폐지를 중심으로 활발한 논의가 이루어졌던 위원회이다. 여성의원들의 발언이 10회 이상인 다른 위원회들도 소속 여성의원들이 비교적 많은 위원회들임을 감안할 때 대부분의 여성의원들이 성인지적인 상임위원회 심의활동을 활발히 함으로써 여성의 정치적 대표 역할을 수행하고 있음을 알 수 있다.

〈표 Ⅳ-13〉 여성 및 양성평등 법·정책에 대한 부정적 발언

	남성의원 수	여성의원 수
	11	0
	발언내용	발언내용
16대	-호주제폐지 반대 -모성보호관련법 개정 반대 -동성동본금혼제 삭제 반대 -남녀평등상속제도에 대한 비판 -여성농업인육성법안 반대 -여성과학기술인육성 및 지원에 관한 법률반대	

	남성의원 수		여성의원 수
	14		0
	발언내용		발언내용
17대	-호주제 폐지에 대한 반대 입장 -적극적인 우대정책 실시에 대한 부정적 입장 -여성의 군입대 관련 및 가산점제 부활 주장 -여성 이미지에 대한 부정적 시각(아줌마 발언) -여성부의 여성가족부로의 역할 대한 반대 시각		

출처: 16대 국회 자료는 김상희 2003, 19 참조. 17대 자료는 국회 상임위원회 및 본회의 회의록 참조하여 재작성.

〈표 Ⅳ-13〉은 심의과정에서 나타난 남녀의원들의 발언 내용 중 여성 및 양성평등 관련 정책에 대한 부정적 발언 내용만을 분류한 것이다. 17 대 국회에서의 여성 및 양성평등 법·정책에 대한 부정적 발언은 모두 남성의원으로 17대 국회 전반기 2년 동안 14회(10.8%)로 나타나 16대 국회 4년 동안 11회(22%)였던 데 비하여 감소하였다고 볼 수 있다. 16 대 국회의 경우에도 여성 및 양성평등 법·정책에 대한 부정적 발언을 한 의원은 모두 남성의원들이었다. 특히 이미 1990년의 가족법 개정으로 이루어진 남녀평등상속제도를 반대하거나, 1997년 헌법재판소에서 불합 치 결정이 이루어진 동성동본금혼제의 유지를 주장하는 등의 발언 내용 은 남성국회의원들의 보수성이 상당히 존재한다는 점을 보여 주었다(김 상희, 2003 : 19). 그런데 16대 국회에서는 여성의원의 경우에도 전통적 인 여성상을 강조하는 발언을 하는 경우가 종종 나타나고 있다. 가령 모 성보호관련법의 개정을 주장하면서 여성의 가장 중요한 역할을 모성애 로 규정한다든가, 모성애를 근거로 여성청소년부로의 확대를 주장하는 점 등은 전통적인 여성상을 강조하는 발언들이다. 이는 여성의원이라 하 더라도 남성중심적 사회에서 갖고 있는 여성에 대한 전통적 가치관의 틀을 여전히 벗지 못하고 있음을 드러내주고 있다(김상희, 2003 : 20).

한편, 17대 국회에서 남성의원들의 부정적 발언의 경우 여성의 역할이나 여성 자체를 비하하는 발언[43]이 있기도 하지만, 대부분의 경우는 심의되는 여성관련 법안의 일부 내용에 대한 반대 발언들이었다. 이는 성 인지적 관점에서는 부정적이라 할 수 있지만, 정책적 측면에서는 서로 다른 입장에서 심도 있는 논의를 했다는 점에서 어느 정도 긍정적으로 볼 수 있다.

현대 국가에서 사회적 복잡성과 전문성이 심화되면서 실질적인 법안 발의와 심의 그리고 행정부 감시의 기능은 상임위원회를 중심으로 이루어지는 것이 보편적 현상이다(Davidson and Oleszeck, 1996 : 195-201). 따라서 실질적인 정책결정과정으로서의 상임위원회의 심의과정에서 여성 및 양성평등 관련 내용을 보다 심도 있게 다루고, 성 인지적 성향으로 전환되고 있는 것은 매우 고무적이라 하겠다.

2) 상임위원회 회의록으로 본 17대 국회 여성정책 의제의 특징

이 장에서는 17대 국회 전반기(2004년 5월 30일~2006년 6월 30일)의 본회의와 전체 상임위원회 회의록을 중심으로 법률안 심의과정과 남녀의원들의 여성정책 관련 발언에서 나타난 성 인지성 여부와 여성정책 의제의 변화와 특징을 살펴보았다. 〈표 Ⅳ-14〉는 1981년에서

---

43) 17대 국회의 여성비하발언의 예는 '마누라를 족쳤더니……'(국회운영위원회 248회 1차 회의, 최구식 의원), '차관이 직장 구하려는 아줌마 청탁 듣고 이렇게 움직이는 자리입니까?'(문화관광위원회 248회 1차 회의, 심재철 의원), '저희는 여성위원이 없어서 제가 여성스럽게 부드럽게 물어보겠습니다.'(문화관광위원회 248회 1차 회의, 이계진 의원), '여성이 효를 회피하거나 거부하는 것 같은 느낌이 들기도 하는데……'(보건복지위원회 258회 법안심사소위 5차 회의, 정화원 의원) 등이다.

1997년까지의 여성관련 의제에 대한 비교 결과(김경희 2005, 16)를 17대 국회 전반기의 법률안 심의과정에서 논의된 여성정책 의제와 비교한 것이다. 분석의 기준이 다르기 때문에 평면적인 비교가 쉽지 않지만 시기적으로 나타나는 경향성을 파악해 볼 수 있다는 점에서 의미를 갖는다. 1981년부터 1989년까지, 1990년부터 1997년 여성정책 전담기구인 대통령직속 여성특별위원회가 만들어지기 전까지, 그리고 17대 국회 전반기의 3시기로 나누어서 국회 입법과정에서 제기된 여성정책 의제들을 살펴보면 다음과 같은 특징들이 나타나고 있다.

우선 여성정책 의제의 내용이 매우 다양해지고, 양적인 면에서 지속적으로 증가하고 있음을 발견할 수 있다. 17대 국회의 경우 비교 기간이 2년임을 감안하면 이전의 시기에 비해 논의되는 여성정책 의제가 양적으로 급격하게 확대되었을 뿐만 아니라 남녀의원들의 발언 수치와 발언 내용에서 나타나듯이 여성정책 의제에 대한 관심이 강화되었다. 1인당 발언 수치로 본다면 여성의원 1인당 수치가 훨씬 높겠지만, 전체적으로는 여성의원의 발언 수가 총 183건, 남성의원의 발언 수가 총 169건으로 나타나 남성의원들도 여성정책 의제의 심의과정에 깊이 참여하고 있음을 알 수 있다. 이는 여성의원의 부재가 여성정책의 주변화를 강화시키던 과거에 비하면 크게 향상된 것으로 성 인지성 강화를 보여 주는 것이라 할 수 있다. 17대 국회 전반기에 가장 많이 언급된 여성정책 의제들은 노동 분야의 여성인력 활용과 고용 문제, 탁아시설 관련 쟁점들, 가족 분야의 호주제 폐지 관련 쟁점들, 정치 분야의 정치적 저대표성과 정치참여 확대 방안, 성폭력 방지 관련 이슈들로 나타났다.

〈표 IV-14〉 국회 본회의 및 상임위원회 심의과정에서 언급된 여성관련 의제

여성정책 의제		1981~1989	1990~1997	2004.5~2006.6 합계	여	남	쟁점에 포함된 내용
노동	여성인력활용	7	21	32	23	9	
	고용차별	16	26	28	13	15	고용보험, 처우개선, 취업지원
	탁아시설확충	5	26	24	12	12	보육정책, 육아지원
	모성보호		4	5	2	3	
	자원봉사활동	1	5				
	가사노동가치	2	1				
	재택근무		2				
여성농어업인육성				13	4	9	
여경 · 여군정책				20	14	6	
가족	육아휴직		1	12	4	8	
	가족법개정		4	31	10	21	호주제 폐지 관련
	인구억제	3					
	성비불균형	1	4				
	저출산고령화			17	12	5	
복지	실직가장		3	3	3		여성실업가장
	여성연금		2	6	4	2	여성관련 기금
정치	여성 삶의 질	1	2	11	4	7	복지정책, 국제결혼관련
	낮은 정치참여	5	10	26	17	9	정치참여확대방안, 충원
	할당제		5	14	7	7	
	UN비준	3	2				
	여성기구설치	3	5	19	8	11	여성기관 및 역할
	10대과제		6				
	여성비하		3	8	3	5	여성비하, 인권침해
성성	미혼모, 윤락	2	5	10	3	7	
	성폭력 방지		2	24	15	9	
	성도덕		7				
	성매매 방지			17	9	8	
	성문화			3	2	1	
여성관	여성성		13				
	사회취약계층	1	9	18	8	10	소수집단, 여성장애인
	몰지각여성		2				
	성 인지성, 양성평등			10	5	5	
위안부			5	1	1		
계		50	175	352	183	169	

출처: 1981-1997년은 김경희 2005. 11 논문 참조. 2004~2006년은 17대 국회 상임위 회의록, 본회의 회의록을 중심으로 재작성

두 번째로는 1980년대 이래로 지속적으로 제기되고 있는 여성정책 의제들이 있는 반면, 각 시기별로 이전 시기에는 제기되지 않던 새로운 여성정책 의제들이 등장하기도 하여 시기별 여성정책 의제의 변화를 살펴볼 수 있다. 1980년대 이래로 꾸준히 제기되고 있는 여성정책 의제들에는 여성인력활용, 고용차별, 낮은 정치참여 등을 들 수 있다. 그러나 이들은 의제의 범주 상으로는 동일해 보이지만, 그 시기에 논의되는 개별 의제와 심의과정에는 차이가 나타난다. 1990년대에는 여성인력을 활용하기 위한 차원에서 모성보호(육아 휴직)와 공공근로 및 자원 활동, 재택근무와 탄력근무에 대한 방법들이 제기되고 고용차별 및 탁아시설 확충은 여성인력의 활용을 위한 정책 수단으로 거론되고 있다(김경희 2005, 12). 또한 남녀고용평등법의 불이행이나 고용차별에 대한 발언들은 많이 나타나고 있지만, 실제 해결책에 있어서는 소극적인 자세를 보여 주고 있다(김경희 2005, 13). 반면에 17대 국회 회의록에서 나타난 여성인력 활용의 방향은 고용보험의 확대, 처우개선, 취업지원과 광범위한 보육지원 및 육아지원에 대해 언급하고 있어 이전의 논의와 차이를 보인다. 정치적 저대표성 역시 이전 시기에는 우리나라 여성들의 낮은 정치 참여 문제와 여성 지위를 향상시키기 위해 노력하겠다고 언급하고 있으나 주로 구호성 발언들이었던 반면(김경희 2005, 11), 최근으로 오면 비례대표 공천 50% 여성 할당제와 남녀교호순번제를 강제함으로써 여성의 정치적 저대표성 문제에 구체적으로 접근하고 있다.

한편, 각 시기별로 이전 시기, 또는 다른 시기에는 제기되지 않던 새로운 여성의제들이 등장하는 경우도 있다. 인구억제 관련 의제는 1980년대에만 유일하게 나타나고 있으며, 노동 분야의 재택근무, 가족 분야의 육아 휴직, 가족법, 복지 분야의 실직가장, 여성연금, 그리고 여성성에 대한 강조와 위안부 문제는 1990년대에 새로이 등장한 쟁점들이다(김경희 2005, 13). 소외 계층의 여성 복지를 위한 현실개선 정책은 이전부터 시행되어 온 정책들이지만, 1998년 경제위기 이후 실직 여성가장의 증가와 이들의 빈곤문제가 표출되면서 저소득층 여성가장의 문제가 여성복지 의제의 주요 대상이 되었고(김경희 2005, 23) 일반여성에 대한 복지이슈는 사회보험과 관련되어 나타나고 있다.

17대 국회에서 새롭게 보이는 여성정책 의제들은 여성농어업인 육성, 여경 및 여군 정책, 저출산고령화 문제, 호주제 폐지 및 성매매 방지관련, 성 인지성, 양성평등 관련 내용들이다. 여성농어업인 육성과 여경 및 여군 관련 의제들은 2000년대 들어오면서 이전에는 여성이 거의 속하지 않던 분야까지 여성정책 의제가 확산되었음을 보여 준다. 또한 호주제 폐지를 내용으로 하는 민법중 개정안 통과는 양성평등적 관점과 성주류화 정책이 확산된 대표적인 성과로 볼 수 있으며 성매매특별법의 시행, 성 인지 예산을 제도화, 성별분리통계 등에 관한 구체적 논의들은 17대 국회에 들어와 여성정책 의제가 보다 성 인지성을 강화해 가고 있음을 보여 주는 것이다.

가족정책 의제의 시기별 차이에서도 여성정책 의제의 변화를 살펴볼 수 있다. 1980년대까지는 인구 증가가 경제발전을 저해하는 요인으로 인식되었기 때문에 출산조절 정책에 주력하였고, 이는 국회 심의과정에서도 인구억제 의제로 나타났다. 그러나 1990년대에 들어 인구자질 향상정책으로 인구정책이 선회하면서 성비 불균형 문제가 정책의제로 부각되었다. 2000년대에는 한국사회가 저출산·고령화 사회로 변화하면서 이전과는 반대되는 출산장려정책이 강조되고 이에 대한 정책의제들이 논의되고 있어, 시기별 가족 정책의 변화를 알 수 있다. 가족정책 의제의 변화는 국회에서 논의되는 민법의 내용에서도 살펴

볼 수 있다. 1990년대 초에는 민법의 동성동본 금혼조항 폐지 주장이 국회 심의과정에서 전혀 이루어지지 않아 특례법을 만들어 동성동본 부부들에 대해 임시조치하였다. 2000년 초에는 국회에서 동성동본 금혼조항 폐지가 이루어진 반면, 호주제 폐지 논의는 지지부진하였다. 17대 국회에 오면 그동안 강력하게 반대하던 호주제 폐지가 2005년 3월에 통과되었다. 이는 최근으로 올수록 여성정책 의제가 보다 심화되고 확산되고 있음을 보여 주는 것이다.

이렇게 볼 때, 국회 회의록에서 나타나는 여성정책 의제들은 시기가 지남에 따라 변화하며 확대되어 왔고 성 인지성도 함께 확대되고 있다. 사실 회의록의 국회의원들의 발언을 분석해 보면 1990년대 중후반까지도 여성들이 직면한 문제 및 여성정책 의제의 정확한 원인과 내용을 제대로 파악하고 있지 못하다(김경희 2005, 15). 그러나 또 한편에서는 다양한 여성관련 입법들이 통과되고 여성정책을 전담하는 기구들이 만들어지면서 국회 내에서 그동안 거론되던 여성관련 의제들의 일부가 정책화되는 양과 정도가 커지고 있다. 최근으로 올수록 성 인지적 내용을 담은 국회의원들의 발언의 증가는 그 결과라고 할 수 있을 것이다.

5. 소결

본 장에서는 17대 국회 전반기(2004년 5월 30일~2006년 6월 30일)의 시기 동안 남녀국회의원의 법률안 발의현황과 회의록 내용분석을 통해 여성의원의 증가가 국회와 국회의원의 입법활동에 어떤 영향을 미쳤는지를 살펴보았다. 특히, 의원발의 전체 법률안 및 여성관련 법률안과 본회의 및 상임위원회 회의록을 분석함으로써 국회 입법 활동에서의 의원 성차와 여성정책 의제의 특징을 살펴보았다.

제17대 국회에서 여성의원이 증가함에 따라 여성의원들은 법안발의 및 심의과정 에서 활발히 활동하였을 뿐만 아니라, 여성의제에 대한 관심이 증가된 것으로 나타났다. 17대 국회의 여성의원의 증가는 상임위원회의 여성의원비율을 높이고, 과거 여성의원의 참여가 저조했던 위원회에도 다수 참여하게 함으로써 전체 법률안 발의건수의 증가와 함께 전체 상임위원회별로 여성의원이 발의한 법률안이 없는 위원회가 없을 정도로 법률안 발의분야도 다양하였다. 국회의원 1인당 발의건수가 여성의원의 경우 16.5건, 남성의원의 경우 9.7건으로 여성의원이 더 적극적으로 법률안 발의에 참여하고 있으며, 여성관련 법률안도 17대 국회에 들어와 현저하게 증가하고 있음을 확인할 수 있었다.

여성관련 법률안의 발의건수는 17대 국회 전반기에만 162건(여성의원 89건, 남성의원 73건)으로 이전에 비해 보다 많은 여성관련 법률안이 발의되고, 법제화되었다. 이를 1인당 발의건수로 살펴보면 여성의원들이 여성관련 법률안 발의에 적극적이었음을 알 수 있으며, 여성의원이 많이 소속되어 있는 상임위원회일수록 여성관련 법률안의 발의 및 심의가 상대적으로 높게 나타나고 있어 여성의원들이 여성의 대표성과 여성정책 의제를 충실히 수행하였다고 볼 수 있다. 이는 여성의원들은 여성과 관련된 입법에 더욱 관심을 가지기 때문에 여성의원들이 증가할수록 여성의제가 입법화될 수 있는 기회가 많다는 주장을 확인하는 것이다.

여성관련 법률안이라 할지라도 여성의원과 남성의원의 여성관련 법률안 발의는 다르게 나타났다. 여성의원 발의법안은 재정경제위원회,

보건복지위원회에서 많이 발의된 것에 비해 남성의원 발의법안은 정무위원회와 환경노동위원회에서 많이 발의되고 있으며, 법률안의 내용에 있어서도 여성의원은 남성의원에 비해 가족, 성인지성, 고용 및 노동, 정치참여 분야의 법률안을 훨씬 많이 발의하고 있다. 이는 같은 여성관련 법률안이라 할지라도 남성의원과 여성의원의 관심 분야에 차이가 있음을 보여 주는 것이다. 특히 여성의 정치참여 분야에 남성의원의 발의안이 1건도 없다는 점은 여성의 기본권 분야에 대한 남성의원의 무관심을 나타내는 것으로 입법 활동에서의 성차를 보여 준다.

여성정책 의제의 내용을 보면 최근으로 올수록 여성관련 법률안이 전 상임위원회에 걸쳐 발의되고 있어 여성정책 의제가 여성 문제에 국한되지 않고 다양한 분야로 확대되고 있었다. 이는 여성정책 의제의 방향이 단순한 여성 문제에서 다양한 분야의 법과 정책에까지 성 인지적 관점을 반영한다는 측면에서 의미가 크다. 17대 국회에서 새롭게 보이는 여성정책 의제들은 여성농어업인 육성, 여경 및 여군 정책, 저출산고령화 문제, 호주제 폐지 및 성매매 방지관련, 성 인지성 강화 등으로 양성평등적 관점과 성주류화 정책이 확산되어 성 인지성이 강화되고 있다. 뿐만 아니라 남성의원들의 여성관련 법률안 발의의 지속적 증가와 심의과정의 성 인지적으로의 변화 역시 양성평등적 관점에서 여성의 문제를 비단 여성만의 문제가 아닌 사회의 문제로 바라보는 성 인지적 시각의 변화라고 볼 수 있는 바람직한 현상이다.

또한 증가된 여성의원의 수와 여성의원의 입법활동은 남성의원들의 성인지적 시각을 변화시켜 국회 의정활동이 보다 성평등적으로 나아가게 하였다. 17대 국회에 들어와 남성의원들의 여성관련 법률안 발의가 증가하였으며 심의과정 역시 남성의원의 성인지성 정도가 강화되었다.

그러나 또 한편으로는 여전히 성 인지적 관점의 반영이 미흡한 여성정책 의제도 일부 발견되고 있는데, 이는 여성정책 의제가 여성의 관점에서 충분히 검토되지 않았기 때문으로 여성의원의 역할과 여성의 대표성의 확보가 절실함을 보여 주는 것이다. 여성정책 의제의 성 인지성 확보를 확대하고, 남녀차별해소나 여성의 사회참여 확대 등 사회의 정책이나 제도변화의 근거를 제공하는 관련 법률의 제정이나 개정을 가능하게 하기 위해서는 여성의 문제를 대표하는 여성의원들의 역할이 크다.

이렇게 볼 때, 서구 국가의 많은 연구들과 마찬가지로 한국 국회의 입법과정에서도 여성의원들은 정책 과정에서의 결과뿐만 아니라 법률안을 발의, 심의 및 결정하는 과정에서 성별 차이를 갖고 있으며, 여성의 욕구와 이해를 발전시키기 위한 사안들을 구조화하는데 차이를 보이고 있다. 이는 곧 성별 대표성이 의회 입법과정에서의 여성 관련 쟁점의 표출과 정책의 본질, 그리고 정책결정과정 자체에 영향을 주기 때문에 여성의 정치적 대표성 확보가 필수적임을 경험적으로 뒷받침하는 것이다. 따라서 의회 입법활동에서 남녀국회의원의 성 인지성이 보다 강화되고 여성정책이 성 주류화 정책으로 나아가기 위해서는 다양한 전략과 함께 여성의원들의 증가가 필수적이다.

외국 사례연구

1. 여성과 대표성: 미국 의회 사례연구[44)]

가. 문제의 제기

이 논문은 "입법활동에 있어서의 성차와 국회내 국회의원들의 성인식"에 관련한 내용이다. 지난 30여 년간 정치 분야에서 성차를 연구한 보고서가 있었는데, 이러한 연구는 미국, 영국, 호주, 캐나다, 프랑스, 독일, 네덜란드, 스웨덴(Mueller, 1988, Dalton, 2006, Norris and Lovenduski, 1993, Inglehart and Norris, 2003) 등에서 연구되었다. 이러한 연구들을 바탕으로 우리는 이들 국가에 있어 유권자들 사이의 성차에 대해서는 많은 것들을 알 수 있었다. 그렇지만 여전히 선출직 관리들 사이의 성차에 대해서는 많이 알려져 있지 못하다.

그렇다면 입법기관에서의 남녀 의원의 성차와 관련하여 태도 및 행동의 차이와 관련된 연구의 중요성은 무엇일까? 간단히 요약하면 정책결정과정 그 자체이기 때문이다. 여성 정치참여의 역사, 성 역할 사회화에 관한 연구, 여성 투표자 및 후보자들에 관한 조사 등에서 모두 보여주고 있는 것은 여성이 정책 논의에 독특한 경험(가정이나 일터에서) 및 관점을 가지고 있으며 입법 안건에 다른 이슈를 가져온다는 점이다. 이러한 현상은 여성을 선출하는 것은 중요한가? 공직에 당선된 사람이 남녀인지에 따라 차이가 있는가? 라는 질문들을 명확히 해준다. 정치학자들에 의한 주요 기구에 대한 조사로 입법기관에서의 여성의 존재가 무엇을 의미하는지에 대한 것 뿐만이 아니라 어떤

---

44) 본 장은 미국의 Texas Tech University의 정치학과 이애리(Aie-Rie Lee) 교수님의 원고임.

종류의 입법활동이 진행되는지에 있어 굉장한 차이를 만들어 낸다 (O'Connor, 2005)는 것을 증명하였다. 앞으로의 질문은 이러한 위치에 더 많은 여성이 어떻게 당선되도록 하는지에 관련된 것이어야 한다.

이 연구의 목적은 미국(주 의회 및 국회)에서 당선된 여성(및 남성)의 입법활동과 관련된 연구에서 주요 특징들을 종합하려는 것이다. 이에 따라, 한국 내 여성 국회의원들에게 자료를 제공하고, 영향력을 주며, 함축된 의미의 결과와 관련된 이해의 틀을 제공하고자 한다. 미국의 여성의원들의 활동에서 시사점을 찾고, 또한 한국 내 여성의 지위를 향상하는 데 본 연구가 활용되기를 바란다.

본론에서는, 우선 미국 여성의 정치적 상황에 대한 역사적 현상을 간단히 살펴보았다. 공공정책 현안에 대한 다양한 성차와 관련된 최근 여론조사를 소개할 예정이다. 여기서는 미국 내 여성 국회의원들에 대한 이해가 남성과 여성이 어떻게 다른지, 그리고 선거운동 시 특히 공공정책 사안들에 대한 시각이 어떻게 다른지에 대한 조사가 필요하다는 것을 기본 조건으로 하고 있다. 다음으로는, 현 여성 국회의원들이 가진 지위로 여성의 현안 및 그에 상응하는 입법행위를 미국내에서 어떻게 전개시켜왔는지에 대한 역사적 개요를 살펴보고 나아가 본 연구의 결론에 포섭하여 논의해 볼 것이다.

나. 미국 여성의 정치적 지위에 대한 개요

조사를 해보면 일반적으로 정치활동에서의 여성과 선거운동에 있어 여성이 남성뿐 아니라 일반적인 여성들의 삶과 다르다는 것이 보인다. 만약 그렇다면, 미국 내에서 정치적으로 여성을 발전시키는 데 있어 그 방법은 무엇일까? 의심할 바도 없이, 정치적 지도층에 진입하는 데 있어 여성의 성공이 정치적 삶에서 궁극적인 길이라 할 수 있다. 많은 국가에서의 사례와 같이 미 국회의 여성 국회의원의 수는, 충분하지는 않지만 꾸준히 증가되어 왔다. 나아가, 여성은 정부의 다른 계층에 실질적으로 진출해왔고, 이러한 현상들은 최소한 여성을 위한 기회가 늘어나고 있다는 느낌을 끌어내고 있다.

1995년 국회의 10.7%가 여성이었고, 주 의회의 20.7%가 여성이었으나(CAWP, 2006). 10년 후 국회의 15.1%, 주 의회의 22.7%가 여성으로 구성되었다. 다시 말해, 국회 내 여성 국회의원들의 수가 10년 동안 40% 포인트 이상 증가했다(〈표 Ⅴ-1〉 참조). 현재, 상원에서 14명(14.0%), 하원에서 67명(15.4%) 여성의원이 있다. 더구나, 세 명의 여성은 괌, 버진 아일랜드, 워싱턴 DC의 하원들이다.

2005년 주 의회에서는 전체 미국 내 주 의회 의원 7,382명 중 1,674명(22.7%)이 여성이었다. 현재 여성은 1,971명의 주 상원의석 중 408명(20.7%), 5,411명의 주 하원의석 중 1,268명(23.4%)이 차지하고 있다. 1971년 이래, 주 의회에서 근무하는 여성의원 수가 4배 이상 증가되었다고 볼 수 있다. 더구나, 28명의 여성의원은 21개 주의 주지사로 지금까지 근무하고 있다. 이들 중 18명은 초선으로 당당하게 당선되었으며 3명은 남편의 후임으로, 7명은 헌법상의 후계자로서 주지사가 되었다. 이들 중 한 명은 그 후 정상 집무기한까지 직면하여 근무하였다. 한편 2004년 동시에 임명된 여성의원의 수는 9명이다(CAWP, 2006).

정치에 있어 여성 발전의 수준은 하원에서의 여성이 Kanter의 수준에 도달하거나 혹은 "비판적인 대중"에 이르도록 유도하기 때문에 국회의 회의장은 중요하다. Kanter(1977)는 여성이 하나의 단체로서, 전체 회원 중 적어도 15%가 될 때까지는 어떤 한 기구 내에서 진정으로 효율적일 수 없다고 주장한다. 이 비율에 오르기 전까지, 여성들의 요구가 이해관계에 반영되는 것이 미흡할 것이다. Kanter의 이론에 의하면, 여성 국회의원이 15% 수준으로 된다는 것은 여성의원들이 특정 사안을 지원하기 위한 전제조건으로 보고 있다.

Kanter에 의하면, Welch and Thomas(1991)의 12개 주 의회 관련 조사를 보면 입법기구(10% 이내의 여성의원들이 있는)에서 소수에 불과한 여성의원 비율은 여성, 아동 및 가정과 관련된 상위 법안을 성공적으로 통과시키는데 어렵게 보았다. 이후 보고서에서도, Welch and Thomas(2001)는 그러한 기관에서의 여성과 관련된 상위법안의 통과에 대해 같은 결론에 이르렀는데 여성의원 비율이 가장 낮은 주 의회는 여성관련법안의 수가 가장 낮게 통과된다고 분석하였다. 정치에 있어서 여성의 영향력을 연구하는 많은 학자들은 미 국회에 보다 많은 여성이 입후보하는 선거가 단순히 평등관련 사안에 국한되는 것은 아니지만, 그 선거가 실제적인 정책 차이를 만들 것이라고 주장한다. 당선된 공직분야에 있어 여성의 비율을 늘려야 한다는 우리의 기대치는 여성-친화적 정책을 더욱더 양산시키며 여성을 위한 더 좋은 정책을 만드는 방향으로 유도할 것이다(Caiazza, 2004).[45]

---

45) 여성친화적 정책과 관련된 사안들은 일반적으로 여성에 대한 폭력을 예방하고, 여성의 경제적 평등을 증진시키고, 여성들의 가난을 완화시키고, 여성들의 신체적, 정신적, 그리고 재생산적인 건강과 복지를 향상시키며, 여성들의 정치력을 강화시키는 정책을 포함한다.

〈표 V-1〉 미국 의회 당선된/임명된 여성의 수와 비율(1927~2006)[a]

회 기	해당연도	상원의 여성	하원의 여성	여성전체대비비율[b]
70차	1927~1929	0	5	0.9
71차	1929~1931	0	9	1.7
72차	1931~1933	1	7	1.5
73차	1933~1935	1	7	1.5
74차	1935~1937	2	6	1.5
75차	1937~1939	2	6	1.5
76차	1939~1941	1	8	1.7
77차	1941~1943	1	9	1.9
78차	1943~1945	1	8	1.7
79차	1945~1947	0	11	2.1
80차	1947~1949	1	7	1.5
81차	1949~1951	1	9	1.9
82차	1951~1953	1	10	2.1
83차	1953~1955	2	11	2.4
84차	1955~1957	1	16	3.2
85차	1957~1959	1	15	3.0
86차	1959~1961	2	17	3.6
87차	1961~1963	2	18	3.7
88차	1963~1965	2	12	2.6
89차	1965~1967	2	11	2.4
90차	1967~1969	1	11	2.2
91차	1969~1971	1	10	2.1
92차	1971~1973	2	13	2.8
93차	1973~1975	0	16	3.0
94차	1975~1977	0	19	3.6
95차	1977~1979	2	18	3.7
96차	1979~1981	1	16	3.2
97차	1981~1983	2	21	4.3

회 기	해당연도	상원의 여성	하원의 여성	여성전체대비비율(b)
98차	1983~1985	2	22	4.5
99차	1985~1987	2	23	4.7
100차	1987~1989	2	23	4.7
101차	1989~1991	2	29	5.8
102차	1991~1993	4	28	6.0
103차	1993~1995	7	47	10.1
104차	1995~1997	9	48	10.7
105차	1997~1999	9	54	11.8
106차	1999~2001	9	56	12.1
107차	2001~2003	13	59	13.6
108차	2003~2005	14	60	13.8
109차	2005~2007	14	67	15.1

(a) 표는 해당 회기에 근무한 적 있는 당선되거나 임명된 여성의원의 최대 수치를 보여준다. 일부는 임기 중이며, 일부는 선서도 하지 않았음.

(b) 저자에 의해 계산된 비율임.

출처: 미국 여성정치센터(CAWP)

이러한 정서는 입법기관 내에서 여성 관련 연구의 양적인 확대로 복잡해졌음에도 불구하고 강조되었다. 예를 들면, Thomas(1994)는 1980년대 후반 주 의회 여성의원들에 관련한 분석에서 여성의 대표성과 여성－친화적 정책 사이의 강력한 경험적 관계를 지적한바 있다.[46]

비교적 높은 비율과 함께 하는 여성의원들은 남성의원들보다 상위 입법활동에 있어 소속 주 내의 여성, 아동, 그리고 가정에 관련되어 더 많이 소개하는 경향이 있으며, 이러한 법안들의 통과에 있어 더욱더 성공적이었다는 것이다. 미 주 의회에서 당선된 관리와 관련된 또 다른 연구

---

46) 여성의원들의 영향에 관련된 초기의 연구들 대부분은 주 의회 및 지방의회에 대한 분석으로 제한되었다. 그 이유는 단지 미 국회에서의 여성의원들이 정확한 양적 분석을 하기에는 불충분했기 때문이었다.

에 따르면, 주 의회 의원에서 주지사에 이르는 공직 범위에 있어서, Poggione (2004)은 여성이 남성보다 좀더 두드러지게 관대한 복지정책을 선호하는 경향이 있다는 것을 발견하였다. 더 중요한 점은, 의원들의 복지정책 태도에 있어 성의 근본적 효과는 정당, 이념 그리고 유권자 관련 다양한 법안들을 관리한 후에도 한층 더 의미 있었다는 점이다.

이것은 곧 일반적으로 여성을 지원하는 입법활동의 통과율이 약간 높다는 것을 의미한다(Ellickson and Whistler, 2000). 특히, 여성 관련 사안들의 상위 법안은 남성 관련법안보다 보다 높은 통과율을 보인다(Thomas and Welch, 2001). 그렇다면 우리의 결론은 이 지점에서 보다 명확해진다. 공직에 있어서 더 많은 여성은 어떤 영향도 입법부의 활동에 있어 의미 있는 결과를 가져다준다. 그러면 어떤 방법에서 어떤 영향이 있는지에 대해서는 다음 단락에서 다루어 보기로 한다.

다. 사안 선호 및 정책 발안에 있어서 성차

여성의원들은 법률안에 대해 어떻게 생각하고 있을까? 남성의원들에 비해 색다른 사안의 주장이 있는지, 색다른 선거 경력을 가지고 있는지, 여성의원들이 뚜렷한 정책 우선권을 가지고 있다는 어떤 근거가 있는지, 이러한 질문들에 답하기 위해서, 우선 여성(그리고 남성)이 일반적으로 공공정책 사안-국민 여론에 있어서의 성차에 대해 어떻게 바라보고 있는지를 조사하여야 한다.

요컨대, 선거에 있어 '성차'에 대한 좋은 정책은 남녀 의원들의 다른 선거구 기반에 있을 것이다. 더구나, 여성의원들은 선거구를 대표하는 "특별한 의무"를 떠맡아 왔다고 언급하는 듯이 보인다. 즉, 여성은 시민의 다수를 구성하며, 미국 내 유권자들의 다수를 구성한다는

142

것이다. 이러한 생각은 중요하다. 왜냐하면, 여성 국회의원은 자신 스스로를 인식할 때, Carroll(2000: 11)의 언급처럼, 자신의 지역구에서 지리적 경계상의 여성을 "대표하는 대리"라고 행동하기 때문에, 대부분의 남성의원들이 가져오지 못하는 어떤 것을 여성의원들은 대표자로서 자신들의 역할을 독특하게 수행하기 때문이다.

비록 성차가 역사적 뿌리를 가지고 있음에도, 남녀 간의 정치적 간격은 그 범위가 증가되고 있으며, 최근에 더 큰 완고함을 보여주고 있다. 선거행태, 정당명, 현 대통령의 수행에 대한 평가, 공공 정책 사안에 대한 태도 등에 있어 성차는 뚜렷해져 왔다. 최근의 여론조사(CAWP, 1997)는 남성과 다르다는 것을 보여준다. 즉, 일반 국민들이 생각하는 여성은 전쟁과 평화에 대한 사안에 덜 군국주의적이고, 사형에 좀더 반대하는 경향을 보이며, 총기사용 통제에 좀더 호의를 보이는 듯하며, 환경을 보호하는 수단에 좀더 호의적이고 경제적 피해자들을 도울 수 있는 프로그램을 더 지원하려 하며, 인종적 평등을 달성하려는 노력에도 더 지원하는 등 다양한 사회악(마약, 도박, 외설 등)을 규제하거나 관리하는 법안에 호의적이며, 정부의 보다 적극적인 역할에 호의적이다.

약간 다른 각도에서, Kaufmann(2002)은 어떤 사안들이 남성보다 여성에게 더 발안되었는지를 탐구하는 데 관심이 있었다. 미국립선거연구(ANES)에서의 1988년부터 2000년도까지의 자료를 이용하여, 낙태 및 미국 내 동성애자들의 권리와 같은 "문화적" 사안에 대한 역할을 조사한바에 따르면 Kaufmann은 여성평등 강화, 동성애자를 위한 시민의 권리와 같은 공공정책들은 단체들 사이에서도 문화적 편 가르기를 양산하고 있다고 주장한다. 또한 더 나아가 여성운동, 노동력에서의 여성 참여 확대, 특히 사회 정책에 대한 당파 차이 등은 1990년대 문화적 사안들이 왜 정책으로 돌출되었는지에 대한 모든 근거가 되었다고 주장한다. 결국 남성과 여성은 서로 다르게 사안들을 정치화시킨다고 결론지었다. 즉, 사회복지 사안은 남성들이 더 많이 발안하였고, 반면, 문화적 사안들은 여성들이 보다 관심을 가졌다. 이러한 근거는 여성은 지난 10년간 투표행태에 있어 남성의 정치적 이해와는 다르게 여성들의 정치적 이해가 점차적으로 증가되어 왔다는 사실에서도 밝혀졌다.

일반 대중들 사이에 정치적 선호도에 있어 성차의 중요성에 대해 묻는다면, 아마도 정책관련 행동, 우선권, 공무원들의 발의 등에 있어서의 성차와 비슷한 것을 예상할 것이다. 실제로 정치적 여성에 관한 다수의 연구들이 정책 사안들에 대한 같은 결론에 도달하고 있다. 즉, 선출직 및 정치적으로 임명된 여성들은 일반적으로 우리의 경제적 문제, 사형, 평등권 개정, 낙태 등을 해결하는 데 있어 개인적 영역에서의 역할과 같은 공공정책 사안들에 대한 견해가 남성들보다 개방적이고 페미니스트적이다. ANES 및 국민여론조사센터(NORC)의 조사에 의한 자료를 이용하여, Seltzer, Newman & Leighton(1997)들은 이념적 성차를 발견했다. 즉, 남성과 여성은 정부 지출, 정부 역할에 대한 다른 견해를 가지고 있으며, 경제에 대한 다른 평가를 가지고 있었다.

여성 유권자를 대표하는 사안들에 있어, 여성 공직자들은 남성 동료들보다 여성의 관심을 표출하기 위한 자리에 더 많이 배치된다. Reingold(1992)는 주 의회 의원들과의 개인적 인터뷰 자료를 이용하여 보고했다. ① 그룹의 대표로서의 역할을 물을 때 여성의원들은 여성 혹은 여성 관심사를 표현하는 데 일련의 언급을 하려고 하였다. ② 여성의원들은 남성들보다 여성 유권자들에게서 강한 지지를 인식하고 있었으며, 여성이 매우 중요하다고 간주하고 있었다. ③ 여성의원들은 여성 유권자들의 관심사를 취급할 독특한 자격이 있다고 느끼고 있었다.

사안들에 대한 태도 및 정책 평가가 보고된 투표행태로 전환되는가에 대한 즉석 질문이 이루어졌는데 국회 및 주 의회 내 여성과 남성들의 투표행태가 유의미한 수준에서 달랐다고 주장한다. 선행 연구(Welch, 1985, Dodson, et. al, 1995, Vega and Firestone, 1995, Carroll and Dodson, 1991)에서도 보여주는 것은 국회 여성의원들은 입법 행태가 독특하다는 것이다. 즉, 여성의원들은 주로 남성의원들보다 (범죄법안, 폭력무기 금지, Brady 법안, 가족 및 의료 허용 법령, 고용할 때 동성애자인지, 양성애자인지에 관한 질문에 관련한 개정 등을 포함하여) 더 개방적이거나 페미니스트적이라는 것이다.

1980년대 후반 여성 공직자들에 대한 Thomas(1994)의 연구에서는 여성 자신들의 선거 기록이 여성, 가족, 일반 사회복지 관심사들과 관련된 사안들에 더 큰 지지가 반영되었다고 보고했다. 1980년대 후반과 1990년대 여성지도자들에 대한 다른 연구에서도 여성의원들이 정당 우호 관계에 있는 남성의원들에 관심 갖기보다는 여성, 아동, 가족과 관련된 입법활동에 치중하고, 선거지지를 받는 데 더 관심이 있었다고 밝혔다(Barrett, 1995, Saint Germain, 1990, Thomas, 1991, 1994, Thomas and Welch, 1991).

비슷한 맥락에서, 여성 관련 사안에 관련해서 103차 국회에서의 모든 국회의원들의 투표 기록을 조사하면서, Swers(1998)는 낙태나 기타 재생산적 사안들, 여성 건강 관련 사안, 폭력범죄에 대한 여성의 보호 등과 같은 여성에 영향을 주는 사안이 많을수록 전형적인 투표를 결정하는 데에 있어 성이 역할을 더 하게 된다는 것을 발견했다. 후발 연구에서도, Swers(2002)는 자신의 선행 연구에 대한 결론을 입증하고 있다. 즉, 성은 페미니스트법안[47]을 옹호하기 위한 국회의원들

---

47) 페미니스트 사안들은 근래에 국회 의제로 추가된다. 급료 평등, 아동 지원,

의 결정에 있어 가장 중요한 역할을 할 것이며, 여성 국회의원들은 같은 정당의 남성의원들보다 반페미니스트 입법활동을 지지하는 일이 적다. 또한, 여성의원들은 자신들의 정책 견해가 여성을 도울 수 있는 새로운 프로그램을 가지도록 노력하는 경향이 있다(Boles, 2001).

그렇다면 입법활동에서 성차는 왜 있을까? 보편적으로 개인적 분야에서 여성의 경험과 책임감이 여성들의 태도와 행태에 영향을 준다는 것이다(Mandel and Dodson, 1993, Mezey, 1994, Tamerius, 1995, Thomas, 1994). 여성과 남성의 고유한 역할에 관한 깊이 박혀 있는 문화적 가정이 사회화의 불균형을 초래한다면, 여성들은 자신들의 독특한 시각을 반영해 입법적 심의를 하게 될 것이다.

특히 이와 같은 성차는 사회복지 사안들에 관한 태도에 있어서 보다 깊은 관심을 보이고 있다. 여성은 남성보다 정부가 빈민층을 지원하고, 직업과 기본적 삶을 보장하는 데 적극적인 역할을 해야 한다고 믿어왔다. 결과적으로 여성은 또한 사회적 서비스에 지출이 증가하는 것을 지원하게 되는 역할을 하는 것이다(Shapiro and Mahajan, 1986, Andersen, 1997, Seltzer, Newman, and Voorhees Leighton, 1997, Chaney, Alvarez and Nogler, 1998, Swers, 2002).

다른 한편, 여성의원이 접하게 되는 것은 Tolleson-Rinehart(1992)가 부르는 "성 인지적 관점을 지닌 여성"이다.[48] 성 인지적 관점을

가정폭력, 그리고 성희롱과 같은 이들 사안들은 1960년대와 1970년대의 여성 운동의 결과로 대중 담론의 일부가 되었다. 페미니스트 법안은 역할 평등이나 여성을 위한 역할 변화를 달성하려는 법안들로 구성된다. 페미니스트 입법의 예는 재생산적 권리의 보호, 가정 및 의료 허용의 확장, 가정폭력이나 성추행에 의한 피해자의 원조 등의 법안을 포함한다. 역으로, 반페미니스트 입법은 전통적 가정에 위협이 되는 역할 변화를 금지한다. 반페미니스트 법안의 예는 낙태를 금지하고, 여성을 위한 적극적 조치 프로그램을 삭제하며, 동성애 결혼을 금지하는 것을 포함한다(Swers, 202: 11).

지닌 여성은 성차를 만들어내는 여성을 의미한다(a la Tolleson-Rinehart, 1992: 154). 왜냐하면, "여성의 정치적 역할에 대한 자신들의 신념을 격려하려는 의식은 공공문제에 대한 독특한 시각을 가지고 있으며 특별한 해결책을 제공할 수 있다는 믿음을 여성들에게 동기부여함에 따라 다른 사안들에 대한 적응을 깨닫게 하기 때문……"라고 볼 수 있기 때문이다.

자신들의 지위에 무관심한 여성들은 정부의 역할, 아동 보호, 교육, 성차별, 가정폭력, 정책 사안들에 있어 남성의원들과는 다르게 독특한 시각을 가지고 있다는 것을 다시 한 번 보여준다. 이미 언급했듯이, 여성의원들은 다른 여성들이 성공을 위한 장벽을 초월하도록 도와야 한다고 믿는 경향이 있으므로 이를 근거로 우리는 여성의원들이 여성의 욕구와 이해를 발전시키려는 데 노력한다고 믿는 것이다.

라. 여성의 사안과 변화되는 우선권: 역사적 개요[49]

입법사안(여성의 사안[50]을 포함해서)에 상응하는 입법 우선권은 수년 전부터 전개되어 왔다. 인간의 가치와 신념은 세대 간의 재배치에 의한 작용에 따라 부분적으로 변화된다. 정책 사안도 그러하다. 여

---

48) Tolleson-Rinehart(1992: 14)는 성 인식을 "정치적 세계의 사람 간의 관계가 사람의 성에 관련된 신체적 사실에 의해 중요한 방향이 형성된다는 것을 승인"하는 것으로 정의한다.

49) 이 단락의 주요한 부분은 Gertzog(1995)에서 인용한 것이다.

50) Swers(2002: 10)는 여성의 사안을 여성에게 발견되는 사안들로서 정의한다. "여성의 평등을 달성하려고 하기 때문이고, 여성의 건강 보호나 아동 보호 등과 같은 여성의 특별한 욕구를 언급하기 때문이다. 또는 교육, 아동 보호 등과 같은 보호기부자로서의 전통적인 자신들의 역할에 대응하기 때문이다." 일반적으로 여성의 사안들은 여성 자신들과 관련된 것이거나 아동, 낙태, 성차별, 가정폭력, 아동 보호, 교육 등에 관한 것들이다.

성국회의원이 제안서를 제출한다는 것은 국민의 대표로서 자신의 역할을 해내는 것이다. 이미 Gertzog(1995)가 지적했듯이, 초창기 여성 국회의원들(1960년대 이전)은 여성의 사안에 있어 관심을 가지는 데 신중하였다. 만약 자신들이 유권자들과 동료 의원들에 의해 지지받기를 희망한다면, 유권자들과 동료 의원들이 관심을 가지는 분야에 우선권을 할당할 수밖에 없었기 때문이다.

그렇기 때문에 여성에 영향을 주는 대부분의 제안된 법률안은 일반적으로 전통적이거나, 평등주의적이거나 여성에게 우호적인 것 중 하나의 범주라고 Gertzog(1995)는 주장한다. '전통적인' 범주에 분류되는 법안은 전통적이고 일반적인 역할 수행을 강화하는 입법 조치이다(a la Gertzog). 결과적으로 그러한 법안은 어머니, 아내, 주부, 부양자로서의 역할을 강조하는 것이다.

두 번째 범주의 평등주의적 법안은 공공 의식에서와 마찬가지로 시장, 정부, 학교 등에서 남성과 평등한 지위에 진출할 수 있도록 하는 평등주의적인 조치를 포함한다. 세 번째 법안인 여성에게 우호적인 적극적인 조치는 남성들에게 사실상 허용되는 자원과 승인되는 것들에 대한, 그리고 관례적으로 고통받아 온 사회적, 경제적, 문화적 구속으로부터 해방하려는 것에 대한 여성의 주장을 반영하려는 의도가 담겨 있다. 다른 말로 적극적 조치는 역사적 사회적으로 여성역할의 중요성을 인식시키려는 것, 경제적 독립을 주장하는 여성들의 주장을 지지하고 강화하려는 것, 그리고 남성중심적 사회구조 속에서 새겨진 성차별을 드러내는 데 지원하는 것이다. 〈표 V-2〉에서는 전통적이고, 인류평등주의적이며, 적극적인 입법활동에 대한 다른 예가 제시되어 있다.

<h3 align="center">〈표 V−2〉 여성의 사안 분류</h3>

사안 형태		입법 예
전통적		남편이 사망한 여성에게 주는 연금수급권 남편 수입으로 결정된 사회보장연금
평등주의적		1963년 평등임금법 1972년 교육법개정의 제9장 1978년 여성교육기회법 1972년 평등고용기회법 1974년 평등신용기회법 1964년 민권법 제7장(고용에 있어서의 성차별 금지)
적극적	1. 상징적	"일하는 엄마의 날" 설치 "여성사 주간" 설치 "국제 여성의 해" 명명
	2. 경제적	경제적 평등법 연방기금 일일보호 센터 붕괴된 가정의 전업주부를 위한 지원
	3. 사회적	가정폭력의 피해자 지원 1975년 공공의료서비스법(강간 피해자를 위한 조치 및 상담을 담당하는 자문위원회 창설) 1993년 가정의료휴가법

출처: Gertzog(1995: 147)에서 차용되어 저자에 의해 수정됨.

〈표 V−2〉를 보면 알 수 있듯 Gertzog는 적극적 조치에 대하여 상징적인 적극적 조치, 경제 분야에서의 적극적 조치, 그리고 사회적인 적극적 조치의 세 가지로 분류했다. 첫 번째 상징적인 적극적인 조치는 기본적으로 여성지도자의 성취를 기념하는 것과 미국 여성의 기술과 용기와 헌신을 축하하는 의식을 만드는 것에 있다. 두번째 경제적인 적극적인 조치는 법적으로나, 현실에서나 대중의 심리 속에서나 명확히 하여 여성의 경제적 구속을 해제시키거나 개선하려는 시도이다. 흥미로운 것은, 이 범주 안의 많은 조치들에는 여성에 대한 언급이 전혀 없거나 조금 있을 뿐이다. 마지막으로, 사회적 측면에서 적극적인 조치는 남성의 무감각에서 오는 결과가 여성의 비경제적 궁핍으로 이 어지는 그러한 구속들을 제거하기 위해 적합한 제안들을 포함한다.

결국, 여성 국회의원의 수적 증가는 사회적 및 경제적 관계를 변화 시키고, 여성의원들의 수적 증가를 가져오며, 적극적이지는 않더라도 여성문제를 중시하는 여성후보자들을 수용할 준비가 되어 있는 유권 자의 출현을 나타나게 한다.

마. 입법적 우선권과 지위

첫째 우리가 과연 입법활동의 전망을 변화시킬 수 있는 주 의회 의 원 및 국회의원들 사이에서 '기술적'으로 '실제적'으로 모두 만족할 만 한 여성의 대표를 가지고 있는가? 둘째 여성의원들은 여성의 이해를 발전시키기 위해 어떻게 일하는가? 셋째 그들은 남성의원들보다 색다 르게 사안들을 규정하고 나아가 그들의 입법적 능력과 리더십 스타일 은 무엇인가? 이와 같은 질문을 통해 다음 단락에서는 미국 내 정치 에서 여성을 발전시키는 입법과정을 조사함으로써 이러한 몇 가지 질 문들에 대답하려 한다.

1) 입법업무의 단계 및 형태

한 주요 조사기관은 주 의회나 미 국회 여성의원들이 남성의원들보다 "여성의 사안들"이라고 불리는 페미니스트 견해를 더 지지하고, 여성의 사회적 지위를 향상시키기 위한 입법활동을 적극적으로 진전시키며, 건 강 보호, 가족과 아동, 교육에 대한 복지와 같은 사안들에 자신들의 입법적 주의를 맞춘다고 발표했다(Dodson and Carroll, 1991, Carroll, 1994, 2000, Thomas, 1994, Tamerius, 1995, Fammang, 1997).

실제적인 대표가 증가되고 있음을 명시하기 위해, 우리는 하원의원들이 성별로 제출한 법안에 대해 조사했다. 〈표 Ⅴ-3〉은 하원의원들의 지난 20년 동안의 입법활동을 요약한 것이다. 즉, 97차, 102차, 109차(실제로 109차의 전기분) 회기에 소개된 법안들의 전체 수, 통과된 입법안의 전체 수, 그리고 통과된 여성관련법안의 수 등이다. 〈표 Ⅴ-3〉이 보여주듯이, 거대 다수의 입법활동이 남성 하원의원들에 의해 자신들의 수적 업적을 더 크게 만들며 제안되는 반면, 조사된 12번에 걸친 국회 임기를 통해 짧은 기간이지만 하원에서 여성의석이 더 많아질수록 여성의원들에 의해 제안된 법안의 전체 수와 비율 또한 꾸준히 증가해 왔음을 알 수 있다. 〈표 Ⅴ-3〉은 또한 같은 기간 동안 여성의원들이 제안한 전체 입법활동의 비율이 증가함에 따라 여성의원들이 여성 관련 입법활동(7)을 제안했다고 보여주고 있다.

〈표 V-3〉 하원에서 여성의원들이 발의한 법안 97차, 102차, 109차 국회

(괄호 안의 숫자는 전체대비 비율)

	회 기		
	97차 (1981~1983)	102차 (1991~1993)	109차 (2005~2007)(a)
하원 내 여성의원	19(4.6)	28(6.4)	67(15.4)
발의된 전체 법안(b)	9,172	7,771	6,954
법제화된 전체 법안(c)	272(2.9)	396(5.1)	275(4.0)
여성에 의해 발의된 전체 법안	410(4.5)	535(6.9)	1,339(19.3)
여성에 의해 발의된 여성관련법안	18(4.4)	102(19.1)	94(7.0)
여성이 발의하여 법제화된 여성관련법안	1(5.5)	7(6.8)	12(12.8)

(a) 2005년 1월부터 2006년 5월까지의 입법활동
(b) 국회 목록 및 국회 도서관 인터넷 자료 파일에 게재된 바와 같이 하원에서 발의한 법안, 하원 결의문, 하원 합작 결의문, 그리고 하원 국회 결의문 등을 포함한다.
(c) 국회 도서관 인터넷 자료 파일에 게재된 개별 의원들이 하원에서 발의한 법안 및 결의문을 포함한다.
출처: 상업거래소, 회기 중 채택된 국회 목록, 국회도서관 인터넷 자료 파일

　분명한 것은, 단순하게 제안된 법안은 의원들이 입법과정을 통해 그러한 법안을 통해서 성공적이었는지에 관해서는 아무것도 알려주지 않는다는 점이다. 만약, 여성이 입법적 결과물을 위해 노력했다면, 그 법안들은 특별한 입법활동으로 소개되는 것이 아니라 통과되었을 것이다. 〈표 V-3〉이 보여주듯이, 여성의원은 1980년대 초반 여성관련 법안의 5.5%를, 1990년대에는 6.8%를, 그리고 10년이 지난 후에는 12.8%를 통과시켰다. 다시 말해, 여성 관련 입법활동의 비율은 평균적으로 하원의원들과 같이 여성의원들에 의해 제안되었고, 법제화되었다. 따라서 여성에 의해 법제화되는 여성 관련 입법활동의 비율은 아직도 여전히 적지만, 여성의원들의 수가 확대될수록 증가되고 있다. 제안된 법안과 관련된 모든 정보에 따라, 여성의 사안들에 관련된 분

야를 위한 법안 통과와 통과율은 여성이 입법 장소로 독특한 관심사를 가져왔다는 것과, 자신들의 우선권을 통과시키는 데 꽤 성공적이었다는 것을 나타내준다.

2) 지도력과 스타일

여성은 또한 다른 중요한 분야에서 입법기관에 영향을 준다. 여성은 색다른 리더십 스타일(Jewell and Whicker, 1994, Rosenthal, 1998, Thomas, 2003, 2005)을 가지고 있다는 것과 사안들을 색다르게 판단한다는 것(Kathlene, 1995, 1999, 2001, Hawkesworth, et. al., 201, Rosenthal, 2000)이 그 근거이다.

우선 첫째, 여성은 자신들 스스로를 남성들보다 더 준비하고, 더 근면하며, 더 정리되어 있다고 본다(Beck, 2001, Thomas, 1997). 둘째, 여성의원들은 남성의원들에 비해 특수한 정책 법안을 만들어내는(Kathlene, 1995) 능력이 크다고 본다. 셋째, 여성은 정책입안에 있어 좀더 민감하고 철저하게 정책을 이행하도록 하면서 개개인의 보다 넓은 범위까지 도움이 되도록 한다는 것이다. Dodson과 Carroll(1991)은 여성의원이 남성의원보다 더 정책과정에 시민을 참여토록 하는 경향이 있다고 주장한다. 즉, 여성들은 체제를 대중들에게 면밀히 개방하길 원하며, 사회의 소외된 주변부에 있는 단체들에게까지 접근을 허용하려고 한다고 보아 색다른 리더십 스타일을 가지고 있음을 뒷받침해 주었다.

나아가 Dodson, et. al(1995)은 103차 국회 내 여성의원들의 활동이 활발했다고 보고했다. 즉, 국회 내 많은 의제를 개발하고, 새로운 사안들에 대하여 관심을 끌도록 유도하며(예를 들면, 의료 서비스에서의 성 불평등), 입법 내용을 구체화하도록 지원하며, 입법을 통한 논쟁을 확대하며, 입법 경정에 영향을 미친다는 것이다. 한 예로 "사안들의 틀짜기"를 보자. 자신들이 수집한 의제의 활성화를 위하여 여성의원들은 종종 사안에 대한 틀짜기를 추구한다. 이는 그 사안들을 광범위하게 호소하고 반대자들을 어렵게 하기 위해서이다. 좀더 구체적으로, 여성의원들은 "여성의 건강평등법"을 제목으로 선택했다. 이는 새로운 권리나 특권보다는 오히려 평등에 대한 욕구를 확인시키기 위해서이다(Dodson, et. al, 1995: 17).

비슷한 평가가 주 의회 내 여성지도자들에 관한 Thomas(2003, 2005)의 연구에서도 도출되었다. 즉, 여성지도자들은 남성에 비해 명령과 통제 스타일보다는 오히려 합의적인 모습을 보이고 있으며, 팀 지향적 방식에서 행해지는 일을 더 강조하고, 협력과 타협을 강조하는 "협조체계의 접근방식"의 경향이 많았다(Rosenthal, 1998). 더불어, 여성의원들은 남성의원들보다 여성문제에 대하여 공동으로 대처하면서 입법화하려고 노력하는 것을 보였다(Swers, 2002, Tamerius, 1995). 결론적으로 여성의원들의 리더십은 보다 권위적인 리더십보다는 협력하는 리더십을 발휘하고 있었다(Rinehart, 1991).

3) 제도적 제약

이와 같은 여성의원들의 협력적 리더십에 대하여 모든 학자들은 동의하는 것은 아니다. 아울러, 여성의원의 수적 증가가 바로 입법화에 영향을 미친다고 볼 수도 없다. 왜냐하면, 입법을 하는 과정에는 절차가 있기 때문에 여성의원들이 제출한 법안도 반대가 될 수 있기 때문이다. 국회에서 여성의원 수가 증가한다는 것이 분명해진 반면, 조사

보고서는 또한 여성의원들이 여성을 대신해서 하는 입법을 위한 능력은 제도 내에서 자신들의 지위를 구속시키고 있다고 보여주고 있다.

많은 요인들이 공직자로서 여성의 영향력을 좌우한다. 즉, 선정과정, 지위의 본질에 의해 지워지는 구속, 정당관계, 선거구 이익, 그리고 제도적 규범 등(Swers, 2002, Tolleson Rinehart, 1991, Thomas, 1994, Saint-Germain, 1989, Rosenthal, 1998, Reingold, 2000, Norton, 1995, 2002)이 대표적이다. 성차가 법안 발의 영역에서 가장 크다는 사실은 여성의원들이 고찰권, 위원회 지위, 그리고 정당 충성에 대한 요구 등에 의해 가장 적게 제약될 때, 여성의원들은 자신들의 독특한 정책 우선권을 가장 분명하게 표현할 수 있다는 것을 입증해 준다.

"입법 효과"에 있어 제도적 장애의 영향에 대한 주요 결과들 중에서, 특히 입법 전문성의 수위 정도는 여성의원들이 남성의원들만큼 효과적으로 역할을 한다는 범위에서 영향력을 발휘할 수 있다. Jeanie Stanley와 Diane Blair의 알칸사주 의회와 텍사스 주 의회에서의 파워에 관련된 연구(1991)에서는 여성의원들이 입법가들의 극소수 집단이었을 때, 입법관련 전문성이 적을 때, 그리고 정치가 지나치게 노년 남성의원들의 네트워크에 치중되어 있을 때, 여성의원들은 정치적 게임에서 효율적인 경기자로서 보이기 어려웠다고 주장한다.

여성들 사이에서 입법활동의 제도적 요인들의 영향을 인식하기 위해서, Jeydel과 Taylor(2003)는 하원의 남녀 의원들 사이에 "입법 효과"51)라고 일컫는 것을 비교하였다. 103~105차 국회에서의 자료를 활용하여 다음과 같은 결론을 내렸다. 즉, 입법 효과는 유력한 위원회, 다수 정당과 정당 내에서의 지도적 지위, 위원회 체계 등과 같은 주요 하원제도 내에서의 선임권과 회원권이 성 요인보다 더 많이 작용한다

---

51) 입법 효과는 정책 선호도를 법률로 전환시키는 능력을 의미한다.

는 것이다.

비슷한 맥락에서, Hawkesworth외 다수(2001)는 체제 내에서 입법 권한이 있는 여성의 지위의 중요성을 깨닫게 해준다. 103차와 104차 국회에서의 여성의원들을 조사함에 따라, 정당 간부회의와 입법위원회 내의 지도적 역할이 수반되는 선임권은 입법에 영향을 주는 입법가의 능력이 중요했다는 것을 발견했다. 따라서 1992년 선거 이래 국회에서 여성의 수적 증가현상은 노련한 여성 국회의원의 선임권을 증가시켰다는 것과, 더 많은 여성의원에게 임무를 할당하였으며, 주요 위원회에서의 소수 여성의 승진을 이끌어냈음에 우리는 놀라지 않는다. 의심할 바 없이, 주요 위원회 임무는 여성의원들에게 모든 단계의 입법과정을 통해 입법 권한에 영향을 주며 제도적 그리고 절차적 힘을 제공하였던 것이다(Swers, 2002).

나아가 부설 위원회 및 위원회에서의 역할을 통해, 여성의원들은 청문회 및 결정안 회기 내에, 개정안 회의를 통해, 그리고 협의 위원회에서도 여성에 이득이 되는 법안을 보호하는 데 개입하는 힘을 얻었다. 의원들이 공공 정책과 관련해서 최종 결정을 협상할 때 그 협상 테이블에 좌석을 여성의원이 가진다는 것 또한 매우 중요하다(Swers, 2002: 128).

그 보고서에 의하면, 여성의원들의 정책적 견지가 정치적 풍토, 당파적 정치, 유권자 압력, 압력단체, 그리고 주요 간부의 투입 등에 의해 구조화된다는 것은 매우 분명한 것이다. 여성의원들의 정책적 견지가 입법화로 전환하도록 하는 자신들의 능력은 궁극적으로 다른 것들에 의해 조절되었다. 즉, 정당 내 그리고 국회 내 자신들의 지위에서 오는 힘, 다른 남녀 모든 의원들의 지지를 확실히 하는 자신들의 능력, 그리고 국회 임기 중에 자신들의 시간이 허락되는 압박감 등이 그것이다.

바. 결 론

본 연구는 다음과 같은 질문과 함께 시작되었다. 여성을 선출하는 것이 중요한가? 지금까지 이 질문에 대한 대답은 명확하게 "그렇다" 이다. 우리의 주장은 공직의 여성을 갖는다는 것과 보다 기술적 대표(인구의 다수집단 이상이 여성이라는 사실을 선거 기구에 반영하도록)를 갖는다는 것이 중요하다는 학자들의 주장과 일치한다. 우리는 또한 여성대표가 정책 결과에 있어 실제적인 차이를 만들어낼 것(실제적 대표)이라고 하는 다른 학자들의 주장에도 동의한다.

주 정부 및 중앙정부에서의 여성입법가들의 영향에 대한 몇 가지 주요 결과들 중에서, 적어도 한 가지 중요한 결론에 도달한다. 즉, 공공기관에서 여성의 비율을 높이는 것은 특히 여성과 관련된 법안과 가족 및 아동에 관련된 문제를 표출하는 법안이 입법과정에 의해 통과되는 비율을 증가시킨다는 것이다. 많은 연구(양적으로나 질적으로 모두)는 여성국회의원과 관련된 똑같은 결론을 도출하고 있다. 즉, 여성의원들은 정책 과정에서의 결과뿐만 아니라 입법 의안들을 결정하고, 여성의 욕구와 이해를 발전시키기 위한 사안들을 많이 만들어낸다는 것이다.

그러므로 이러한 연구가 주는 시사점은 다음과 같다. 즉, 여성의 대표를 증가시킬 지속적인 노력이 필요하다는 것이다. 공직에 여성의 대표가 부족하다는 것은 사회적으로 중대한 결과를 초래한다. 왜냐하면, 심사숙고되어 법제화되어야 하는 정책의 본질에 영향을 주고, 정책결정과정에서 들어야 하는 소리에도 영향을 주기 때문이다. 선출직 공직에 여성의 수가 보장될 수 없다면, 필연적으로 여성을 위한 보다 좋은 정책을 보장할 수 없게 되는 것이다.

만약 그렇게 된다면, 그러한 지위에 더 많은 여성이 당선되도록 어떻게 할 수 있을까? 미국이 지방에서, 전국에서, 그리고 중앙 정치에서 여성이 많이 선출되도록 하는 한국에 시사점을 줄 수 있는 전략이나 구상이 있는가? 만약 그렇다면, 어떤 것인가? 여성의 정치적 참여를 증대시키기 위한 지방과 전국 단위 규모의 거대한 프로젝트와 더불어, 현재 훈련시키고 준비된, 그리고 여성후보자들의 질을 향상시키는 전국적인 정치적 집단, 정치 기구에 더 많은 수의 여성이 당선되도록 노력하는 지도자와 캠페인 관리자 등이 있다. 한편에는 지방자치단체가 특히 지방 정치에서 자질 있는 여성의 수를 증가시키는 데 관심을 가지며, 자신들의 이웃 내에서 여성을 지지하는 일을 하도록 준비된 캠페인 팀을 창출하는 공동체를 중심으로 훈련하는 위치에 놓이게 된다. 다른 한편, 국가 기구는 공동체 기반의 발의와 모든 지역에서 채택된 일반적 의제들 모두를 제공한다. 결국, 훈련 프로그램[52]은 정치적 네트워크, 멘토(선행조언자) 프로그램, 실제적 기술과 최초 경험에서 오는 지식의 공유, 그리고 숙련된 지지자들의 풀 형성 등을 창출하는 데 있어 중요하다.

〈부록 A〉--

여성지도자들의 수를 늘리기 위한 전략은 2003년 백악관 프로젝트에서 고안되었으며, 이는 (저자에 의해 수정되어) 한국사례에 적용시킬 수 있을 것이다.

---

52) 전국적, 초당적 조직인 백악관 프로젝트
(http://www.thewhitehouseproject.org/)는 전국채용훈련프로그램을 열거하고 있다. 자세한 내용은 〈부록 B〉를 참조할 것.

❋ 여론지도자들에 의한 합의

정치적 성향을 떠나 여성들은 연대하여야 하고, 정치적 성향이 같은 사람들끼리 여성들은 반드시 자신들이 상대하는 남성들을 설득시키는 작업을 해야만 한다. 여성들은 연대를 이뤄내기 위한 합의가 필요한 것이다.

❋ 여성이 없는 민주주의는 민주주의가 아니다.

그렇다면, 정치적 성향을 떠나 여성지도자들은 우선적으로 합의에 도달해야 한다. 따라서 그러한 여성들 간의 수뇌부 회의도 필요할 것이다. 외교적 협상 기술도 이러한 협정을 달성시키는 데 필요할 것이다. 그러나 첫 걸음이 가장 중요하다. 한 가지 원칙에 대한 합의가 일단 성립되면, 계획적인 대중 인식 캠페인이 벌어질 수 있다.

❋ 일반 대중에게 메시지 전달하기

대중 인식을 고양시키기 위해서는 이상적으로 전국적 홍보 캠페인을 벌일 수 있다. 전국적으로 가장 좋은 홍보 기능은 광고 캠페인들을 개발하는 것이다. 민주주의를 강화하기 위해 한국에 필요한 아이디어가 중심이 되어야 한다. 이러한 노력은 지방이나 지역사회의 노력과 맞물려 움직이게 될 것이다.

1. 여성이 없는 민주주의는 민주주의가 아니다.
2. 대다수는 민주주의를 주도하는 정당을 원한다.
3. 여성문제는 중요하기 때문에 균형은 목표이다.

❋ 시발점

증진을 위한 몇 가지 전략은 더 나은 민주주의를 위해서 전 영역의 여성지도자들이 연결하고 문화를 변화시키기 위해 노력하는 데 있다. 이상적으로 노력들은 여러 전선에서 동시에 발생할 것이다.

＊더 나은 민주주의를 위한 여성 위원회

전국적 수준에서 좀더 많은 여성지도자들을 찾으려는 개혁자들은 보고서상의 사례를 연구하고 장점을 찾아낼 수 있는 전국 위원회를 설립할 수 있다. 그 위원회는 더 나은 민주주의(및 여성)에 관련된 전문가와 활동가들의 분야를 총괄해야 한다. 완성되면, 그 보고서는 널리 홍보되어야 하고, 대통령 위원회나 혹은 다른 정부기관(KWDI와 같은)은 각 지역의 대표들이 참석하는 연례 회의를 개최해야만 한다. 이러한 회의는 비정부 기구와 협력해서 단기 심의 위원회와 각 정부기관에서 활동하는 위원회에 의해 감독되어야 한다. 이러한 기구들은 정보와 혁신을 위한 훌륭한 역할을 해낼 것이다.

＊지방자치단체

모든 지방자치단체들은 여성지도자를 중요하다고 믿는 시민단체를 찾아야 한다. 가든 클럽, 주부 단체, 도서 클럽, 비영리 사회복지 단체, 여성 농민단체 등등을 포함한다. 간단히 말해서, 각 클럽의 장소는 여성지도자를 지지하는 정보를 평가해야만 하며 그러한 정보를 발굴해내야 한다. 여성지도자를 발굴하려는 지역단체로 고등교육연구소와 같은 것이 있다.

＊정 당

각 정당의 여성들은 변화를 만들어 가는 데 중요하다. 지역 정당 또한 여성의 정치적 지도자를 개발시키기 위한 각 도시의 잠재적 하부구조상의 중요 요소이다. 정당은 여성을 승진시키려는 전략적 이유를 가지고 있다.

정당은 현재 유권자로서 여성의 중요성을 인식하고 있으며, 그들에게 호소하려고 전략을 고안해 오고 있다. 정당은 체계적으로 여성을 또한 후보자로서 등록시키고 지원해주려는 전략을 발전시키려고 한다. 정당 내 여성지도자들은 반드시 지위를 갖는 여성의 수를 증가시키기 위한 자신의 전략을 다시 개발해 내야만 한다. 그 전략은 전국 정당과 마찬가지로 지역 정당에 주의를 기울여야 하며, 그 전략은 반드시 그 조직을 통해서 이행되어야 한다. 그러한 전략들은 정당이 내포하는 결과의 부분이 되어야 한다. 대체적으로 여성들은 여성이 없는―그들 없는―민주주의는 민주주의가 아니라는 데 동의를 얻기 위해 자신들 정당의 남성들과 함께 일할 필요가 있다. 만약 한 정당이 적극적으로 여성지도자를 지지한다면, 그러지 않는 정당은 지지를 잃게 될 것이다.

❋ 비정부 연구 자원의 활용

여성들의 네트워크 혹은 전문 단체나 교역 단체 여성들의 간부회의 등은 여성 주 의회 의원들의 격년 모임을 포함해서, 모든 노력에 협력해야만 한다. 정부 관리의 후보자로서의 여성을 위한, 그리고 보다 총괄적 리더십 훈련을 위한 지역단체 활동가로서의 여성을 위한 교육 기회를 지원하도록 촉구되어야 한다. 고등교육 연구소는 모든 지역에 존재하며, 이러한 연구소는 지역, 정당, 지역 위원회 혹은 NGO들에게서 개혁 및 주도권을 가지고 공동으로 작업하기 위한 이상적 장소이다. 고등교육기관 및 다른 기관에서의 여성들은 현존하는 연구 자원을 활용하여, 여성을 발전시켜야 한다.

〈부록 B〉---

전국 고용 및 훈련 프로그램(일부분)

1. CAWP의 새로운 리더십 개발 네트워크 (CAWP's NEW Leadership Development Network)

2. 초기 여성 (EARLY Women)

3. 출현: 민주주의 미래를 위한 여성지도자 (Emerge: Women Leaders for a Democratic Future)

4. EMILY 리스트 (EMILY's List)

5. 페미니스트 다수화 기금의 페미니스트 리더십 연구소 (Feminist Majority foundation's Feminist Leadership Institute)

6. 권력을 향한 여성의 경로 (Girls' Pipeline to Power)

7. 여성의 주 및 여성의 국가 (Girls' State and Girls' Nation)

8. 일리노이즈 여성 리더십 연구소 (Illinois Women's Institute for Leadership)

9. 아이오와 여성 및 공공정책 (Iowa Women & Public Policy)

10. 라티나 (LATINA)

11. 링컨 클럽 (Lincoln Club)

12. 시민 리더십을 위한 밀즈대학 연구소 (Mills College Institute for Civic Leadership)

13. 미네소타 연맹의 여성 유권자 LOTT 프로그램 (Minesota League of Women Voters' LOTT Program)

14. 미네소타 여성 후원 기금 (Minesota Women's Campaign Fund)

15. 공화당 여성을 위한 국가 연합 (National Federation for

Republican Women)

16. 여성의원들을 위한 국가 기금 (National Foundation for Women Legislators)

17. 전국 여성의 정치적 간부회의 여성의 리더십 훈련 프로그램 (National Women's Political Caucus Girls' Leadership Training Program)

18. N. E. W. 리더십, 여성 리더십을 위한 국가 교육, 오클라호마 (N. E. W. Leadership, National Education for Women's Leadership, Oklahoma)

19. 공공 리더십 교육 네트워크 (Public Leadership Education Network)

20. 플로리다 "W" 프로젝트 (The Florida "W" Project)

21. 리더십 연구소 (The Leadership Institute)

22. WISH 리스트 미국 희망캠페인 학교 (WISH List's America's WISH Campaign Schools)

23. 여성 캠페인 기금 (Women's Campaign Fund)

24. 예일 대학 여성 캠페인 학교 (Women's Campaign School at Yale University)

25. YWCA 공공 리더십 연구소 (YWCA Institute for Public Leadership)

다른 프로그램:

BCWA(여성 임명을 위한 양당 간 협약)

- 주 단위, 양당 간 유능한 여성그룹 및 기구 설치

- 주 정부 내 주요 지위에 여성의 임명 보장

  - 미디어 이벤트의 활용을 통한 공공관계 노력 및 주 정부를 통한 기구나 개인의 직접 연결
  - 목표의 공시, 정당 지도자들 및 후보자들에게 압력을 행사

선거준비
  - 미국여성정치센터(CAWP)에 의해 1998년 양당 차원의 협약으로 설치
  - 임명적 및 선출적에 뉴저지 소속 여성 발굴 및 훈련
  - 잠재적 여성 후보자 선출되고 임명된 지도자, 캠페인 기획자, 정당 관계자, 언론 훈련가 등을 위한 회의 및 워크숍 운영

새로운 리더십
  - CAWP에 의해 1991년 전국 프로그램으로 발전됨
  - 여대생들이 공공 리더십 역할을 수행하도록 격려하기 위해 고안됨
  - 여대생들이 성공적 여성지도자들에게서 리더십 및 정치와 관련해서 배우는 5일간의 숙박 프로그램

자료: 백악관 프로젝트(2003: 39), CAWP 프로그램(1995~2006)

2. 스웨덴의 정치적 대표성과 젠더[53]

가. 문제의 제기

최근 미국과 유럽을 중심으로 진행되고 있는 젠더와 정치에 관한 연구들의 상당수가 여성의 정치적 대표성에 대한 실질적 내용에 초점을 맞추고 있다. 즉, 연구자들은 단순히 몇 명의 여성을 당선시켰느냐는 문제를 뛰어넘어 이들이 당선 후 어떤 정치적 업적을 남겼으며, 당내의 정치적 의제를 결정 집행하는 데 있어 얼마만큼의 영향력을 행사했는지에 주목하고 있다. 이와 관련하여, 본 원고에서는 아래와 같은 질문을 제시한다. 스웨덴 국회 여성의원의 증가가 여성문제 관련 정책 분야나 여성 이익의 효율적 대변으로 이어졌는가? 여성의원 증가가 국회의원의 양성평등인식(Gendered Awareness) 증진에 기여했는가? 이 밖에도 저자는 본고에서 스웨덴의 성 주류화 전략 (Gender Mainstreaming)을 고찰한다. 본 전략은 남성과 여성의 사실적 상황을 분석하고, 젠더라는 문제를 가시화함으로써, 모든 정책결정과정에 성 인지적 관점을 통합시키려는 시도라고 볼 수 있다.

나. 스웨덴 여성의 정치적 지위

스웨덴은 국회의원의 절반가량이 여성이며, 여성의 80%가 직장을 가지고 있는 대표적인 성 평등 국가 중 하나이다. 특히 2006년 국회의원 선거에서 총 의석 수 349석 가운데 여성이 47%를 차지하는 등 여

---

53) 본 논문은 스웨덴 함스타드 대학교 정치학과 Kazuki Iwanaga 교수의 논문임.

성의 정치진출이 2002년 선거에서 여성의원이 45%, 1998년 선거에서는 44%를 차지한 예년에 비해 크게 증가하였다. 현재 스웨덴 정부 관료의 성별 비율도 거의 동일하며, 정부의 모든 의사결정 과정에 성 인지적 관점이 깊숙이 자리잡고 있다.

역사적으로 스웨덴 국회는 1919년 남녀 모두에게 동등한 참정권을 부여하였다. 하지만, 여성의 정치참여는 이후 빠른 속도로 진척되지는 못했다. 1921년에 처음으로 여성의원이 선출되었으며, 1947년이 되어서야 정부에 여성 관료가 처음으로 임용되었다. 국회의원의 여성 비율이 20%를 넘어서는 데 60년의 시간이, 30%를 넘어서는 데 70년의 시간이 소요되었다. 다시 말해 스웨덴은 점진적 증가의 길을 택한 셈이다. 국회 여성의원 비율은 1970년대 초반까지 지속적인 증가 추세를 보였지만 그 정도는 매우 미미하였다. 여성에게 투표권이 부여된 지 50년이 지난 1971년에도 여성의원들은 전체 의석수의 단지 14%만을 차지하고 있었다. 하지만, 1970년대와 80년대에 접어들면서 여성의 정치참여가 급속히 증가하기 시작했다. 1985년 당시 국회 여성의원의 비율이 30%에 육박하였고, 이를 가리켜 한 학자는 임계질량(번역자 설명: 원자로에서 일어난 연쇄반응을 지속시키거나 또는 원자폭탄이 폭발을 일으키는 데 요구되는 필요량)에 가까운 변화라고 지적하였다. 1971년부터 지금까지 국회의원 중 여성의원의 수가 3배 가까이 증가하였고, 스웨덴 정부의 미래지향적인 사회정책의 오랜 전통 덕분에, 오늘날 스웨덴 여성의 정치참여가 1960년대와 비교하여 눈에 띄게 증가하였다.

그렇다면 왜 스웨덴 여성의 정치대표성이 이와 같이 확대되었을까? 일부 보수적 시각에서는 비례대표제도, 평등한 정치 문화, 여성의 노동시장 참여, 교육 수준, 선진 복지 시스템을 그 원인으로 보고 있다.

하지만, 스웨덴 여성의 정치대표성 확대의 주요 원인 중 하나는 바로 정치정당과 여성단체의 노력이라고 할 수 있다. 정치정당들은 적극적 조치(Affirmative Action)의 일환으로 여성후보자의 정당 진출 목표치를 정하는 정당공천할당제를 도입하였다. 스웨덴 여성의 대표성 확대는 헌법상에 명기된 공식 조항에 근거한 것이 아니라, 여성의원의 참여 확대가 반드시 필요하다는 정당 내의 오랜 기간 축적된 공감대를 기초로 하고 있다. 다시 말해, 스웨덴의 할당제는 다른 스칸디나비아 국가들과 마찬가지로 정당을 중심으로 한 자발적 제도인 것이다. 이 제도는 스웨덴 여성의 정치 대표성 확대에 지대한 영향을 미쳤다. 본 제도가 도입된 80년대와 90년대에 여성의원의 비율이 25~35%까지 증가했다는 사실이 이를 입증하고 있다. 할당제는 1981년 녹색당(Green Party)에 의해 처음 도입되었으며, 좌파당(Left Party)과 자유당(Liberal Party)으로 확대되었다. 1994년, 스웨덴 최대 정당인 사회민주당(Social Democratic Party)은 지핑 시스템(Zipping System, 'varannan damernas' or 'varvade listor')이라는 제도를 도입하게 되는데, 이는 후보자 두 명 중 한 명은 반드시 여성으로 지명해야 함을 의무화하고 있다. 본 제도는 여성의 대표성 확대를 목적으로 하고 있지만, 사실 스웨덴 여성단체 네트워크인 서포트 스토킹(Support Stockings)이 여성들만의 정당을 만들려는 움직임을 보이자 이에 대응하기 위해 사회민주당이 취한 조치 중 하나였다. 사회민주당은 1994년, 1998년, 2002년, 2006년 선거에서 본 시스템을 효율적으로 운용하여 여성과 남성에게 동등하게 공천을 할당하였다. 이로 인해 1994년부터 '두 명의 후보자 중 한 명은 여성'이라는 슬로건이 스웨덴 정치에 자리잡게 되었다(Wängnerud: 2005).

70년대 초부터, 사회민주당은 성 평등을 당의 주요 강령으로 채택하고 이를 추진해 왔다. 이때부터 양성평등은 거의 모든 정책 분야의 주요 배경요인으로 자리잡게 되었고, 그 결과 스웨덴 정부는 다양한 영역에서 평등을 요구하는 법률을 통과시키게 된다. 여성폭력을 금지하고, 유사 직업에 종사하는 남성과 여성에게 동일한 임금을 지급하며, 남성과 여성에게 평등한 부모 휴가(Parental Leave)를 보장하는 등의 성과를 가져왔다.

하지만 양성평등 원칙이 스웨덴 사회에 폭넓게 자리잡고 있다는 일반적인 인식에도 불구하고, 여성은 돌보는 사람, 남성은 돈을 버는 사람이라는 노동 분업이 여전히 존재하고 있다. 진정한 양성평등이 현실화되기 위해서는 가정, 직장, 사회의 남성과 여성의 업무 분담이 수정되어야 한다는 것이 일반적인 견해이다. 결국, 스웨덴 정부는 아버지들이 자녀에 대한 적극적인 책임의식을 가지고, 여성과 남성 모두가 부모와 직장인으로서의 역할을 수월하게 수행할 수 있도록, 남성만 사용할 수 있는 부모 휴가 조항을 포함한 일련의 조치를 취하였다. 그리하여 스웨덴의 육아시스템은 그 규모와 범위 면에서 크게 성장하였다. 현재 부모 휴가도 점차 일반화되고 있으며, 부부 당 480일의 유급 부모 휴가가 보장되고 있다. 이 밖에 1살 이상의 유아 교육을 위한 국가 지원의 전임 교육기관도 운영되고 있다.

일반론적으로 그 사회의 양성평등 증진을 위해서는 여성의 관심과 이해가 우선적으로 고려되어야 한다. 그렇다면 스웨덴 여성 국회의원들이 제시하는 의제가 남성 국회의원의 그것과 다른 점이 있을까? 여성 국회의원들이 여성의 이익에 더 귀 기울이는가?(Wängnerud) 지금까지 젠더와 정치 대표성에 대한 많은 수의 연구들이 '누가', '무엇'을 대표하는가의 상관관계에 주목하였다. 정치적 대표성을 이들은 크게 누가 대표하는가를 기술적 대표성(Descriptive Representation)과, 무엇을 대표하는가를 실질적 대표성(substantive Representation)으로 구분하였다. 대부분의 연구는 보다 많은 여성이 국회로 진출할 경우(기술적 대표성), 입법기관의 정책적 우선순위에 있어 성에 기초한 차이가 확연해(실질적 대표성)진다는 결론을 도출하고 있다. 그 원인으로 여성의 국회 진출이 증가하게 되면, 정치적 문제를 각자의 삶에 기초하여 여성의 시각으로 바라보는 의원 수가 증가하기 때문이라는 것이다. 몇몇 학자들은 입법기관에서 여성 관련 의제를 추진하기 위해서는 여성의 국회 진출이 확연히 증가해야 한다고 주장하고 있다(Vega & Firestone 1995, Thomas 1994). 이와 같은 주장은 많은 수의 여성이 국회에 포진하게 되면, 여성 관련 문제 해결을 위한 이들의 역량도 함께 증강될 것이라는 전제를 기초로 한다. 노르웨이의 Bystydzienski (1992: 18)는 "(…) 여성의 정당 참여가 증가한 이후, 여성의 문제, 관심, 가치, 그리고 시각이 정책 결정과 정치적 논의에 통합되었다"고 주장하였다.

여성의원의 비율이 낮으면, 젠더의 정치적 의미성에 대한 이해도 결핍되게 된다. 즉, 국회 내 여성이 소수자이기 때문에, 남성의 규범과 관심사가 국회 운영의 전반을 차지하게 되고, 결국 여성 국회의원들은 남성의원들이 만들어 놓은 규범에 맞게 행동하도록 기대된다는 것이다. 하지만, 의회 내의 여성의원 수가 증가하면서, 의회의 규범과 문화도 함께 바뀌기 시작했고, 입법안의 내용도 여성의 문제로 초점이 맞춰지기 시작했다. 여성의원 비율이 30%를 넘어서기 시작했던 7, 80년대만 해도, 정당 내의 여성단체와 시민단체들은 성차별적 정치제도를 타파하기 위해 선봉에서 안내자의 역할을 했다. 하지만, 오늘날 스웨덴의 여성 국회의원들은 소수자를 대변하는 것이 아니라, 국회 내의 규범을 주도하고 있다. 그 결과, 모든 남녀 국회의원들은 성 인지적 관점을 가지고, 양성평등 문제에 좀더 수용적이 되었다.

이와 같은 스웨덴의 사례는 다른 유럽 국가 및 미국을 대상으로 진행된 연구 논문과도 일맥상통한다. 이들 논문들은 여성의 국회 진출이 증가하면 여성문제에 대한 입법관심도 함께 증가한다고 주장하고 있다 (Carroll 2001, Dodson et al. 1995, Thomas 1994). 미국 의회에 여성이 미친 영향에 대한 Thomas와 Welch의 연구에 따르면, 여성, 아동, 가족 관련 문제에 남성의원보다 여성의원이 훨씬 높은 우선순위를 두고 있으며, 여성 국회의원의 비율이 가장 높은 의회에서 이런 의제에 대한 성별 차이가 가장 확연하다고 밝히고 있다(Thomas and Welch: 2001). 이 밖에 Wängnerud는 1985년부터 1994년까지 스웨덴을 대상으로 한 조사 작업을 통해, 정치적 맥락에서 여성의 정치적 대표성 확대가 세 가지 영역, 즉, 평등, 가족정치, 사회정치에 영향을 미친다는 사실을 발견하였다. 따라서 그녀는 아래와 같이 결론을 내렸다.

(…) 국회의 여성 진출은 정치적 의제에 대한 중심 구도의 개편을 의미한다. 즉, 여성 국회의원 수가 증가하면 할수록 여성 관련 문제가 정치의제의 중심을 차지하게 된다(Wängnerud 1998: 178).

Oskarsson과 Wägnerud의 연구에서도 젠더와 정치적 관심 분야 및 우선순위에 대한 관련성이 확연히 나타나고 있다. 예를 들어, 여성의원들은 육아, 사회정책 방식, 가족정책, 의료, 노인 복지 등을 우선적으로 고려하는 반면, 남성의원들은 경제문제를 우위에 두고 있었다 (Oskarson and Wängnerud 1995).

Wägnerud의 최근 연구에서도 몇 가지 재미있는 점이 발견되었다. 본 연구에서 저자는 국회의원들에게, "선거 운동에서 본인이 가장 강조했던 정책적 문제와 의제는 무엇이었습니까?"와 "개인적으로 어떤 정치적 문제에 가장 많은 관심을 가지고 계십니까?"라는 두 가지 질

문을 던졌다(Wängnerud: 2005). 분석 결과, 국회의원의 성별과 여성 문제에 대한 관심 정도 사이에 관련성이 있다는 사실이 발견되었다. 이와 동시에, 국회 내의 여성의원 수가 증가함에 따라, 의정 활동에서의 역할과 책임에 성별 차이가 발생하였다. 여성의원 비율이 32%를 차지했던 1985년 당시, 여성의원 중 75%가 선거운동 중 사회정책, 가족정책, 노인 복지, 보건 문제 등을 주요 공약으로 다루었던 반면 남성의원은 단지 44%에 불과했다. 하지만 2000년에 접어들면서 이 성별 차이는 현격히 줄어들어 차이가 거의 나타나지 않게 되었다. 여성의원 비율이 45%를 차지했던 2002년의 경우 남성의원의 48%가 여성의원의 49%가 선거운동 기간에 '여성문제'를 주요 공약으로 다루었다고 밝혔다. 즉, 선거운동 기간 동안 여성문제와 관련된 의제를 우위를 두었던 여성의원 비율이 남성의원 비율보다 약간 높았던 것이다. 이 밖에도 1985년, 1994년, 2002년 선거운동 기간 동안 양성평등 문제가 불거지면서, 1985년과 1994년 선거에서 성 평등 달성을 위한 적극적 지지를 호소한 여성의원은 많았지만, 이를 언급한 남성 국회의원은 거의 찾아 볼 수 없었다.

이 연구를 기초로 Wängnerud는 여성이 양성평등 증진을 위해 적극적인 자세를 보이고 있다는 점에서 여성들이 보다 성 인지적이라고 주장했다. 그리고 "의회에 여성이 없다면, 사람들은 성 평등 문제에 침묵하게 될 것"이라고 주장하였다(Wängnerud 2005: 243). 하지만, 2002년 선거운동에서는 양성평등 문제에 대한 성별 차이가 확연히 나타나지는 않았다. 사실, 남성 국회의원들이 여성 국회의원들보다 이 문제를 보다 적극적으로 주장하는 경향을 보이기도 했다. 결국, Wängnerud는 양성평등 문제가 스웨덴 국회에서는 더 이상이 중요한 의제가 아니라고 결론 내렸다.

〈그림 V-1〉 스웨덴 국회의원들의 사회복지 관련 선거공약 1985~2002 (%)

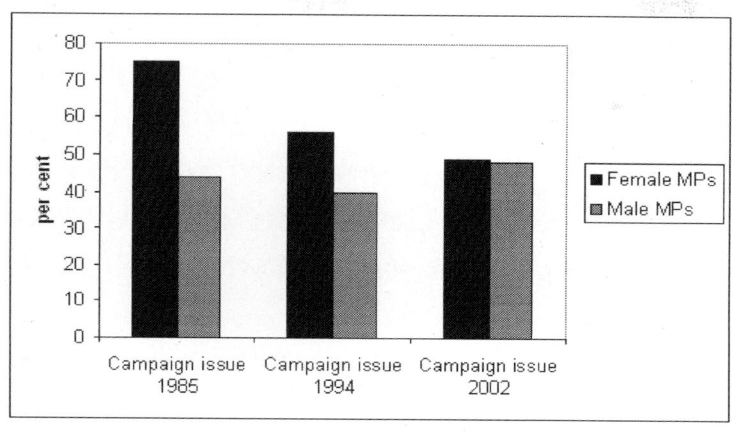

참조: 위의 그림은 질문에 대한 면접대상자의 답변에 기초하고 있다. "선거
운동에서 본인이 가장 강조했던 정책적 문제와 의제는 무엇이었습니
까?"(최고 5가지 의제를 말할 수 있음). 세부 코딩 작업을 통해 답변
이 정리되었다. '사회복지의제'라 함은 사회정책, 가족 정책, 보건, 노
인 복지를 포함한다. 답변에 응한 국회의원의 최소수는 (남성/여성)
1985년 (96/218), 1994년 (132/190), 2002년 (142/175)였다. 스웨덴 의
회의 국회의원 수는 1976년 이후부터 지금까지 349명으로 되어 있다.
출처: Wängnerud 2005b
(그림의 내용: percent --〉 %, Campaign issue --〉 선거공약,
　　　　　Female MPs --〉 여성 국회의원, Male MPs --〉 남성 국회의원)

　또한 Wängnerud는 본 연구에서 여성 국회의원이 여성의 이익을 보다
더 많이 대변한다고 주장하였다. 예를 들어, 1994년 선거운동 당시, 54%
의 여성 국회의원이 여성의 이익 대변이 '매우 중요한' 자신의 역할이라
고 답한 반면 남성의원은 6%에 불과하였다. 이런 경향은 시기에 상관없
이 당적과 같은 다른 요인을 통제하고도 비슷한 양상으로 나타나고 있다.
　이 밖에도 여성의원들이 남성의원보다 여성단체와 보다 깊은 관계를
맺고 있는 것으로 나타났다. 예를 들어, 1994년 선거운동 당시 여성의원
중 51%가 여성단체와 정기적으로 연락하고 있다고 답했다. 여성단체와

연락하고 있다고 답한 남성의원은 단지 4%에 불과했다(Wängnerud 1999). 이를 통해 여성의원들이 여성단체의 지지와 국회 외부의 네트워크를 더욱 필요로 하고 있다고 추정된다. 사실 여성 국회의원과 여성 민간단체 간의 지속적인 교류는 여성을 위한 정책을 수행하는 데 중요한 전략 중 하나이다. 스웨덴의 경우, 여성의원들이 국회 의사결정 과정에 미치는 영향력을 가늠하는 주요 잣대 중 하나는 당내 여성 단체들이 미치는 역할과 여성의원의 당 외부 네트워크 활동이라고 볼 수 있다.

〈그림 Ⅴ-2〉 스웨덴 국회의원들의 여성문제관련 선거공약 1985~2002 (%)

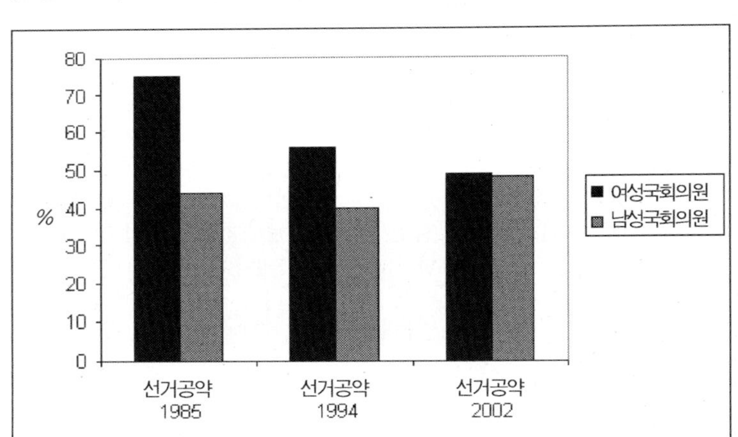

참조: 위의 그림은 질문에 대한 면접대상자의 답변에 기초하고 있다. "선거운동에서 본인이 가장 강조했던 정책적 문제와 의제는 무엇이었습니까?"(최고 5가지 의제를 말할 수 있음). 세부 코딩 작업을 통해 답변이 정리되었다. '사회복지의제'라 함은 사회정책, 가족 정책, 보건, 노인복지를 포함한다. 답변에 응한 국회의원의 최소수는 (남성/여성) 1985년 (96/218), 1994년 (132/190), 2002년 (142/175)였다. 스웨덴 의회의 국회의원 수는 1976년 이후부터 지금까지 349명으로 되어 있다.
출처: Wängnerud 2005a, p.241.
(그림의 내용: percent --〉 %, Campaign issue --〉 선거 공약,
　　　Female MPs --〉 여성 국회의원, Male MPs --〉 남성 국회의원)

스웨덴 의회의 여성의원 대표성 확대가 여성의원이 정치적 의제를 개편하고, 가족정책, 사회정책, 노인 복지와 같은 돌봄과 관련된 정책의 성공적인 입법 추진에 있어, 중요한 역할을 함을 알 수 있다. 정부 정책이 진정한 성 평등의 길로 나가기 위해서는 여성의 정치적 대표성이 확대되어야 하고, 이를 통해 비로소 양성평등 인식이 사회 전반에 확산될 수 있는 것이다. 여성의 대표성이 낮으면, 여성문제는 단순히 여성들만의 문제로 취급된다. 그리고 '(…) 제한적이며, 특성화된 혹은 주류에서 벗어난 정당의 요구로만 받아들여지게 된다(Sainsbury 1993: 280). 여성의원 수의 증가는 여성의 문제를 성 평등 실현의 일환으로, 정당의 문제로 인식시켰다. 다시 말해, 양성평등이 확보된 국회에서 여성들이 단순히 자신을 사회복지와 돌봄 주체로만 국한하지는 못한다는 것이다. 그리고 여성과 남성이 모든 정치 분야에서 동등한 목소리를 내지 못하는 상황을 받아들일 수 없게 된다. 스웨덴의 경험을 비추어 볼 때, 여성의 정치적 대표성 확대가 성공할 수 있었던 것은 정치정당이 대표성 확대를 위한 정책을 입안하고 실시한 덕보이다. Wängnerud는 그녀의 연구에서 "국회 여성의원의 비율이 증가하기 위해서는 '남성성'과 '여성성'이 정치적 국면에서 공존하는 단계를 겪어야만 가능하다"고 주장한다(Wängnerud 2005).

〈표 Ⅴ-4〉 스웨덴 국회의원과 여성단체와의 접촉 정도 (%)

연 도	자주 연락(%)			연락하지 않음 (%)		
	여성의원	남성의원	차 이	여성의원	남성의원	차 이
1985	55	9	+46	4	14	-10
1994	51	4	+47	4	18	-14
2002	40	6	+34	3	14	-11

설명: 질문은 "정치인으로서 과거 연락을 취했던 단체, 조직 및 기관에 관한 것입니다. 이들과 어떻게 접촉했는지와는 상관없이 얼마나 자주(직접 만남, 서신 포함) 이들 단체 조직, 기관과 연락을 취했습니까?"였다. 의원들은 자신들이 접촉한 약 20여 개의 단체(여성단체 포함)와 접촉 정도를 명시하였다. 방식은 일주일에 한 번, 한 달에 한두 번, 어쩌다 한 번, 종종, 접촉한 적 없다로 표시하는 방식이었다. 위의 테이블은 일주일에 한 번, 한 달에 한두 번을 자주 연락의 범주에 포함시켰고, 접촉한 적 없다를 연락하지 않음에 포함시켰다. 답변에 응한 의원 수는 (여성: 남성), 1985년에 99:229, 1994년에 134:191, 2002년에 142:175였다.

출처: Wängnerud 2005a, p.244.

최근 몇 십 년 동안 스웨덴은 의회 내의 위원회를 중심으로 나타나는 성별 차이를 줄이기 위해 부단한 노력을 해왔다. 위원회는 의제에 대한 위치 설정을 가능하기 때문에 입법 정책 결정 과정에서 중요한 역할을 한다. 왜냐하면 위원회 위원들이 어떤 의제가 입법 추진 의제로 상정될 수 있는가를 결정하기 때문이다. 이런 까닭에 위원회에 소속된 여성의원이 늘어날수록 여성문제 관련법안이 국회에 상정될 가능성은 높아질 수 있게 된다.

〈그림 V-3〉 스웨덴 국회의원들의 양성평등 관련 선거공약 1985~2002 (%)

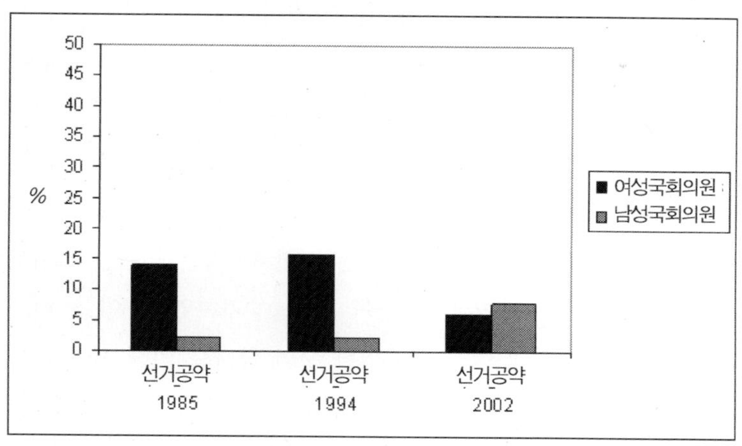

설명: 위의 그림은 질문에 대한 면접대상자의 답변에 기초하고 있다. "선거 운동에서 본인이 가장 강조했던 정책적 문제와 의제는 무엇이었습니까?"(최고 5가지 의제를 말할 수 있음). 개인적으로 어떤 정치적 문제에 가장 많은 관심을 가지고 계십니까?" (최고 3가지 의제를 말할 수 있음) 세부 코딩 작업을 통해 답변이 정리되었다. 위에 명시된 숫자는 성 평등을 자신이 관심 있는 의제로 하나로 언급한 남성, 여성의 비율을 표시한 것이다. '성 평등'이라는 범주에 포함된 의제는 성별 균등(여성을 지원하는 쪽으로)을 추구하는 의미가 내포된 답변을 포함시켰다. 답변에 응한 국회의원의 최소수는 (남성/여성) 1985년 (96/218), 1994년 (132/190), 2002년 (142/175)였다. 스웨덴 의회의 국회의원 수는 1976년 이후부터 지금까지 349명으로 되어 있다.

출처: Wägnerud 인용.

(그림의 내용: percent --〉 %, Campaign issue --〉 선거 공약,
　　　Female MPs --〉 여성 국회의원, Male MPs --〉 남성 국회의원)

　　서구 민주주의에 대한 기존 연구들은 여성의원들이 교육, 보건, 사회복지와 같은 '여성문제'를 다루는 위원회에 비교적 많이 관여하고 있다고 지적한다. 스웨덴의 경우를 보면, 80년대와 90년대 초반만 해도, 사회보험, 보건, 복지, 교육, 노동시장 관련 위원회와 같은 사회복지를 다

루는 곳에 여성의원들이 대거 몰려 있는 양상을 보였던 반면, 세금, 금융, 교통, 산업, 무역과 같은 경제 및 기타 기술적 문제를 다루는 위원회에는 여성의원의 수가 현저히 낮았다. 하지만, 1994년 선거 이후 지퍼시스템이 본격적으로 자리잡기 시작한 시점부터는 이와 같은 위원회의 성별 비율이 균형을 잡아가기 시작했다(Wängnerud 2005).

Wängnerud는 여성의원들이 성 평등에 대한 강한 지향성을 갖고 있기 때문에 보다 성 인지적이라고 주장한다. 지난 20년간 스웨덴의 거의 모든 정당에 여성의원 비율이 높게 증가하였다. 이를 기초로, 1994년 국회의원들에게 여성 국회의원 수의 증가로 인해 사안에 대한 당내 관점이 어떻게 변했는지를 물었다. 그리고 "여성 국회의원의 증가로 인해 귀하가 보기에 정당의 입장이 바뀐 특정한 분야가 있다고 보십니까?"라는 질문을 던졌다. 답변자 중 대다수(여성의원의 75%, 남성의원의 50%)가 가장 많이 바뀐 분야가 양성평등, 가족정책, 사회정책이라고 답변하였다.

여성의 정치참여가 정치 전반에 어떤 변화를 가져왔는지에 대한 질문에 대한 답변은 의회 내의 여성의 수에 따라 다르게 나타난다. 스웨덴의 경우, 여성 비율이 40% 이하인 의회, 정부, 위원회를 구성한다는 것은 실질적으로 상상하기 어려운 일이다. 그리고 남성이 대다수를 차지하고 있는 국회나 지방의회가 민주적 정통성을 가지고 있다고 보기에는 한계가 있다. 숫자는 매우 중요하며, 지속적인 영향력을 행사하기에 그 수치가 부족하다면 수적 확보는 더욱 중요하게 된다. 여성의원의 수적 증가를 통해 우리는 모든 의정 활동 분야에서 여성의 참여가 증대되고, 입법과정에서 여성의 관점이 고려되며, 여성의 문제에 대한 남성의 인식이 증진되고, 여성의 관점에 대한 감응이 나타날 수 있음을 보았다. 스웨덴 국회의 여성의원 수 증가로 인해 정치적 환경이 개편되었고, 양성평등을 구현할 수 있는 우호적인 문화적 분위기가 조성되었다.

여성의 정치와 의사결정 참여 분야에 있어서, 세계는 스웨덴을 주목하고 있다. 성 주류화 전략은 양성평등의 실현에 있어 가장 효율적인 도구로 간주되곤 한다. 양성평등 원칙이 모든 정책 결정 분야에 스며들고 있으며, 모든 정부 부처들은 각자의 정책 분야에서 성 평등을 통합시키기 위해 노력하고 있다.

다. 성 인지적 정책과 성 주류화 (Gender Mainstreaming)

80년대 후반기에 접어들면서, 스웨덴 사회는 성 주류화에 주목하기 시작했다. 성 주류화라는 개념은 1995년 북경에서 개최된 제4차 세계여성대회에서 채택된 북경여성행동강령을 통해 보편화되기 시작했다. 본 강령은 모든 정책과 프로그램에 성 인지적 관점이 주류화되는 것의 중요성을 강조하였고 정책결정에 앞서 그 정책이 남성과 여성에게 각각 어떤 영향을 미치는지에 대한 성 분석이 선행되어야 한다고 지적하였다. 이는 여성의 문제가 단지 주류에서 벗어난 특정인의 문제가 아니라, 인간 삶의 모든 부분에 통합되어야 한다는 것이다. 1995년 북경유엔세계여성대회 이후 국제사회는 기존의 전략으로는 효율적인 성 평등 실현에 한계가 있다고 보고 전략을 수정하기에 이른다. 양성평등 원칙이 모든 정책 활동에 통합되고 주요 사안 결정 시 고려되어야 한다는 것이다. 성 주류화 전략의 본격적인 실시로 국제사회는 과거 젠더에 기인한 차이를 고려하지 않았던 영역에까지 여성과 남성의 삶 그리고 각각의 구조적 조건에 대한 논의와 분석이 필요함을 합의하게 된다. 그 결과 그때까지만 해도 남성과 여성의 환경적 차이를 고려하지 않았던 분야들이 갑자기 양성평등 문제에 관심을 기울이게 되었다.

〈표 Ⅴ-5〉 스웨덴 의회 위원회의 성별 경향 1971~2002

(+) 여성의원 수가 많음, (-) 여성의원 수가 적음

위원회	사회복지		문화/법		기본 기능		경제/기술		평균 여성 수	
---	---	---	---	---	---	---	---	---	16개 위원회	의회 총계
기간	여성%		여성%		여성%		여성%			
1971/73	20	+5	24	+9	9	-6	5	-10	15	14
1974/76	22	+6	23	+7	15	-1	5	-11	16	21
1976/79	19	0	26	+7	24	+5	8	-11	19	23
1979/82	29	+7	27	+5	21	-1	13	-9	22	28
1982/85	39	+13	34	+8	20	-6	12	-14	26	28
1985/88	42	+13	36	+7	22	-7	18	-11	29	32
1988/91	54	+19	41	+6	24	-11	21	-14	35	38
1991/94	49	+16	41	+8	25	-8	15	-18	33	33
1994/98	47	+3	49	+5	42	-2	36	-8	44	43
1988/02	50	+5	50	+5	40	-5	42	-3	45	44

참조: 스웨덴 의회에는 총 16개의 상임위원회가 있다. (+)와 (-)는 위원회의 평균치와 관계가 있다. 사회복지 범주는 보건복지위원회, 사회보험위원회, 노동시장위원회, 교육위원회를, 문화/법 범주는 문화위원회, 사법위원회, 시민법위원회, 헌법위원회를, 기본 기능 범주는 외교위원회, 국방위원회, 환경/농업위원회, 주택위원회를, 경제/기술 범주는 금융위원회, 세제위원회, 산업과 통상 위원회, 교통위원회를 포함하고 있다. 본 수치는 연간 자료 (해당 기간 동안 평균치)를 기초로 산정되었으며, 의회 정규 회원에 준하고 있다. 각 위원회의 정규 회원은 15명이며, 88/91, 95/98, 98/02 기간 위원회의 위원 수는 17명이었다.

출처: Wängnerud 2005b.

성 주류화의 시작은 우리 사회에 깊이 자리잡고 있는 일하는 방식, 기준, 태도에 도전하는 결과를 낳았다. 성 주류화는 적극적 조치(Positive Action), 차별 철폐 조치(Positive Discrimination), 기회의 평등, 평등한 대우와 같은 기존의 성 평등 촉진 조치와 비교해서 실질적, 이론적 측면 모두에서 '패러다임의 전환' 즉 완전한 새로운 접근이라고 볼 수

있다. 이전의 양성평등정책은 사실 남성 중심의 기존 제도에 여성이 적응할 수 있도록 지원하는 수준에 머물러 있었다. 하지만, 성 주류화 전략은 남성, 여성 모두의 필요조건 우선 사항을 감안한 접근이다. 입법과정을 예로 들어 보자. 국회에 새로운 법이 제정되면 여성과 남성의 경제적, 사회적 역할이 다르기 때문에 성별에 따라 상이한 영향을 받게 된다. 정책 입안자들은 법률이 미치게 될 상이한 성별 차이를 고려하여 양성이 평등하게 그들의 필요를 충족할 수 있는 법안을 제안해야 한다. 즉, 성 주류화 전략은 여성을 변화시키는 것이 아니라, 여성이 처한 조건, 필요, 우선사항을 '일반적'인 것으로 수용하고 이를 통해 제도와 조직을 재구성하는 시작점이 되는 것이다. 다시 말해 본 전략은 성 인지적 관점을 모든 일반 정책과 조치에 통합시킴으로써 여성세력화(Empowerment)와 성 평등을 추구하는 데 그 목적이 있다.

1994년 이후부터 스웨덴 정부는 매년 연간국가정책 보고를 통해 성 평등이 정부 정책 모든 분야에 통합되어야 한다는 정치적 합의를 강조하고 있다. 이때부터 성 인지적 관점이 정부 정책에 스며들 수 있도록 하는 특별 대책이 마련되었다. 하지만 스웨덴 사회에 진정한 성 주류화가 실현되기 위해서는 개선되어야 할 부분이 많이 남아 있다. 성 주류화를 위한 중요한 요소가 바로 여성의 정치참여 확대라고 볼 수 있다. 왜냐하면 이를 통해서 국가 정책이 정치적 수사학을 뛰어넘어 진정한 성 평등의 방향으로 나갈 수 있기 때문이다. 여성의 정치참여 확대가 성 주류화를 보다 발전적으로 향상시킬 수 있기 때문에 정치에 참여하는 여성의 수는 매우 중요한 의미를 가진다. 즉 사회가 필요로 하는 정치적 의지를 구현하기 위해서는 최소한의 여성의원 수가 확보되어야 하는 것이다.

스웨덴은 지금까지 성 주류화를 위해 많은 노력을 취해 왔고, 성 주류화 성공 사례 국가 중 하나로 평가받고 있다. 1990년대 중반까지 성 주류화로 인해 모든 정책, 대책, 법안들에 성 인지적 관점이 통합되었고, 이를 위해 정책이나 정부 대책이 각각 여성과 남성에게 미치는 영향을 측정하기 위한 면밀한 분석이 이루어졌다.

양성평등과 관련한 오랜 역사를 가지고 있는 스웨덴은 다른 나라들과는 달리 양성평등 관련 전문위원회가 의회 내에 운영되고 있지는 않다. 그 대신 성 주류화를 통해 각 위원회가 각각의 특정 분야에 양성평등 관점을 투영하도록 하고 있다. 성 주류화는 여성과 남성의 모든 경험이 정책 결정, 법 집행, 모니터링, 평가 과정에 통합될 수 있도록 한다. 이를 통해 남녀가 평등하게 그 혜택을 얻을 수 있는 것이다. 성 주류화는 성별 할당제와 같은 차별 시정 조치에 초점을 맞춘 기존의 양성평등 접근을 보강하는 역할을 한다. 또한 성 주류화는 정책이 공식화되고 실행될 때 성 인지적 관점이 정책의사결정 영역에 통합 또는 도입되도록 한다.

1994년부터 스웨덴 정부는 정부 부처 장관, 언론 보좌관, 정치 자문, 정부 부처 직원, 기타 공공기관 직원, 중앙 정부 위원회와 조사 위원회 위원을 대상으로 성 평등에 대한 교육을 실시하고 있다. 본 교육의 목적은 성별에 따른 사회 구조적 차이에 대한 인식을 높이고, 성 평등 정책의 목적을 널리 알리고, 성 주류화를 위한 해당 직원의 책임에 대한 이해를 도모하는 것이다.

정치인들은 정책의 우선순위를 정하고 정책을 입안하고, 성 주류화를 위해 요구되는 조건과 자원을 재분배할 수 있는 위치에 있다는 점에서 성 평등과 성 주류화에 대한 인식 증진에 중요한 역할을 한다고 볼 수 있다. 스웨덴 국회의 여성의 대표성이 확대되면서 성별 간의 정치적 힘이 보다 균등하게 분배되는 결과를 낳았다. 이와 함께 평등한 여성의 국회활동 참여와 관련하여 언급될 수 있는 주요 사안 중 하나는 여성의원들이 가족과 정치적 책임을 어떻게 결합하느냐 하는 문제였다. 여성의원들은 물리적 상황을 보다 성 친화적 방식으로 개선했다. 그리고 기혼 직장 여성의 필요에 보다 더 적극적으로 대처했다. 일반적으로 이들 여성들은 제도적 문화에 변화를 가져오는 주역으로 알려져 있다. 여성의원들은 자신들의 영향력을 통해, 국회가 여성의원들에게 보다 많은 편의를 제공하는 절차와 관례를 만들어 나갔다. 예를 들어, 가족생활을 보장하기 위해, 보육센터를 국회 내에 설립하여 어린아이가 있는 지방 거주 의원들이 자녀와 함께 살 수 있도록 지원하였다. 또한 스웨덴 국회 전 대변인이었던 Birgitta Dhal은 지난 1990년대 기간 동안 성 평등의 다양한 측면을 논의하기 위해 전문가를 초청하여 정기적으로 회의를 열기도 했다.

균등한 국회의 성 비율이 진정한 양성평등을 담보하는 것은 아님을 인식한 사회민주당은 2003년 11월에 국회 내 양성평등 촉진을 위한 제안서를 제출하였다. 이를 기초로 국회 내에 실무단이 조직되어 '숫자를 넘어선 진정한 평등'이라 조사 작업을 수행하여, 성 평등 증진을 위한 제안서를 발표하게 된다. 2004년 발표된 여러 분야에 대한 분석을 기초로 한 실무단의 제안서는 성 주류화 촉진을 목적으로 하고 있다. 본 제안서는 국회가 성 평등을 증진하기 위해 구체적인 양성평등 프로그램을 각 회기마다 운영해야 하고, 이를 통해 각 관련 분야의 활동을 감독하고 지원해야 한다고 제안하였다. 그리고 문화적 측면, 위원장의 역할, 근무 방식, 및 기타 다른 의제를 논의하는 국회 상임위원회의 관련 세미나 조직을 제안하였다. 이런 활동은 크게 두 가지 분야를 포괄한다. 하나는 인식 증진이고 둘째는 지식의 보급이다. 양성평등에 대한 인식 증진은 기존의 가치와 규범이 현실에 대한 우리의 인식에 어떤 영향을 미치며 어떻게 고정관련을 영속시키고, 성차별을 창출하는 메커니즘을 어떻게 지원하고 있는지를 밝히는 데 그 목적이 있다. 또한 인식 증진은 젠더 문제에 대한 일반인의 인식 고양을 목적으로 하고 있다. 성 평등에 대한 인식이 증진되기 위해서는 입법활동을 수행하는 정치인에 대한 교육이 필요하다. 즉, 젠더 문제가 어디서 발견되며 젠더적 측면을 고려한 정책이 어떻게 만들어질 수 있는지에 대한 학습이 필요한 것이다. 다시 말해 성 주류화에 관여된 모든 사람들이 성 주류화와 성 평등 문제에 대한 훈련을 받아야 하는 것이다.

지식의 보급 문제는 성 인지적 관점을 기초로 한 의정 활동에 대한 다양한 연구가 필요하며 교육기관과의 협조가 필요하다는 것이다. 젠더 문제에 대한 연구가 현재 정책 분야의 문제점과 현안을 주목하여 분석할 수 있기 때문에 이와 같은 연구는 성 주류화 전략에 기초 자료라고 볼 수 있다. 예를 들어 성 분리 통계자료, 젠더 관계 분석 및 예측이 이와 같은 연구를 통해 가능케 되는 것이다. 여성과 남성이 각각 처한 상황, 젠더 관계에 대한 자료는 성 주류화에 없어서는 안 될 주요한 요소이다. 사회 모든 분야의 남성과 여성의 상황에 대한 통계자료는 성 평등 증진에 매우 중요한 도구로 활용된다. 성 인지적 통계자료는 또한 양성평등에 대한 인식을 증진시키고 변화의 동력을 제공하며 정책의 근간을 형성하고 정책을 평가 감시하는 데 활용되는 자료이다. 스웨덴 정부는 성별 분리 자료에 근거한 성별 차이에 대한 정보가 성 주류화를 정책에 통합시키고 보다 발전적 단계로 나가는 데 기준점이 됨을 잘 알고 있으며 1992년 이후부터 성별로 구별된 공식 통계자료를 발간하고 있다.

의회가 출장을 계획하고 스케줄을 정할 때 여성의원들의 가정 상황에 대한 보다 세심한 배려가 요구된다. 성 평등을 촉진하는 것은 여성이 남성의 가치를 일방적으로 따르는 것을 의미하는 것이 아니다. 성 평등은 남성과 여성의 평등한 권리, 책임, 기회를 기초로 새로운 관계가 형성되는 것을 의미한다. 본 보고서가 국회 성 평등 관련 연구의 기초 자료로 제공된 바 있다. 한편, 기회 평등을 위한 기존의 활동과 차별 시정 조치들이 양성평등을 촉진하는 데 여전히 주요한 역할을 하고 있다는 사실도 우리는 염두에 두어야 한다. Judith Squires(2003: 28)는 '(…) 성 평등으로 가는 가장 빠른 길은 성 할당제의 도입과 함께 정치 제도 확립에 있어 성 주류화 전략을 도입하는 것이다'라고 지적하였다.

2006년 5월 스웨덴 의회는 사회민주당 정부가 제안한 새로운 국가의 목표로 양성평등정책을 채택하였다. 대략적 내용은 사회와 개인이 삶을 설계하는 데 있어 남성 여성 모두가 동등한 힘을 가져야 한다는 것이다.

잠정 책정된 목표 내용은 아래와 같다.

❖ 힘과 영향력의 평등한 분배: 여성과 남성은 스스로 의사 결정 조건을 형성하고 적극적 시민이 될 수 있는 동등한 기회와 권리를 가지고 있어야 한다.

❖ 여성과 남성의 경제적 평등: 여성과 남성은 일생의 경제적 독립을 보장하는 교육과 직업을 가질 동등한 기회와 조건을 가지고 있어야 한다.

❖ 가사노동과 무급 돌봄에 대한 평등한 분배: 여성과 남성은 가사 노동에 있어 동등한 책임을 지고 있으며, 동일한 수준의 돌봄을 제공하고 제공받을 동등한 기회를 가져야 한다.

❖ 여성에 대한 남성의 폭력은 반드시 근절되어야 한다: 여성과 남성, 여아와 남아는 모두 자신의 신체적 완정성을 지킬 동등한 기회와

권리가 있어야 한다.

스웨덴의 양성평등정책은 여성이 남성에 종속된 사회적 집단이고 남성이 지배적 규범이라는 성별 차이에 기초한 권력구조로 인해 여성과 남성의 불평등한 힘의 분배가 지속된다는 분석에서 출발하였다. 양성평등정책은 이런 힘의 구조를 변화시키고, 남성과 비교해 여성이 보다 열악한 사회적, 경제적, 정치적 지위를 얻게 되는 구조적 차별을 종식시키는 것이다.

스웨덴 정부의 성 평등정책에 따르면, 성 주류화는 국가 성 평등목표치 달성에 가장 주요한 전략이며, 입법활동 및 예산 산정 과정을 포함한 모든 정책 프로세스 및 정책 결정 과정에 반드시 통합되어야 할 원칙이라고 명시하고 있다. 한편 스웨덴 정부는 성 주류화를 각 정부 부처 장관들이 성 평등 목표를 달성하기 위해 각각의 정책 분야에서 적용하는 원칙이라고 보고 있다. 이런 정부의 정책을 구상하고 조직한 부서는 성평등부(Minister of Gender Equality)였다. 스웨덴 의회도 여러 분야에서 성 평등 촉진을 위한 대책을 강구해 왔다. 스웨덴은 양성평등전담특별위원회를 운영하지는 않고 있다. 그 대신, 성 주류화 전략을 통해 각각의 위원회가 그들의 특정 영역에서 양성평등 증진을 위한 역할을 수행하고 있는 것이다.

라. 결 론

스웨덴 의회는 다른 나라 의회와 비교해서 양성평등에 좀더 가까이 다가와 있다. 이를 위해 많은 여성들이 지금까지 투쟁해 왔다. 스웨덴의 양성평등 투쟁은 오랜 역사를 가지고 있다. 여성의 정치적 대표성 확대라는 측면만 봐도, 스웨덴은 양성평등을 달성하기 위해 오랜 기간

점진적인 접근을 해왔다. 스웨덴이 남성 지배적 의회를 현재 수준의 여성 참여까지 끌어올리는 데 80년의 세월이 걸렸다. 그렇기 때문에 스웨덴의 모델이 다른 나라의 여성의 정치적 대표성 확대 전략에 적합하지 않을 수도 있다.

스웨덴의 경험을 비추어 볼 때, 정치적 내용에 있어 성별에 따른 다른 경향성이 존재하는 단계를 거치지 않고 여성의원 비율이 급격히 증가하는 것은 매우 어렵거나 불가능한 일이다.

입법기관에 포진하는 여성의 수가 증가하게 되면서 정치 내용이 이에 근거하여 변화하게 될 것이며, 정책 사안의 우선순위, 정치적 의제 구성, 입법 정책 결정의 결과에도 영향을 미치게 될 것이라고 직·간접적으로 주장하는 학자들이 많이 나타나고 있다. 스웨덴 의회의 여성의원 비율 증가는 입법 환경의 변화를 가져왔고, 양성평등 달성을 위한 우호적인 문화적 환경을 조성하는 데 기여하였다.

몇 명의 여성이 국회에서 활동하느냐는 전체 정치집단과 국회의원의 양성평등 인식 증진에 지대한 영향을 미치게 된다. 사회가 필요로 하는 정치적 의지를 창출하기 위해서는 최소한의 여성의원 수가 확보되어야만 한다. 만약 의사결정 과정에 여성이 충분히 참여하지 못한다면, 성 평등을 위한 정치적 의지를 확보하기는 힘들게 된다. 스웨덴의 경험을 기초로, 정치에 참여하는 여성의 수가 급격히 증가하게 되면, 그 변화의 수위가 깊어지고 그 속도도 빨라진다는 것을 알 수 있었다. 또한 여성의 정치적 대표성이 확대되면 의사결정 과정에 여성의 다양한 경험, 관심사, 가치관이 고려된다는 사실을 알 수 있었다.

VI

국회의원의 성 인지성 확대를 위한 정책 과제

결론적으로 제17대 국회에서 2007년 12월 현재 여성의원 비율이 14.4%(43명)로 증가함에 따라 여성의원뿐 아니라 남성의원들도 과거에 비해 여성의제 및 여성정책에 대한 관심이 증가하였으며, 특히 여성의원들은 법안발의 및 심의과정 측면에서 열심히 활동하는 것으로 나타났다. 본 연구에서 297명의 남녀 의원을 대상으로 2004년 5월 30일 이후 조사가 실시된 2006년 6월 30일까지 수행한 의정활동 성과로서 법률안 발의 건수는 남성이 평균 9.7건, 여성의원의 경우 16.5건(1인당)으로 여성이 남성에 비해 많은 것으로 나타났고, 여성관련 법률안의 발의건수는 17대 국회 전반기에만 162건(여성의원 89건, 남성의원 73건)으로 이전에 비해 보다 많은 여성관련 법률안이 발의되고 법제화 되었다. 이는 2004년 김형준 교수가 발표한 논문과 비슷하게 나타났다. 실제 김 교수가 조사한 결과 역대 국회에서 가장 많은 여성의원들이 활동했던 17대 국회의 첫 국정감사에 대한 의정활동 모니터링 조사 결과 여성의원이 상위 20명 중 8명(40%)을 차지했고 정책심의 능력, 대안제시 능력, 참여성, 공정성 등 모든 평가 영역에서 남성의원들을 압도하고 있다. 특히 참여성에서는 여성의원들의 평균(74.71점)이 남성의원(69.08점)들보다 훨씬 높게 나왔다(김형준 2006). 아울러 17대 국회에서 여성의원은 여성정책포럼을 만들어 남성의원들의 성 인지성을 강화해 나가는 측면도 컸다. 하지만 계속적으로 남녀 국회의원의 의정활동에서 성 인지성이 더욱 강화되어야 한다. 이를 위하여 기본적으로 여성의원의 지속적인 증대와 함께 국회의원을 대상으로 하는 성 인지교육의 확대, 언론 및 시민단체의 감시활동도 지속되어야 할 것이다. 따라서 다음과 같은 향후 과제를 제시하고자 한다.

1. 여성의원의 역할

가. 여성의원 협의체 구성 및 여성정책 연구모임의 활성화

여야를 초월한 여성의원 모임인 여성의원협의체를 구성하여 여성네트워크를 결성하는 것이 필요하다. 협의체를 통하여 여성들의 정치적 능력을 향상하면서 각급 선거에의 참여를 확대하도록 ① 여성후보를 육성, 네트워크 형성 지원 및 출마 장려, ② 지역 내 여성과 지역단체와의 연계 및 여성 상담, 홍보, 공동사업 수행, ③ 여성의 정당 가입 장려, ④ 정당 내 여성의 지위 향상을 위한 노력 전개와 지역단위로 여성정책 수행자로 육성, ⑤ 여성근로자와의 연대활동 강화 등의 활동을 전개할 수 있다.

아울러, 여성과 관련된 문제에 대해서 여성정책 연구모임체를 활성화하는 것이 필요하다. 연구모임체에서는 여성의원들뿐 아니라, 남성의원들을 가급적 많이 참여시켜 여성의원의 역할에 대한 중요성을 인식시키고 여성문제에 대한 남성의원들의 인식을 바꿔놓는 작업이 요구된다.

연구모임이 가지는 의의로는 세 가지를 들 수 있다. 첫째, 성 인지적 관점의 정책을 입안하기 위한 연구와 평가를 실현하는 장으로서의 역할을 기대할 수 있을 것이다. 둘째, 연구모임이 남성의원들의 양성평등의식을 확산하는 장으로 활용될 수 있다. 우리가 보다 앞선 양성평등사회를 실현하기 위해서는 여성문제에 대한 남성의원의 이해와 협조가 필요하다. 따라서 여성과 관련된 다양한 주제에 관한 세미나 및 토론회를 통하여 여성문제에 대한 남성의원들의 양성평등의식을 확산하고, 함께 새로운 대안을 발굴해 내는 정책연구의 장으로서의 역할을 기대할 수 있을 것이다. 셋째, 여성계와의 정기적인 모임을 통하여 양성평등사회를 실현하는 장으로서의 역할을 해주길 기대할 수 있다. 이를 위해서는 무엇보다도 여성계의 목소리에 귀를 기울여야 할 것이다. 여성과 관련된 정치적 이슈들을 찾아내 이를 연구하고 법제화하는 데 앞장서야 할 것이다.

나. 여성단체들과의 유기적 관계 및 상호 지원관계 유지

우리나라 국회에 청원된 안건의 상당수는 여성단체에 의하여 청원되고 소개된 것이 많다. 여성단체에서 벌이는 여성운동은 생활, 의식의 개선문제도 있으나 의회, 정부를 움직여야 개선이 가능한 법의 개·제정과 제도 도입 또는 개혁을 목적으로 하는 것도 있으므로 여성의원들의 노력과 협조가 요구되기에 여성의원들은 여성단체들에 대한 다방면의 지원과 함께 공동목적을 이루어 나가도록 해야 한다. 아울러 여성의원들은 여성단체들의 각종 위원회에 참석하여 서로간의 정보교환 및 입법활동에 필요한 의견교환 및 자료를 구할 수 있다. 또한 여성단체와 협력해서 여론을 형성하며 많은 지지세력이 필요한 여성문제 해결을 용이하게 함께 추진할 수 있다.

2. 정당의 역할

가. 국회 및 지방의회 지역구 30% 여성후보 공천할당제 의무제로 개선

앞에서 살펴보았듯이 17대 국회에서 처리된 여성관련법률안이 급격히 증가하였다. 이는 그동안 여성관련법제가 신설, 발전됨과 함께 여성 문제를 개인적 차원이 아닌 국가·사회적 차원의 문제로 인식하고 이를 해결하기 위해 여성친화적 정책을 수립하려는 분위기가 형성되었기 때문이며, 보다 중요한 점은 여성의원이 16명이었던 16대 국회에 비하여 17대 국회에서는 41명으로 여성 국회의원의 수가 증가함으로써 여성친화적 정책을 수립하는 데 기여하였기 때문이다. 이는 앞에서도 보았듯이 미국과 스웨덴의 사례에서도 같은 양상을 보이고 있는 것을 알 수 있었다. 미국이나 스웨덴의 경우도 여성의원들이 증가되면서 여성관련법안의 발의 및 제정이 늘었고, 여성 특유의 리더십을 보여주고 있다. 더욱이 앞으로 모든 상임위원회에 성 인지적 의정활동이 담보되기 위하여서는 반드시 여성이 포함되어야 함에도 불구하고 통일외교통상위원회, 행정자치위원회, 환경노동위원회, 산업자원위원회 여성의원 비율이 10% 미만이고, 건설교통위원회, 농림해양수산위원회는 1명의 여성의원도 포함되어 있지 않다. 따라서 다가오는 18대 총선에서는 여성의원 비율을 30% 수준으로 늘리는 방안이 모색되어야 할 것이다. 이를 위하여 현재 노력사항으로 되어 있는 지역구 국회의원 여성후보 추천 30%를 의무사항으로 전환하는 제도적인 개선책과 함께 여성정치인 인재풀을 구성하는 것이 필요하다.

나. 공천과정 및 공천심사위원회에 일정비율 여성참여 의무화 제도 도입

공천심사위원회에 일정 비율 여성위원의 참여를 의무화하여 공천과정에서 여성의 대표성을 확보해주는 조치가 필요하다. 그간 우리나라의 정당에서 구성한 공천심사위원회의 경우 대부분이 남성 주요 당직자로 구성되어 왔다. 단지, 16대 총선 이후 여성의 일부를 공천심사위원으로 하고 있는데, 한나라당과 민주당의 경우 아직 여성공천할당제의 의무화가 되어 있지 못하다. 따라서 앞으로 공천과정의 투명성 확보 및 여성이 배제되지 않도록 공천심사위원회에 일정 비율 여성위원 참여를 의무화하는 규정을 두는 것이 필요하다.

다. 여성의원 육성을 위한
멘토 프로그램(Mentorship Program) 운영

앞의 미국사례에서 보았듯이 여성의원의 경우 멘토 프로그램의 중요성을 엿볼 수 있었다. 스웨덴의 경우도 "자유여성"시민단체에서는 멘토 프로그램을 운영하고 있다. 우리나라의 정당들도 여성정치인 양성을 위해 여성이든 남성이든 경력이 높은 정치인이 여성의원들을 지원하고 도와주는 것을 의미하는 멘토 프로그램을 운영하는 것이 필요하다. 이 프로그램을 통해서 정치에 참여하고 싶어 하는 여성들은 선배들의 경험과 지식을 개인적으로 전수받을 수 있고 이를 통해 많은 자신감[54]을 쌓을 수 있을 것이다.

라. 선거보조금의 10%를 여성정치발전기금에
포함 여성후보의 선거비용 지원

정부는 매년 정당에 국고보조금으로 경상보조금을 지급하고 있는데,

---

[54] 여성들이 어떤 일을 할 수 있다고 확신하는 것이 필요한데 "자유여성"에서는 자신감의 확립을 위해서 리더십 교육과정에 있어서 잘 훈련받은 리더가 있는 군대와 협력하여 자신감 훈련을 하고 있다.

2004년부터 정당에 지급하는 국고보조금 중 10%를 여성정치발전기금으로 의무적으로 활용하도록 되어 있다. 그간 어떤 정당도 여성후보 육성 및 선거지원을 위한 여성정치발전기금을 가지고 있지 못하였다. 여성들이 국회의원 선거나 지방선거에 출마하기를 꺼리는 가장 큰 이유로 '돈과 조직의 부족'과 '정당의 지원 부족' 등을 가장 많이 들고 있는 것으로 나타났는데 그런 의미에서 이번 여성정치발전기금의 의무적 할당은 상당히 여성계의 목소리를 반영한 것으로 평가할 수 있다. 정당에 지급하는 국고보조금은 경상보조금과 선거보조금으로 지급되는데, 경상보조금은 분기별로 1년에 4번, 선거보조금은 대통령 선거, 국회의원 선거, 또는 정당의 후보 추천이 가능한 지방선거가 있는 해에 지급하고 있다. 2005년 각 당에 지급한 여성정치발전기금은 28억 원인데, 이 중 열린우리당은 약 11억 9천만 원, 한나라당의 경우 14억 5천만 원, 민주당의 경우 2억 원, 민주노동당의 경우 2억 3천만 원, 자민련은 7천8백만 원 등이다. 주요 정당들은 여성정치발전기금의 용도를 교육훈련비와 여성조직 운영경비로 사용하고 있는 것으로 나타났다. 이 외에도 대통령 선거, 국회의원 선거, 또는 정당의 후보 추천이 가능한 지방선거가 있는 해에 지급하는 선거보조금 중 10%를 여성정치발전기금으로 확보하여 선거 시 여성후보의 경선 및 공탁금, 선거지원경비로 활용할 수 있도록 개선하는 것이 필요하다.

마. 상임위원회 위원장 및 간사에 여성의원 우선권 부여

국회 내 상임위원회의 배정은 대체로 전문성, 지역, 경륜 등 여러 가지 기준이 적용되나 현재 여성의원 수가 소수이다 보니 때로는 여성의원들은 보건복지 등 여성 관련 상임위에 몰려 있기도 하며 상임위 위원장이나 간사로 선출되는 경우는 적다. 여성의 상임위 배정이나 간부로의 선출은 본질적으로 여성의원 수가 증가하면 해결될 문제이기는 하나, 여성의원 수가 계속 증가하는 상황에서 여성의원들도 위원장이나 간사로서의 역할이 가능하기에 상임위의 위원장이나 간사에 여성을 할당하도록 당에서 사전 조정하는 작업이 요구된다.

바. 정당 내 여성정책자문위원회 설치

국회 내 성 인지적 의정활동을 강화하기 위하여 정당 내 국회의원 여성정책자문기구로 변호사, 여성경제지도자, 여성문제전문가, 시민단체 활동가 등으로 구성된 여성정책자문위원회를 두어 여성정책 의정활동의 성 인지성을 확대하는 것이 필요하다. 자문기구를 통하여 여성정책관련법률안 제정시 타당성 여부와 함께 성 인지성 제고를 가능케 하는 정책을 만들 수 있을 것이다.

사. 여성정책관련 연수기회의 확대 및 여성보좌진의 적극적 활용 권고

향후 국회의원의 성 인지성 증진을 위해서는 국회의원에 대한 조사결과에서도 볼 수 있듯이, 여성정책관련 연수기회를 늘리고 여성보좌진의 적극적 활용을 권장하는 것이 필요하다. 조사결과에서는 여성정책관련 교육연수를 경험했다고 응답한 남성의원이 55%, 여성의원이 84.6%로 나타났다. 교육연수의 내용은 주로 정책의 양성평등 관점, 한국 여성의 지위 현황, 성희롱·성폭력 방지 등의 내용이 주를 이룬 것으로 보이나, 구체적인 교육프로그램이나 범위, 교육받은 시기 등까지 조사하지 못한 한계가 있었다. 또한 여성 보좌진의 활용과 담당업무에 대해서는 여성정책관련 업무를 맡긴다는 의원이 남성 11.6%, 여성 73.1%로 여성의원이 여성정책관련 업무를 수행하는 데 여성보좌진을 훨씬 많이 활용하고 있는 것을 알 수 있었다. 여성보좌진의 활용 문제도 기본적으로 국회의원들의 여성정책에 대한 지식과 관심이 증대해야 해결되는 것이므로, 가장 근본적으로는 여성정책관련 연수의 범위와 내용을 넓히는 것이 시급하다고 할 수 있다. 각국의 정부가 공공부문 종사자들에게 젠더훈련을 하도록 권고한 여성차별철폐협약(5조)에 근거하여 현재 중앙 및 지방정부 공무원에 대해서는 성 인지력 향상 교육이 실시되고 있는 것과 마찬가지로 국회의원에 대한 교육연수도 시행되어야 할 것이다.

3. 여성단체의 역할

가. 의정감시 활동

여성단체는 현재 활동 중인 국회의원들의 의정활동을 평가하고 유권자에게 알리는 일을 할 수 있다. 이를 통하여 여성의원도 정치권에서 남성의원에게 뒤떨어지지 않고 우수하게 정치적 능력을 발휘하고 있다는 점을 강조하여야 한다. 그동안 여성과 정치 부문을 조화되지 않는 것으로 생각하던 고정관념을 바꿀 수 있는 성공요인으로 활용하여야 한다. 또한 남성의원 중에서 여성에게 배타적인 태도로 여성주민의 의견을 무시하거나 여성을 위한 사업을 반대하는 사람을 찾아내는 등 구체적인 정보를 정리, 제시하여야 한다.

나. 여성의원과의 연대 및 청원소개를 통한
여성의원의 의정활동 지원

여성단체들은 여성국회의원과 연대를 가지면서 여성정책관련 분야에 대하여는 청원을 통하여 여성문제에 대한 해결을 기해나가고 여성의원들은 보다 시급하게 해결되어야 할 여성문제에 대해 여성단체와의 공조를 통해 문제해결 방안을 모색하는 것이 필요하다.

다. 각 정당의 여성의 정치참여 확대와 관련된
공약사항 점검 및 이행 촉구

여성단체들은 여성의원들이 의정활동 하는 데 있어 소수세력으로서 애로점이 크다는 점을 인식하고 선거 시 각 정당이 제시한 여성의 정치참여 공약과 관련하여 지속적으로 정당 간 대비를 통하여 여성의 정치참여 확대에 관심을 많이 가지고 있는 정당을 지지하면서 공약을 제대로 지키지 못하는 정당에 대해서는 이행을 촉구해나가야 할 것이다.

4. 언론의 역할

가. 여성의원 의정활동에 대한 긍정적인 보도
및 비판기능 강화

언론들은 여성의원들과 연계를 가지면서 여성의원들의 활동상에 대하여 세미나나 간담회를 통하여 소개할 수 있는 기회를 부여할 뿐 아니라, 특히 언론에 의정활동 지면을 할애하여 보다 여성들의 지지세력으로서 기능할 수 있도록 해야 하며, 여성정치인의 필요성을 널리 인식시켜 나가야 할 것이다.

5. 연구 및 양성평등교육기관의 역할

가. 성 주류화 관련 연구의 강화

여성단체가 운동 차원에서 여성의 정치력 향상과 지위확보에 전력투구할 수 있도록 지원해 주는 연구결과와 자료의 생산이 한국여성정책연구원을 포함한 연구기관 및 학계에서 이루어져야 한다. 최근 한국여성정책연구원을 위시한 학계에서 성 주류화와 관련된 연구를 실시하고 있으나, 앞으로는 보다 활성화되어야 할 것이다. 앞으로도 지속적으로 여성유권자 표의 조직화를 위한 전략, 기존 정치 풍토에 여성문화의 영향력 발휘를 위한 방안, 국회의원 대상 의정활동 성 분석 및 과제, 여성후보자 육성을 위한 훈련프로그램 개발, 여성에 관련된 입법을 담당하게 되는 의원들의 여성의식 조사, 여성 진출을 성공으로 이끄는 선거제도 관련법제 연구 등을 들 수 있다.

나. 공직 대상 양성평등교육의 강화 및 가이드라인 제공

본 연구결과 여성관련법안의 심의과정을 보면 남녀 의원 모두 성 인지적 의정활동이 강화되었다는 공통점을 보인다. 실제, 본 연구에서

17대 국회에 들어와 남녀 국회의원들의 양성 평등 관련 법·정책에 대한 발언 횟수는 여성의원들이 203건, 남성의원의 경우 176건으로 과거에 비해 남성의원의 성 인지성이 강화되었음을 볼 수 있었다. 아울러 여성의제도 과거 주로 노동, 복지, 보육, 가족 등의 이슈에서 여성 농업인 육성, 여경 및 여군정책, 저출산 고령화 문제, 세법문제, 생명윤리, 호주제폐지 및 성매매방지 관련 내용 등 최근의 사회문제의 해결방안을 모색하기 위한 많은 것으로 나타나 바람직한 모습을 보이고 있었다. 그러나 여성의원들의 경우 보다 구체적인 정책질의와 대안을 제시하는 반면, 남성의원들의 경우에는 여성친화적인 일반적 발언이 주를 이루고 있었다. 또한 호주제와 같이 논란이 있는 법안의 경우에는 여성의원들은 적극적으로 여성을 옹호하는 반면, 남성의원들은 중립적이거나 수동적 지지에 그치는 경향이 나타나고 있다. 그리고 여성관련법률안 발의 현황에서 남녀 의원 모두 다양한 상임위원회에서 소관 법률에 관한 제·개정 법률안을 발의하고 있었지만, 여성의원의 경우 전체의 70%가 참여하고 있었으며, 남성의원의 경우 16.8%만이 참여하고 있었다. 따라서 남녀 의원을 대상으로 보다 성 인지적 의정활동을 담보하기 위하여서는 1994년부터 스웨덴 정부가 정부 부처 장관, 언론 보좌관, 정치 자문, 정부 부처 직원, 기타 공공기관 직원, 중앙정부위원회와 조사위원회 위원을 대상으로 성 평등에 대한 교육을 실시하고 있는 것처럼 한국양성평등교육진흥원에서는 국회의원, 지방의회 의원, 장관 등을 대상으로 한 양성평등의식교육을 강화하는 것이 필요하다. 국회 사무국은 1년에 상반기, 하반기 2번씩 의원을 대상으로 연수를 실시하고 있는데, 이때 반드시 정책에 대한 양성평등의식교육을 포함시켜야 한다. 장기적으로는 국회의원들이 의무적이고 정기적으로 성 인지 교육을 받을 수 있도록, 관련법을 제정하고 양성평등교육진흥원과 같은 교육기관을 통하여 남녀 의원들을 대상으로 성 인지 교육을 강화한다면 여성정책을 입안하는 데 있어 현재 여성의원들이 감당해 나가야 하는 관행적이고, 부당한 문제들을 해소시켜 나갈 수 있을 것이다. 아울러, 성 인지적 관점의 입법활동 지원을 위한 가이드 라인을 개발하여 제공하는 것이 필요하다.

결　론 

본 연구에서는 남녀 국회의원 의정활동 성차 및 성 인지성에 관한 이론적 고찰과 함께 17대 남녀 국회의원을 대상으로 ① 남녀 의원의 여성의제/여성정책/여성관련법안 등에 대한 관심도 조사를 통하여 국회의원의 성 인지성을 조사하고, ② 속기록 분석을 통하여 17대 국회의원의 상임위원회 의정활동 평가에 따른 의정활동의 성차를 발견하였다. 그리고 우리에게 시사점을 줄 수 있는 외국 사례연구로서 미국, 스웨덴 학자를 초청하여 국제세미나를 개최하였다. 이를 바탕으로 남녀 국회의원의 성 인지성 증진 방안을 제시하였다.

그 결과 Ⅲ장에서 보았듯이 297명의 남녀 국회의원 전원을 대상으로 조사한 결과 젠더(gender)가 정책태도와 우선순위 그리고 의원 역할에 이르기까지 전반적으로 영향을 미친 것으로 나타났다. 실제 그 내용을 정리하면 다음과 같다. 첫째로, 여성의원은 이념성향이 남성에 비해 진보적이며, 의원역할 유형에서도 의회/정책입안형 역할과 정당/시민단체 충성형 역할에 보다 높은 정향을 보이고 있었다. 둘째, 일반 정책 우선순위에 있어 남성의원은 경제성장, 외교/안보/통상 문제에 우선순위를 두고 있었고, 여성의원의 경우 양극화 문제, 여성/노동, 교육문제에 우선순위를 나타내고 있어, 정책대상에 있어 여성문제에 대한 중요성이 높게 나타나는 것으로 볼 수 있었다. 셋째, 여성의원들은 법안발의, 통과된 법안에서 남성보다 우세한 것으로 나타나 의정활동 또한 성실하게 이행하고 있는 것으로 나타났다. 넷째, 남녀 의원 간 양성평등의식에 있어서도 차이를 보이고 있었다.

Ⅳ장에서는 여성의원의 증가가 국회와 국회의원의 입법활동에 어떤 영향을 미쳤는가를 살펴보았는데, 역시 젠더(gender)가 법률안 발의 건수 및 여성관련법률안의 제안 및 내용에도 영향을 미친 것으로 나타났다. 실제 그 내용을 요약 정리하면 다음과 같다. 첫째, 여성의원의

204

증가는 상임위원회의 여성의원비율을 높이고, 과거 여성의원의 참여가 저조했던 위원회에도 다수 참여하게 함으로써 전체 법률안 발의 건수의 증가와 함께 전체 상임위원회별로 여성의원이 발의한 법률안이 없는 위원회가 없을 정도로 법률안 발의 분야도 다양하였다. 둘째, 국회의원 1인당 여성관련 법률안 발의 건수가 여성의원의 경우 2.23건, 남성의원의 경우 0.3건으로 여성의원이 더 적극적으로 법률안 발의에 참여하고 있었다. 셋째, 남녀 의원들이 발의한 여성관련법률안의 내용을 분석해 본 결과, 남녀 의원들이 발의한 여성관련법률의 범위가 새로운 사회문제 등을 반영하여 범위가 보다 확대되고 있었다는 점이다. 17대 국회의 경우 과거 여성문제로 특화되어 있던 노동, 복지, 보육, 가족 등의 영역에 머무르지 않고, 저출산, 고령화, 이혼율 증가, 세법문제, 생명윤리, 국제결혼가족문제, 성폭력문제 등 최근의 사회문제의 해결방안을 모색하기 위한 법률안들이 발의되었다. 또한 법률안 발의와 관련하여 남녀 의원의 성 인지적 관점의 반영이 상당히 이루어지고 있다는 긍정적인 측면이 있었지만, 한편으로는 여성관련법률안의 발의에 있어 성 인지적 관점의 반영에 미흡한 점도 발견되었다. 따라서 연구목적과 관련하여 남녀 국회의원들의 성 인지성 증진 방안을 마련하는 것이야말로 중요한 과제임을 제시해주었다.

V장의 외국 사례에서 볼 수 있듯이 국회의원 여성의원 수와 젠더이슈에 대한 관심은 커다란 밀접성이 있는 것으로 나타났다. 미국의 경우 공공기관에서 여성의 비율을 높이는 것은 특히 여성과 관련된 법안과 가족 및 아동에 관련된 문제를 표출하는 법안이 입법과정에 의해 통과되는 비율을 증가시키는 것으로 여성의 정치참여 확대를 위하여 지방과 전국 단위 규모의 거대한 프로젝트와 더불어 여성지도자, 캠페인 관리자의 중요성을 강조하면서 정치적 네트워크, 멘토 프로그

램의 중요성을 강조하였다. 스웨덴의 경우도 여성의원 수가 세계에서 가장 많은 47%의 비율을 차지하면서, 1994년 이후부터 스웨덴 정부는 매년 연간국가정책 보고를 통해, 성 평등이 정부 정책 모든 분야에 통합되어야 한다는 정치적 합의를 강조하고 있다. 이때부터, 성 인지적 관점이 정부 정책에 스며들 수 있도록 하는 특별 대책이 마련되었다. 그럼에도 불구하고 여전히 여성의원의 수 확대의 중요성을 강조하고 있다.

Ⅵ장에서는 이상의 연구결과를 토대로 남녀 의원의 성 인지성 증진 방안을 제시하였다. 그 내용은 다음과 같다.

첫째, 여성의원의 역할로서 ① 여성의원 협의체 구성을 통한 여성들의 정치적 능력 향상과 여성정책 연구모임체의 활성화를 통한 남녀 의원의 성 인지성 확대이다. ② 여성의원들의 여성단체들과의 유기적 관계를 통한 상호 지원관계의 유지이다.

둘째, 정당의 역할로서 ① 국회 및 지방의회 지역구 30% 여성후보 공천할당제 의무제로 개선, ② 공천과정 및 공천심사위원회에 일정 비율 여성참여 의무화 제도 도입, ③ 여성의원 육성을 위한 멘토 프로그램(Mentorship Program) 운영, ④ 선거보조금의 10%를 여성정치발전 기금에 포함 여성후보의 선거비용 지원, ⑤ 상임위원회 위원장 및 간사에 여성의원 우선권 부여, ⑥ 정당 내 여성정책자문위원회 설치, ⑦ 여성정책관련 연수기회의 확대 및 여성보좌진의 적극적 활용 권고이다.

셋째, 여성단체의 역할로서 ① 의정감시 활동 강화, ② 여성의원과의 연대 및 청원소개를 통한 여성의원의 의정활동 지원, ③ 각 정당의 여성의 정치참여 확대와 관련된 공약사항 점검 및 이행촉구 등이다.

넷째, 언론의 역할로서 여성의원 의정활동에 대한 긍정적인 보도 및 비판기능 강화이다.

다섯째, 연구 및 양성평등교육기관의 역할로서 ① 성 주류화 관련 연구의 강화, ② 공직 대상 양성평등교육의 강화 및 가이드라인 제공 이다.

결국 남녀 의원의 성 인지성 증진을 위하여서는 지속적으로 여성의 정치참여 확대를 위한 세력화 노력과 함께 남녀 의원에 대한 성 인지 성 확대를 위한 지속적인 교육이 필요하다고 하겠다.

참고
문헌

〈국 문〉

21세기여성정치연합. 2005. 「여성국회의원의 의정활동과 여성정책 발전-17대 국회 여성의원활동을 중심으로」.

국회 문화관광위원회. 2006.4. 「음악산업진흥법안 심사보고서」.

국회 재정경제위원회. 2006.2. 「소득세법 일부개정안 심사보고서」.

김경희. 2005. "여성정책 발전을 위한 정당의 역할과 과제", 「한국 정당의 여성정책 개발과 전망」, 여성정책 토론회 자료집, 중앙선거 관리위원회.

__________. "여성정책 발전을 위한 정당의 역할과 과제" 「한국 정당의 여성정책 개발과 전망」. 여성정책 토론회 자료집.

김민정 · 김원홍 · 이현출 · 김혜영. 2003. "한국여성유권자의 정책지향적 투표 행태", 『한국정치학회보』 37집 3호.

김상희. 2003. "16대 국회 여성정책 모니터링을 통해 본 여성정치참여 확대 방안", [국회를 어떻게 바꿀 것인가] 자료집, 한국여성단체연합.

김성철, 장석영, 강여진. 2000. "국회 예산심의의 결정요인에 관한 실증분석", 「한국행정학보」 34집 2호, 한국행정학회.

김양희 외. 2004. 『성 인지 정책 지침 개발』, 여성부.

김원홍, 김민정, 이현출, 김혜영. 2003. 「지방의회 여성의원의 국회진출 활성화 방안」, 국회 여성위원회.

김원홍, 김은경. 2004. 「17대 총선과 여성후보 선거과정에 관한 연구」, 한국여성개발원.

김원홍, 김혜영, 김은경. 2000. 「정당의 여성당직자 확대방안」, 한국여성개발원.

김원홍, 김혜영, 김은경. 2002. 「정당의 여성공천할당제 활성화 방안」, 한국여성개발원.

김원홍 · 이현출 · 김은경. 2007. 2.「여성의원이 국회를 변화시키는가?」 「한국정당학회보」 제6권 1호.

김원홍. 2001. "해방 후 한국여성의 투표성향에 관한 연구", 「여성연구」 통권 61호,

한국여성개발원.

김원홍. 2003. "한국여성의 투표행태에 관한 연구", 「여성연구논집」 제14집, 신라대학교.

김형준. 2004. "17대 국회 국정감사 평가: 의원 국감 활동평가 여론조사를 중심으로", 국회여성정책포럼 발표논문.

김형준. 2004. "한국의 여성정책: 민주화 이후 여성 정치의식과 참여의 변화", 한국정치학회 연례학술회의 발표논문.

김형준. 2005. "여성 국회의원의 의정활동 결정 요인 분석과 여성정책 발전", 21세기 여성정치연합 창립 5주년 기념 토론회 발표논문.

대한민국 국회. 「16대 · 17대 국회 본회의 회의록」.
    http://www.assembly.go.kr.

대한민국 국회. 「16대 · 17대 국회 상임위원회 회의록」.
    http://www.assembly.go.kr.

대한민국 국회. 17대 국회 본회의 속기록

대한민국 국회. 17대 국회 상임위원회 속기록

대한민국 국회. 『국회 의안정보시스템』. www.search.assembly.go.kr/bill.

문경희. 2007. '여성과 정치 그리고 할당제', 페미니즘 연구, 7.

문화관광위원회. 2006. 「음악산업진흥법안 심사보고서」.

박숙자. 2004. "한국의 여성정책과 제17대 국회의 입법과제." 국회여성정책포럼 제4차 토론회 자료집.

박숙자 · 김혜숙. 1999. "여성정책에 관한 남녀 국회의원의 관심 및 기여도 비교분석—제15대 국회 속기록을 중심으로—".

박찬욱. 1995. "한국 의회정치의 특성", 『의정연구』 1권 1호. 한국의회발전연구회.

손봉숙 · 조기숙. 1995. 『지방의회와 여성엘리트』, 서울: 집문당.

여성가족부. 2006. 「참여정부 여성 · 가족정책」

여성정치세력민주연대. 2005. 11. 「17대국회 2년차 의정모니터 보고서」.

___________. 2005. 17대 국회 여성의원 1년을 말하다: "여성의원들, 배지 값 했다", 「여세연 의정모니터 평가서」.

유병곤. 2006. 『갈등과 타협의 정치: 민주화 이후 한국의회정치의 발전』.
　　　서울: 오름.
윤종빈. 2004. "16대 국회의원 역할유형과 지역구활동", 『한국정치학회보』
　　　38집 5호.
이범준. 1997. "21세기 정치와 여성", 「21세기 정치와 여성」, 서울: 나남.
이현우. 2002. "여성의 정치대표성과 정당요인: 미국과 호주의 경우", 『국
　　　제정치논총』 제42집 3호.
이현우. 2006. "위원회 운영과 대표성: 다수결과 다원적 논의", 한국정치학
　　　회 하계학술대회 자료집.
이현출. 2000. "무당파층의 투표행태", 「한국정치학회보」 34집 4호.
임종인. 2007. "형법개정안(성폭력부분) 공청회 토론문", 「성폭력관련 형법
　　　개정안 공청회」 자료집. 2007. 2. 8.
정종섭. 1992. "우리나라 입법과정의 문제상황과 그 대책", 『법과사회』 6호.
　　　법과사회이론연구회.
조관식. 2002. "국회의원 상임위 활동에 관한 연구: 15대 및 16대 국회를
　　　중심으로".
조기숙. 2000. "한국의 여성정책결정과정 연구". 이범준 외. 「21세기 정치와
　　　여성」. 서울: 나남.
조기숙. 2002. "한국여성의 투표행태와 여성정책", 「의정연구」.
최민자. 2000. "여성정책과 미래", 이범준 외. 「21세기 정치와 여성」, 서울: 나남.
한국여성개발원 성 인지 예산 연구단. 2007. "성 인지 예산분석 기법 개발
　　　및 제도적 인프라 구축방안 연구", 착수보고.
한국여성유권자연맹. 1992. "제13대 국회의원들의 의회활동에 관한 조사연구".
한국유권자운동연합 의정평가단. 1999. "제3차 국회의정활동 평가서-15대,
　　　1998년도", 서울: 금문당.
한국유권자운동연합 의정평가단. 2000. "제4차 국회의정활동 평가서-15대,
　　　1999년도", 서울: 금문당.
한국유권자운동연합 의정평가단. 2001. "제5차 국회의정활동 평가서-16대,
　　　2000년도", 서울: 금문당.

황아란. 2002. "지방선거의 정당공천: 경선제 도입의 문제점과 개선방향", 지방행정연구원. 『지방행정연구』 16권 제1호.
황아란. 2007. 5. 「지방의원선거의 여성참여와 정당공천: 부산시 사례를 중심으로」 《21세기정치학회보》 제17집 1호.

〈영 문〉

Andersen, Kristi. 1997. Gender and Public Opinion, In Barbara Norrander and Clyde Wilcox, eds. Understanding Pubic Opinion. Washington, D. C.: Congressional Quarterly, Inc.

Barrett, Edith J. 1995. The Policy Priorities of African American Women in State Legislatures. Legislative Studies Quarterly 20: 223-247.

Boles, Janet. 2001. Local Elected Women and Policymaking: Movement Delegates or Feminist Trustees. In Susan J. Carroll, ed. The Impact of Women in Public Office. Bloomington: Indiana University Press.

Bystydzienski, Jill M. 1992. 'Influence of Women's Culture on Public Policy in Norway'. In Bystydzienski, Jill M. ed., Women Transforming Politics. Bloomington, In: Indiana University Press: 11-23.

Caiazza, Amy. 2004. Does Women's Representation in Elected Office Lead to Women-Friendly Policy? Analysis of State-Level Data. Women & Politics, 26(1): 35-65.

Caizza, Amy. 2002. "Does Women's Representation in Elected Office Lead to Women-friendly Policy", Institute for Women's Policy Research [Research-in-Brief].

Carroll, Susan J. 1994. Women as Candidates in American Politics, 2d ed., Bloomington: Indiana University Press.

Carroll, Susan J. 2000. Representing Women: Congresswomen's Perceptions of Their Representational Roles. Presented at "Women Transforming Congress: Gender Analyses of Institutional Live", Carl Albert Congressional Research and Studies, University of Oklahoma, April 13-15.

Carroll, Susan J. 2001. The Impact of Women in Public Office. Bloomington: University Press.

Carroll, Susan J. and Debra L. Dodson. 1991. Introduction: 1-11. In Debra L. Dodson, ed., Gender and Policymaking: Studies of Women in Office. CAWP, Eagleton Institute of Politics, Rutgers, The State University of New Jersey.

Center for the American Woman and Politics. 1997. Fact Sheet: The Gender Gap: Attitudes on Public Policy Issues. New Brunswick: Rutgers, The State University of New Jersey, Center for the American Woman and Politics.

Center for the American Woman and Politics. 2006. Fact Sheet: Women in Elective Office 2006. New Brunswick: Rutgers, The State University of New Jersey, Center for the American Woman and Politics.

Chaney, Carole Kennedy, R. Michael Alvarez and Jonathan Nagler. 1998. "Explaining the Gender Gap in U.S. Presidential Elections, 1980~1992", Political Research Quarterly, 51(2).

Chaney, Carole Kennedy, R. Michael Alvarez, and Jonathan Nagler. 1998. Explaining the Gender Gap in US Presidential Elections, 1980~1992. Political Research Quarterly, 51(3): 311-339.

Dahlerup, D. 1989. "From a Small to Large Minority: Women in Scandinavian Politics", Scandinavian Political Studies, 11(2).

________, D. 2003. "Comparative Studies of Electoral Gender Quotas", Paper presented at International IDEA Workshop, Lima, 23-24

Feburary 2003.

Dalton, Russell J. 2006. Citizen Politics. Washington, D. C.: CQ Press.

Davidson, Roger H. and Walter J. Oleszeck. 1996. Congress and Its Members. Washingtton D.C.: CQ Press.

Dodson, Debra, et al. 1995. Voices, Views, Votes: The Impact of Women in the 103rd Congress. CAWP, Eagleton Institute of Politics, Rutgers, The State University of New Jersey.

Flammang, Janet A. 1997. Women's Political Voice: How Women are Transforming the Practice and Study of Politics. Philadelphia: Temple University Press.

Gertzog, Irwin N. 1995. Congressional Women: Their Recruitment, Integration, and Behavior. Westport, Connecticut: Praeger.

Hawkesworth, Mary, Kathleen J. Casey, Krista Jenkins, and Katherine E. Kleeman. 2001. Legislating By and For Women: A Comparison of the 103rd and 104th Congresses. CAWP, Eagleton Institute of Politics, Rutgers, The State University of New Jersey.

Inglehart, Ronald and Pippa Norris. 2003. Rising Tide: Gender Equality and Cultural Change around the World. Cambridge: Cambridge University Press.

Jewell, Malcolm and Marcia Lynn Whicker. 1994. Legislative Leadership in the American States. Ann Arbor: University of Michigan Press.

Jeydel, Alana and Andrew J. Taylor. 2003. Are Women Legislators Less Effective? Evidence from the U. S. House in the 103rd−105th Congress. Political Research Quarterly, 56(1): 19−27.

Kanter, Rosabeth Moss. 1977. Men and Women of the Corporation. New York: Basic Books.

Kathlene, Lyn. 1995. Alternative Crime: Legislative Policymaking in Gendered Terms. of Politics, 57: 696−723.

Kathlene, Lyn. 1999. In a Different Voice: Women and the Policy Process.

In Sue Thomas and Clyde Wilcox, eds. Women and Elective Office: Past, Present, and Future. Boulder, CO: Westview Press.

Kathlene, Lyn. 2001. Words that Matter: Women's Voice and Institutional Bias in Public Policy Formation. In Susan J. Carroll, ed. The Impact of Women in Public Office. Bloomington, Indiana University Press.

Kaufmann, Karen. 2002. Culture Wars, Secular Realignment, and the Gender Gap in Party Identification. Political Behavior, 24: 283-306.

Mandel, Ruth and Debra L. Dodson. 1993. Do Women Officeholders make a Difference? In Paula Ries and Anne J. Stone, eds., The American Woman, 1992~1993. New York: Norton.

Mazur, Amy G. 2002. Theorizing Feminist Policy, Oxford: New York: Oxford University Press.

Mezey, Susan Gluck. 1994. Increasing the Number of Women in Office: Does It Matter? Elizabeth Adeli Cook, Sue Thomas, and Clyde Wilcox, eds. The Year of the Woman: Myths and Realities. Boulder, Co: Westview Press.

Mueller, Carol M., ed. 1988. The Politics of the Gender Gap: the Social Construction of Political Influence. London: Sage Publications.

Norris, Pippa and J. Lovenduski. 1995. Political Recruitment. Cambridge: Cambridge University Press.

Norris, Pippa and Joni Lovenduski. 1993. Gender and Party Politics in Britain: 35-59. In Joni Lovenduski and Pippa Norris, eds., Gender and Party Politics. London: Sage Publications.

Norton, Noelle H. 1999. Uncovering the Dimensionality of Gender Voting in Congress. Legislative Studies Quarterly, 24(1): 65-86.

O'Connor, Karen. 2005. Do Women in Local, State, and National Legislative Bodies Matter?: A Definite Yes Proves Three Decades of Research By Political Scientists. In The White House

Project Research. http://www.thewhitehouseproject.org.

Oskarson, Maria & Wängnerud, Lena. 1995. 'Kvinnor som väljare och valda' Women as electors and electees. Lund: Studentlitteratur.

Poggione, Sarah. 2004. Exploring Gender differences in State Legislators' Policy Preferences. Political Research Quarterly, 57(2): 305-314.

Reingold, Beth. 1992. Concepts of Representation among Female and Male State Legislators. Legislative Studies Quarterly, 17(4): 509-537.

Rosenthal, Cindy Simon. 1998. When Women Lead: Integrative Leadership in State Legislatures. Oxford, New York: Oxford University Press.

Saalfeld, Tomas. 1998. The German Bundestag: Influence and Accountability in a Complex Environment, P. Norton ed., Parliaments and Governments in Western Europe, London: Frank Cass.

Sainsbury, Diane. 1993. 'The Politics of Increased Women's Representation: the Swedish Case'. In Lovenduski, Joni & Pippa Norris eds., Gender and Party Politics. London: SAGE Publications: 263-290.

Saint-Germain, Michelle A. 1989. Does Their Difference Make a Difference? The Impact of Elected Women on Public Policy in Arizona. Social Science Quarterly, 70(4): 956-68.

Sapiro, V. 1981. 'When Are Interests Interesting?' American Political Science Review.

Searing, Donald D. 1994. Westminster's World: Understanding Political Roles. Cambridge, Mass.: Harvard University Press.

Seltzer, Richard a., Jody Newman, and Melissa Voorhees Leighton. 1997. Sex as a Political Variable: Women as Candidates and Voters in U.S. Elections. Boulder: Lynne Rienner Publishers.

Shapiro, Robert and Harpreet Mahajan. 1986. Gender Differences and Preferences: a Summary of Policy Preferences from the 1960s to the 1980s. Public Opinion Quarterly, 50: 42-61.

Skard, T. & E. Haavio-Mannila. 1985. 'Women in Parliament' in E. Haavio-Mannila et al, Unfinished Democracy: Women in Nordic Politics. London: Pergamon Press.

Stanley, Jeanie R. and Diane D. Blair. 1991. Gender Differences in Legislative Effectiveness: The Impact of the Legislative Environment: 115-129. In Debra L. Dodson, ed., Gender and Policymaking: Studies of Women in Office. CAWP, Eagleton Institute of Politics, Rutgers, The State University of New Jersey.

Stetson, Dorothy M. (ed). 2001. 'Abortion Politics, Women's Movements and the Democratic State: A Compartative Study of State Feminism. Oxford: Oxford University Press.

Studlar, Donley T., Ian McAllister, and Alvaro Ascui. 1988. Electing Women to the British Commons: Breakout from the Beleaguered Beachhead? Legislative Studies Quarterly, 13(4): 515-528.

Swers, Michele L. 1998. Are Women More Likely to Vote for Women's Issue Bills than Their Male Colleagues? Legislative Studies Quarterly, 23(3): 435-448.

Swers, Michele L. 2002. The Difference Women Make: The Policy Impact of Women in Congress. Chicago and London: The University of Chicago Press.

Tamerius, Karin L. 1995. Sex, Gender, and Leadership in the Representation of Women, pp. In Georgia Duerst-Lahti and Rita Mae Kelly, eds. Gender Power, Leadership, and Governance. Ann Arbor: University of Michigan Press.

Thomas, Sue and Susan Welch. 2001. 'The Impact of Women in State Legislatures: Numerical and Organizational Strength'. In Carroll, Susan J., The Impact of Women in Public Office. Bloomington and Indianapolis: Indiana University Press.

Thomas, Sue. 1991. The Impact of Women on State Legislative Policies.

Journal of Politics, 53(4): 958-976.

__________. 1994. How Women Legislate. Oxford, New York: Oxford University Press.

__________. 2005. Cracking the Glass Ceiling The Status, Significance, and Prospects of Women in Legislative Office: 242-263. In Sue Tolleson-Rinehart and Jyl J. Josephson, eds., Gender and American Politics, Revised and Expanded, 2nd Edition. Armonk, New York: M.E. Sharpe.

Tolleson Rinehart, Sue. 1991. Do Women Leaders Make a Difference?: Substance, Style and Perceptions, pp.93-102. In Debra L. Dodson, ed., Gender and Policymaking: Studies of Women in Office. CAWP, Eagleton Institute of Politics, Rutgers, The State University of New Jersey.

Vega, Arturo and Juanita M. Firestone. 1995. The Effects of Gender on Congressional Behavior and the Substantive Representation of Women. Legislative Studies Quarterly, 20(2): 213-222.

Wängnerud, Lena. 2000. 'Testing the Politics of Presence: Women's Representation in the Swedish Riksdag'. Scandinavian Political Studies, 23(1): 67-91.

__________. 2005a. Sweden: A Step wise Development. Women in Parliament: Beyond Numbers. Stockholm: IDEA. http://www.idea.intpublications/wip2/upload /Sweden.pdf

__________. 2005b. Gender Structures in Parliament: Causes and Consequences. European Consortium of Political Research, Budapest 8-9 September 2005. http://www.essex.ac.uk/ecpr/events/generalconference/ budapest/papers/symposia/1/wangnerud.pdf

Welch, Susan. 1985. Are Women More Liberal than Men in the U.S. Congress? 10(1): 125-134.

부 록

<부록 1>

17대 국회의원 대상 여성의제 및
여성정책에 대한 설문조사

한국여성개발원은 국무총리실 산하 경제인문사회연구회 소속 정부 출연연구기관입니다. 본원은 2006년도 학술진흥재단 협동연구사업의 일환으로 17대 남녀 국회의원 299명 전체를 대상으로 여성의제 및 여성정책에 대한 인식을 알아보고자 합니다.

조사결과는 국회의원의 성 인지성 확보를 지원하기 위한 기초 자료로 활용될 것입니다. 바쁘시더라도 의원님의 고견을 주시면 여성정책 발전에 큰 도움이 될 것입니다.

본 조사는 익명으로 처리되며, 학술연구 목적으로만 활용될 것임을 약속드립니다.

감사합니다.

2006. 8.
한국여성개발원 연구팀 일동

연구책임자: 김원홍 (한국여성개발원 연구위원)
공동연구자: 윤덕경 (한국여성개발원 연구위원)
　　　　　　김은경 (한국여성개발원 전문연구원)
　　　　　　이현출 (국회도서관 입법정보연구관)
　　　　　　최정원 (연세대학교 동서문제연구원 연구교수)

(연락처: 02-3156-7101, 7102, 7107.)

〈양성평등 의식 및 인식〉

1. 다음의 주장에 대해 의원님의 동의하는 정도에 V 표를 하여 주십시오.

		전혀 동의 하지 않는다	별로 동의 하지 않는다	그저 그렇다	대체로 동의 한다	매우 동의 한다
1)	가사노동의 가치를 측정할 수 있는 지표가 개발되어야 한다.	1	2	3	4	5
2)	이혼이나 사고 시 전업주부의 재산분할 인정분 및 보상기준에 대한 가사노동 가치를 반영한다.	1	2	3	4	5
3)	남성은 가족부양자, 여성은 가사책임자라는 이분법적 역할구조는 바뀌어야 한다.	1	2	3	4	5
4)	남아선호는 없어져야 한다.	1	2	3	4	5
5)	보육은 정부가 책임져야 한다.	1	2	3	4	5
6)	노인 돌봄은 정부가 책임져야 한다.	1	2	3	4	5
7)	임신과 출산은 개인의 문제만으로 볼 수 없으므로 정부가 비용을 부담할 필요가 있다.	1	2	3	4	5
8)	저출산문제의 해결을 위하여 아동수당제도가 도입되어야 한다.	1	2	3	4	5
9)	다양한 형태의 가족도 인정되어야 한다.	1	2	3	4	5
10)	주택분양이나 세금제도가 가족중심으로 되어 있어서 독신자에게 부당하다.	1	2	3	4	5
11)	여성친화적 기업운영을 지향하는 제도가 마련되어야 한다.	1	2	3	4	5
12)	여성인력의 전문화에 대한 체계적인 관리와 지원이 필요하다.	1	2	3	4	5
13)	남녀가 전통적인 성 역할보다는 개인의 적성에 맞는 다양한 분야에 참여해야 한다.	1	2	3	4	5
14)	사회 전반에 여성의 참여가 균등하게 이루어지기 위해서 할당제를 포함한 적극적 조치가 필요하다.	1	2	3	4	5

		전혀 동의 하지 않는다	별로 동의 하지 않는다	그저 그렇다	대체로 동의 한다	매우 동의 한다
15)	정부 정책을 세울 때 남성과 여성 각각에 미칠 영향을 고려해야 한다.	1	2	3	4	5
16)	법령이나 조례를 제정할 때 성차별적인 내용이 없는지 검토해야 한다.	1	2	3	4	5
17)	중앙이나 지방자치단체의 여성정책을 다루는 행정기구의 권한과 예산이 지금보다 커져야 한다.	1	2	3	4	5

〈여성정책관련법제도 개선 내용에 대한 인식 정도〉

2. 의원님께서는 다음의 여성정책관련 제도의 변화에 대해 어느 정도 알고 계십니까?

		전혀 모른다	조금 아는 편이다	잘 아는 편이다	매우 잘 아는 편이다
1)	건강가정기본법	1	2	3	4
2)	성매매방지법(성매매알선등행위의처벌에관한법률, 성매매방지및피해자보호등에관한법률)	1	2	3	4
3)	호주제폐지	1	2	3	4
4)	정당법개정을 통한 비례대표후보의 여성 50%공천	1	2	3	4
5)	남녀차별금지및구제에관한법률 폐지	1	2	3	4
6)	여성과학기술인육성및지원에관한법률	1	2	3	4
7)	여성기업인지원에관한법률	1	2	3	4
8)	국공립대 여교수 채용목표제	1	2	3	4
9)	여성농어업인 육성법	1	2	3	4
10)	가정폭력특별법(가정폭력범죄의처벌등에관한특례법, 가정폭력범죄의방지및피해자보호등에관한법률)	1	2	3	4

		전혀 모른다	조금 아는 편이다	잘 아는 편이다	매우 잘아는 편이다
11)	성폭력특별법(성폭력범죄의처벌및피해자 보호등에관한법률)	1	2	3	4
12)	모·부자복지법	1	2	3	4
13)	남녀고용평등법	1	2	3	4
14)	군가산점제 폐지	1	2	3	4
15)	영유아보육법	1	2	3	4
16)	여성발전기본법	1	2	3	4

〈여성지위에 대한 평가〉

3. 의원님께서는 10년 전(1995년)*과 비교할 때 현재 우리나라 여성지위가 다음의 측면에서 어느 정도 향상되었다고 보십니까?

	전혀 향상 되지 않았다	별로 향상 되지 않았다	그저 그렇다	약간 향상 되었다	매우 향상 되었다
1) 법과 제도 정비	1	2	3	4	5
2) 가족 내 남녀평등	1	2	3	4	5
3) 교육기회 증진	1	2	3	4	5
4) 경제활동 참여	1	2	3	4	5
5) 정치 및 공직 참여	1	2	3	4	5
6) 사회문화 참여	1	2	3	4	5
7) 시민사회활동(NGO)	1	2	3	4	5
8) 인적 자원개발	1	2	3	4	5

* 1995년은 여성발전기본법이 제정된 해임.

4. 의원님께서는 우리나라 여성정책 전반에 대하여 어떻게 평가하십니까?

　① 기대한 만큼의 성과가 전혀 없었다

　② 기대한 만큼의 성과가 별로 없었다

　③ 과거와 비교해서 별로 차이가 없다

　④ 기대한 만큼의 성과가 약간 있었다

　⑤ 기대한 만큼의 성과가 매우 있었다

5. 최근 여성이 국무총리 등 고위공직에 임명되고 있는 것과 관련하여 어느 정도 찬성하십니까?

　① 전혀 찬성하지 않는다

　② 별로 찬성하지 않는다

　③ 그저 그렇다

　④ 약간 찬성한다

　⑤ 매우 찬성한다

6. 그렇다면, 향후 여성대통령이 출현한다는 것에 대하여 어느 정도 찬성하십니까?

　① 전혀 찬성하지 않는다

　② 별로 찬성하지 않는다

　③ 그저 그렇다

　④ 약간 찬성한다

　⑤ 매우 찬성한다

〈여성정책 현안 및 추진〉

7. 의원님께서는 현재 시점에서 가장 중요하다고 생각하는 여성정책 여 주십시오.
 (우선순위대로)

① __________   ② __________   ③ __________

> 예: ① 공직에의 여성의 대표성 확대, ② 여성의 인적 자원개발 지원을 위한 기구 및 정책개선, ③ 여성의 취업 확대를 위한 법제 및 인프라 구축, ④ 취약계층 여성의 직업능력 개발 및 취업촉진, ⑤ 보육시스템 구축, ⑥ 가족정책 수립 및 가족지원 서비스 강화, ⑦ 소외여성에 대한 복지서비스 확대, ⑧ 저출산 문제 해결, ⑨ 어르신에 대한 돌봄노동의 사회화 강화, ⑩ 가정 및 성폭력 예방, 피해여성 지원, ⑪ 시민양성평등의식 향상, 성차별문화 개선, ⑫ 여성의 사회·문화활동 역량 강화, ⑬ 기타(구체적으로 적어주세요)

8. 여성정책을 추진할 수 있는 힘으로서 가장 중요한 것은 무엇이라고 보십니까?
 ① 국회 여성의원의 수적 증가
 ② 여성정책 전담기구의 조직 및 권한 확대
 ③ 대통령의 관심
 ④ 관계기관/부처/부서의 협력
 ⑤ 기타

〈여성정책의 발전을 위한 국회 및 국회의원의 역할과 기능〉

9. 의원님은 17대 국회에서 여성정책에 대한 의견을 피력하신 경험
이 있으십니까?
　① 자주 의견을 제시하였다
　② 의견을 낸 적은 한두 번 있다
　③ 의견을 낸 적이 거의 없다
　④ 전혀 없다

10. 의원님께서 17대 국회에서 여성정책에 관하여 피력하신 의견은
주로 어떤 내용입니까?

____

____

____

11. 의원님께서는 17대 국회의원 선거에서 여성정책공약을 제시하
였습니까?
　① 예 (→ 11-1로 가시오)
　② 아니오

11-1. 의원님께서 선거기간 동안 공약으로 제시하신 여성정책 중 중요하다고 여긴 추진사항을 5가지 이내로 적어주시기 바랍니다. 추진이 안 된 경우 그 이유를 적어주시기 바랍니다.

공약사항	추진여부	추진된 배경/추진이 안 된 이유
1)	① 추진됨 ② 추진안됨 ➔	
2)	① 추진됨 ② 추진안됨 ➔	
3)	① 추진됨 ② 추진안됨 ➔	
4)	① 추진됨 ② 추진안됨 ➔	
5)	① 추진됨 ② 추진안됨 ➔	

〈정치적 태도〉

12. 의원님은 다음의 의정활동과 관련한 질문에 대해 어떻게 생각하십니까?

구　분	전혀 그렇지 않다	그렇지 않은 편이다	그저 그렇다	그런 편이다	매우 그렇다
1) 국가전체를 위한 정책대안 제시와 법제정이 국회의원의 가장 중요한 업무이다.	1	2	3	4	5
2) 지역구민을 위한 법제정, 사업 확보, 민원해결을 해결하는 것이 국회의원의 가장 중요한 업무이다.	1	2	3	4	5

구 분	전혀 그렇지 않다	그렇지 않은 편이다	그저 그렇다	그런 편이다	매우 그렇다
3) 행정부를 감시하고 견제하는 것이 국회의원의 가장 중요한 업무이다.	1	2	3	4	5
4) 중앙당 관련 활동은 국회의원의 중요한 업무이다.	1	2	3	4	5
5) 선거공영제의 성공적인 정착은 국회와 개별 의원의 자율성 확보에 중요한 수단이 될 것이다.	1	2	3	4	5
6) 상임위원회가 전문성을 확보하는 것이 우리 국회의 중요한 과제이다.	1	2	3	4	5
7) 국회의원 업무의 수행은 국민에 대한 의무감이 기초가 되어야 한다.	1	2	3	4	5
8) 정당정치 발전을 위해 의정활동 전반에서 소속정당의 입장을 반영해야 한다.	1	2	3	4	5
9) 국회의원으로서 시민단체의 의견을 반영하는 것은 중요하다고 생각한다.	1	2	3	4	5
10) 나는 재선에 큰 어려움이 없을 것이라고 생각하고 있다.	1	2	3	4	5
11) 나는 기회가 된다면 대변인, 정책위원으로 봉사하고 싶다.	1	2	3	4	5
12) 나는 기회가 된다면 사무총장 - 원내대표 - 최고위원으로 봉사하고 싶다	1	2	3	4	5
13) 나는 스스로 소속정당에서 중진의 입지라고 생각한다.	1	2	3	4	5
14) 나는 재공천에 어려움이 없을 것이라고 생각한다.	1	2	3	4	5

13. 입법활동을 하는 데 있어서 사회적 약자 또는 사회적 갈등 요소를 갖고 있는 사안들이 있습니다. 의원님께서는 다음의 분야에 대해 각각 어느 정도 중요하다고 생각하십니까?

	전혀 중요 하지 않다	별로 중요 하지 않다	그저 그렇다	약간 중요 하다	매우 중요 하다
1) 노 인	1	2	3	4	5
2) 여 성	1	2	3	4	5
3) 기 업	1	2	3	4	5
4) 노동조합	1	2	3	4	5
5) 장 애 인	1	2	3	4	5
6) 이주노동자	1	2	3	4	5
7) 지역개발	1	2	3	4	5
8) 환경보전	1	2	3	4	5
9) 국내시장개방	1	2	3	4	5
10) 양극화해소	1	2	3	4	5

14. 의원님은 여성문제를 떠나서 현재 시점에서 가장 중요하다고 생각하는 우리나라의 정책현안이 무엇이라고 생각하십니까?
(우선순위대로)

①___________   ②___________   ③___________

15. 의원님께서는 의정활동을 하시는 데 다음의 경험 중 어느 것이 가장 중하다고 생각하시는지, 다음의 보기에서 중요한 순서대로 두 가지를 선택하여 주십시오.
[제1순위:___________   제2순위:___________]

① 학   력
② 공직경력
③ 의원경력
④ (지구당 등) 정당활동
⑤ 시민단체 또는 이익단체 활동경력,
⑥ 기타(적어주세요)

16. 의원님께서는 자신의 이념적 성향이 다음 중 어디에 위치한다고 생각하십니까?

〈진보〉   〈중도〉   〈보수〉
　0 - 1 - 2 - 3 - 4 - 5 - 6 - 7 - 8 - 9 - 10

〈의정활동 추진실적〉

※ (의정활동 측정) 다음은 지난 2004년 4월 당선 이후 지금까지 수행하신 의정활동에 관한 질문입니다.

17. 기간 중 몇 건의 법률안을 발의하셨습니까? [건]

18. (발의한 법안 중)통과된 법안은 몇 건입니까? [건]

19. 기간 중 몇 건의 청원 및 진정을 처리하셨습니까? [건]

20. 기간 중 지구당활동과 관련한 모임·행사·회의에 일주일에 평균적으로 몇 차례 참여하십니까? [회]

21. 기간 중 의정활동과 관련한 국민(주민)여론 수렴을 위해 일주일에 평균 몇 차례나 주민들과 접촉하십니까? [회]

22. 행정부 감독과 관련하여 몇 건의 서류제출을 요구하셨습니까?

[건]

〈여성의원에 대한 인식〉

23. 의원님은 국회 내, 남성의원과 비교해서 여성의원을 어떻게 보십니까?
   1. 여성의원이 더 능률적이다 (23-1로 가시오)
   2. 남성의원이 더 능률적이다 (23-2로 가시오)
   3. 여성의원이나 남성의원이나 같다.

23-1. 여성의원이 더 능률적이라면, 왜 그렇다고 생각하십니까? (해당되는 것은 모두 선택해 주십시오)
   1. 여성의원이 더 설득력이 있기 때문에
   2. 여성의원이 더 협상력이 좋기 때문에
   3. 여성의원이 더 추진력이 있기 때문에
   4. 여성의원이 의정활동에 더 많은 시간을 투여하기 때문에
   5. 여성의원은 여성문제 해결을 위해 보다 더 많이 노력하기 때문에
   6. 기타(적어주십시오) ___________________________

23-2. 남성의원이　더　능률적이라면,　왜　그렇다고　생각하십니까?
(해당되는 것은 모두 선택해 주십시오)
　　1. 여성의원의 설득력이 부족해서
　　2. 여성의원의 정치적 협상력이 부족해서
　　3. 여성의원이 일에 대한 추진력이 부족하기 때문에
　　4. 여성의원은 의원경력이 부족하기 때문에
　　5. 여성의원의 숫자가 적기 때문에
　　6. 기타(적어주십시오.) ________________________

〈국회의원의 여성정책관련 연수경험〉

24. 의원님께서는 남녀평등 또는 여성정책관련 교육이나 연수에 참여하신 경험이 있으십니까?
　　① 있다 (→ 24-1로 가시오)　　　　② 없다

24-1. 있으시다면) 어떤 교육을 받으셨습니까?
　　① 정책의 양성평등 관점 고려
　　② 성희롱, 성폭력 방지
　　③ 의정활동의 양성평등관점 통합방안
　　④ 한국여성의 지위 현황
　　⑤ 기　타

25. 의원님은 여성보좌진(보좌관 및 비서관)을 활용하고 계십니까?
　　① 활용하고 있다 (→ 25-1로 가시오)
　　② 활용하고 있지 않다

25-1. 의원님의 여성보좌진은 주로 어떤 업무를 맡고 있습니까?
(해당되는 것은 모두 선택해 주십시오)
① 여성정책관련 업무   ② 일반정책관련 업무
③ 전화업무 등 행정업무   ④ 기 타

26. 의원님은 여성가족위원회에 참여하고 싶은 의향이 있으십니까?
① 있다   ② 없다

※ 다음은 설문응답자들에 대한 통계작성을 위한 질문들입니다.

27. 의원님의 연세는? (세)

28. 의원님의 성별은? ① 남성   ② 여성

29. 의원님의 학력은? ① 고졸   ② 대졸 ③ 대학원졸 이상

30. 의원님은 현재 몇 선이십니까? (선)

31. 의원님은 의원 이전에 어느 직종에 종사하셨습니까?
① 법조계(변호사, 판·검사)   ② 공직 부문(행정부, 청와대 등)
③ 교육계(대학, 연구소 등)   ④ 의료 부문(의·약사 등)
⑤ 시민단체 및 노동조합   ⑥ 농어업 부문
⑦ 시도지사 및 지방의회 의원   ⑧ 무직
⑨ 기타(적어주세요)

32. 의원님은 어느 정당 소속입니까?

① 열린우리당　　　　　　　② 한나라당

③ 민주당　　　　　　　　　④ 민주노동당

⑤ 국민중심당　　　　　　　⑥ 무소속

33. 의원님은 어느 상임위원회 소속입니까?

17대 전반기 ____________　17대 후반기 ____________

34. 의원님의 선거구는?

① 지역구　　　　　　　　　② 전국구

★ 많은 질문에 응답해 주셔서 대단히 감사합니다.

<부록 2>

남녀 국회의원의 의정 활동 평가 및 성 인지성 증진 방안에 관한 국제 세미나 자료

제1주제: 〈미국사례〉여성과 대표성: 미국 의회 사례를 중심으로
WOMEN AND REPRESENTATION: THE CASE OF THE U. S. CONGRESS

발표: Aie-Rie Lee (미국 Taxas Tech 대학교 교수)

Paper for delivery at the conference, "The Gender Gap in Legislative Activity and Development of Gender Consciousness of Male-Female Members in the National Assembly", at the Korea Women's Development Institute, Seoul, Korea, October18, 2006.

Over the past three decades, an extensive literature exploring the political phenomenon known as the gender gap has emerged. Several studies have explored the gender gap in such countries as the United States, Great Britain, Australia, Canada, France, Germany, Netherlands, and Sweden (Mueller, 1988, Dalton, 2006, Norris and Lovenduski, 1993, Inglehart and Norris, 2003). Thus, we know now a lot about the gender gap among the general publics in these advanced industrial countries; yet, we still don't know much about the gender gap among elected officials.

Why is an examination of attitudinal and behavioral differences between men and women—the gender gap—in the legislative body important? Simply, because of its policy outcomes. Evidence from the history of women's political participation, studies of gender-role socialization, and research on women as voters and candidates all demonstrate that women bring unique experiences (in relation to the home and the workplace) and viewpoints to the policy debate and different issues to the legislative agenda. This evidence makes clear to such inquiries as: Does electing women matter? better yet, does it make a difference whether women or men are elected to office? A large and important body of research by political scientists indicates that the presence of women in legislative bodies makes a significant difference not only in what gets discussed, but also in what kinds of legislation are advanced (O'Connor, 2005). The question now should be how to get more women elected to these positions.

The objective of this study is to synthesize some of major findings within the literature on the legislative activity of elected women (and men) in the U.S. (state legislatures and Congress). By doing so, we hope to provide a framework for understanding the sources, impact, and implications of women legislators in Korea. We also hope to learn from women in the U.S. and to use the lessons they bring to form a national movement to advance women in Korea.

Specifically, we will first look briefly at historical evidence of American women's

political status. We will then introduce recent public opinion polls on a gender gap on a variety of public policy issues. This section is included on the basis of the assumption that a genuine understanding of women legislators in the U. S. requires an examination of how men and women in general and their counterparts in elective office in particular view public policy issues. Next, we will make a historical sketch of how women's issues and their corresponding legislative priorities have evolved in the U. S., followed by an examination of legislative priorities and positions contemporary women legislators have taken. Finally, we will discuss the findings and implications of this study.

A Brief Look at American Women's Political Status

Research in general proves that women in politics in general and women in elective office in particular make a difference in the lives of all women. If so, what is the progress in advancing women in politics in the U. S.? There is hardly any doubt that women's success in entering the political elite is the ultimate measure of women's acceptance in political life. As is the case in many countries, the number of women members of the U. S. Congress has grown, though not substantially. Further, women have made substantial inroads at other levels of government, leading to a feeling, at least, that opportunities for women are improving.

In 1995, women were 10.7 percent of Congress and 20.7 percent of state legislatures

(CAWP, 2006). A decade later, women comprised 15.1 percent of Congress and 22.7 percent of state legislatures. Stated differently, the number of women serving in Congress has increased more than 40 percent for a decade (See Table 1). Currently, 14 or 14.0% women serve in the Senate, and 67 or 15.4% women serve in the House of Representatives. In addition, three women serve as delegates to the House from Guam, the Virgin Islands, and Washington, DC.

At the state level, 1,674, or 22.7% of the 7,382 state legislators in the U. S. are women in 2005: Women currently hold 408, or 20.7%, of the 1,971 state senate seats and 1,268, or 23.4%, of the 5,411 state house or assembly seats. Since 1971, the number of women serving in state legislatures has increased more than four-fold. Further, twenty-eight women have served as governors in 21 states to date. Of the 28 women governors, 18 were first elected in their own right; 3 replaced their husbands; and 7 became governors by constitutional successions, one of whom subsequently won a full term. The record number of women serving simultaneously set in 2004 is 9 (CAWP, 2006).

Table 1. Number and Percentage of Women Elected/ Appointed to the U.S. Congress, 1927~2006[a]

Congress	Dates	Women in Senate	Women in House	Percentage of Total Women[b]
70th	1927~1929	0	5	0.9
71st	1929~1931	0	9	1.7
72nd	1951~1933	1	7	1.5
73rd	1933~1935	1	7	1.5
74th	1935~1937	2	6	1.5
75th	1937~1939	2	6	1.5
76th	1939~1941	1	8	1.7
77th	1941~1943	1	9	1.9
78th	1943~1945	1	8	1.7
79th	1945~1947	0	11	2.1
80th	1947~1949	1	7	1.5
81st	1949~1951	1	9	1.9
82nd	1951~1953	1	10	2.1
83rd	1953~1955	2	11	2.4
84th	1955~1957	1	16	3.2
85th	1957~1959	1	15	3.0
86th	1959~1961	2	17	3.6
87th	1961~1963	2	18	3.7
88th	1963~1965	2	12	2.6
89th	1965~1967	2	11	2.4
90th	1967~1969	1	11	2.2
91st	1969~1971	1	10	2.1
92nd	1971~1973	2	13	2.8
93rd	1973~1975	0	16	3.0
94th	1975~1977	0	19	3.6
95th	1977~1979	2	18	3.7
96th	1979~1981	1	16	3.2
97th	1981~1983	2	21	4.3
98th	1983~1985	2	22	4.5
99th	1985~1987	2	23	4.7
100th	1987~1989	2	23	4.7

Congress	Dates	Women in Senate	Women in House	Percentage of Total Women[b]
101st	1989~1991	2	29	5.8
102nd	1991~1993	4	28	6.0
103rd	1993~1995	7	47	10.1
104th	1995~1997	9	48	10.7
105th	1997~1999	9	54	11.8
106th	1999~2001	9	56	12.1
107th	2001~2003	13	59	13.6
108th	2003~2005	14	60	13.8
109th	2005~2007	14	67	15.1

a Table shows maximum number of women elected or appointed to serve in that Congress at one time. Some filled out unexpired terms and some were never sworn in.
b Ratios were calculated by the author.
Source: Center for the American Woman and Politics.

Our progress in advancing women in politics in either chamber of Congress is significant because women in the House have attained Kanter's level, or a "critical mass." Kanter(1977) argues that women can not really be effective within an organization until, as a group, they grow to at least 15 percent of the total membership. Up to that point, their interests would be neglected and their demand rebuffed. If Kanter's theory has any merit, having 15 percent of women's membership in Congress, thus, suggests that female representatives can use their overall legislative behavior to support specific issues.

Echoing Kanter, Welch and Thomas(1991) in their investigation in 12 state legislatures concluded that weak membership in the legislative body (having less than 10 percent of women's membership) seemed to be a deterrent to successful passage of priority bills on women, children and the family. In their later study, Thomas and Welch(2001) reached the same conclusion about women in that body: States with the lowest percentage of women in their legislatures pass the lowest number of women's bills. Many scholars who study the influence of women in politics claim that the election of more women to the U.S. Congress is not simply an issue of equity, but will make a substantive policy difference. Our expectation would then be the increasing presence of women in elected office will help enact better policy for women(Caiazza, 2004), with production of more women-friendly policies.(1)

This sentiment is underscored, albeit complex, by quantitative studies of women in the legislative body. For example, Thomas's (1994) analysis of women state legislators in the late 1980s indicates a strong empirical relationship between women's representation and women friendly policy(2): Women representatives with higher proportions of female membership tended to introduce more priority legislation dealing with women, children, and families than the men in their states and were more successful in passage of these bills. In another study of elected officials in the U.S. states, in a range of office from state legislators to governors, Poggione(2004) finds that women tend to express significantly more liberal welfare policy preferences than men. More importantly, a substantial impact of gender on members' welfare policy attitudes remained significant even after controlling for party, ideology, and various measures of constituency.

An even more encouraging news is that in general women-sponsored legislation has a slightly higher rate of passage(Ellickson and Whistler, 2000). Particularly, women's priority bills on women's issues become law at a higher pass rate than men's(Thomas and Welch, 2001).

Our conclusion up to this point is rather clear: With more women in office, any impact they have is likely to have meaningful effects on legislative life. What impact in what way will be dealt in subsequent sections.

The Gender Gap in Issue Preferences and Policy Salience

How do women legislators feel about the legislative issues? Do they have different issue positions than their male counterparts? Do they have different voting records? Is there any evidence that they have distinct policy priorities? In order to answer these questions, we examine first how women(and men) in general view public policy issues—the gender gap in public opinion.

After all, a good deal of the "gender gap" in voting is due to the different constituency bases of men and women representatives. Furthermore, women legislators are more likely to mention that they have assumed a "special obligation" to represent a national constituency: women, who constitute the majority of citizens and the majority of voters in the United States.

This is important because when congresswomen perceive of themselves and act as what Carroll(2000: 11) calls "surrogate representatives" for women outside the geographic boundaries of their districts, they bring something distinctive to their roles as representatives, something that most men do not bring.

Although the gender gap has historical roots, political differences between women and men have increased in scope and shown greater persistence in recent years. A gender gap has been apparent in voting behavior, party identification, evaluation of performance of recent presidents, and attitudes toward some public policy issues. Among many issues where gender gaps have been observed, recent polls(CAWP, 1997) have found that compared with men, women in the general population are: less militaristic on issues of war and peace; more often opposed to the death penalty; more likely to favor gun control; more likely to favor measures to protect the environment; more supportive of programs to help the economically disadvantaged; more supportive of efforts to achieve racial equality; more likely to favor laws to regulate and control various social vices(e.g., drug, gambling, pornography), and more likely to favor a more active role for government.

From a slightly different angle, Kaufmann(2002) was interested in exploring whether certain issues were more salient for women than men. Using data from the American National Election Study(ANES) from 1988 to 2000, she investigated the role of what she labeled, "cultural" issues, such as abortion, women's and gay rights in US elections. Kaufmann claims that public policies such as pressure for female equality and civil rights for homosexuals might have created a cultural divide between groups. She went further to argue that the women's movement, women's increased participation in the labor force, and partisan differences especially over social policy were all reasons why cultural issues became salient policies in the 1990s. She then concluded that men and women politicized issues differently: Social welfare issues were more salient for men, whereas cultural issues were more important for women. This evidence is underscored by the fact that women have increasingly come to see their political interests as distinct from those of men in voting behavior over the past decade.

Given the significance of a gender gap in political preferences among the general public, one might well expect a similar gender gap in the policy-related behavior, priorities and initiatives of officeholders. Indeed, all the quantitative studies of political women have reached the same conclusions about policy issues: Women elective officeholders and political appointees were generally more liberal and more feminist than their male counterparts in their views on public policy issues such as the role of the private sector in solving our economic problems, the death penalty, the Equal Rights Amendment and abortion. Using data from NES and National Opinion Research Center(NORC) surveys, Seltzer, Newman, and Leighton(1997), for example, found an ideological gender gap: Men and women held different views on government spending, the role of government, and had different assessments of the economy.

On the issue of representation of the female constituency, female officials are attitudinally more predisposed to represent women's concerns than are their male colleagues. Reingold(1992), using data gathered from personal interviews with state legislators, reports that: 1) when asked about their roles as representatives of groups, the female legislators were more likely to express some sort of commitment to representing women and/or women's concerns; 2) the female officials were more likely than the males to perceive strong support from their female constituents and to consider such women a very important; 3) female legislators felt uniquely qualified to handle the concerns of their female constituents.

An immediate question is whether attitudes toward issues and policy expertise are translated into reported voting behavior.

Evidence suggests that the voting behavior of women and men in Congress and statehouses did differ in meaningful ways. As noted earlier, studies(Welch, 1985, Dodson, et. al, 1995, Vega and Firestone, 1995, Carroll and Dodson, 1991) repeatedly show that congressional women display distinctive legislative behavior: Women members usually cast more liberal and/or more feminist votes than their male colleagues(including Crime Bill, Assault Weapons Ban, Brady Bill, Family and Medical Leave Act, Amendment to Ask Recruits if Gay, Bisexual).

Thomas's(1994) study on women officeholders of the late 1980s, for example, reported their voting records reflected greater support for issues related to women, families, and to general social welfare concerns. Other studies conducted of women elites in the late 1980s and 1990s also reveal that women legislators are more interested in working on and voting for legislation concerning women, children, and the family than are their male counterparts despite party affiliation(Barrett, 1995, Saint Germain, 1990, Thomas, 1991, 1994, Thomas and Welch, 1991).

In a similar vein, Swers(1998), analyzing the voting records of all representatives in the 103rd Congress on a set of women's issues, found that the more directly an issue affects women, such as votes concerning abortion and other reproductive issues, women's health concerns, and the protection of women against violent crime, the more likely it is that gender will play a role in determining a representative's vote. In her later study, Swers(2002) validates her earlier conclusion that gender will play the most significant role in a member's decision to advocate feminist bills and that congresswomen will be less likely than congressmen of the same party to support antifeminist legislation. Moreover, women legislators are more likely to make certain that their policy positions are translated into new programs to help women(Boles, 2001).

Why gender differences in legislative activity? The widely accepted explanation for gender differences in legislators' attitudes is that women's experiences and responsibilities in the private sphere influence their attitudes and behavior(Mandel and Dodson, 1993, Mezey, 1994, Tamerius, 1995, Thomas, 1994). If deeply embedded cultural assumptions about women and men's proper roles result in asymmetrical socialization, it follows that women could bring distinctive perspectives to legislative deliberation.

It does thus make sense that gender differences in attitudes on social welfare issues are central to understanding the dynamics of the gender gap. Women are consistently more likely than men to believe the government should take a more active role in assisting the poor and in guaranteeing jobs and a standard of living. Consequently, women are also more likely to support increased spending on social services(Shapiro and Mahajan, 1986, Andersen,

1997, Seltzer, Newman, and Voorhees Leighton, 1997, Chaney, Alvarez and Nogler, 1998, Swers, 2002).

On the other hand, some might claim that women legislators happen to be, what Tolleson－Rinehart(1992) calls, "gender consciousness women." Gender consciousness women are the women who create gender gaps, a la Tolleson－Rinehart(1992: 154). Because, "······ consciousness, beyond stimulating women's beliefs about their own political roles, also recognizes orientations toward other issues by motivating women to believe that they have unique perspectives on public problems and can offer unique solutions······"

Once again, evidence shows women regardless of their status have distinctive perspectives on policy issues, such as the role of government, child care, education, sex discrimination, domestic violence, from their male counterparts. As stated earlier, since women legislators tend to believe that they need to help other women transcend barriers to success, we would expect to see women legislators try to frame issues to advance women's needs and interests.

Women's Issues and Changing Priorities: A Historical Sketch(5)

Certainly legislative issues(including women's issues(6)) and corresponding legislative prioritieshave evolved over the years. People's values and beliefs change due in part to as a function of an intergenerational replacement. So do policy issues. We thus have reason to believe that types of proposals congresswomen are prepared to introduce are related changes in the way these women define their role as representatives. As Gertzog(1995) convincingly points out, early congresswomen(before 1960s) were, for example, doubtlessly following a prudent course by minimizing their identification with "women's" issues. If they wanted to be taken seriously by constituents and colleagues, they were obligated to assign high priorities to the same matters that concerned constituents and colleagues.

Most proposed legislation directly affecting women has generally fallen into one of three categories, claims Gertzog(1995): traditional, egalitarian, and affirmative. The bills classified as the "traditional" category are legislative measures that reinforce traditional general role performance, a la Gertzog. Consequently, such bills address women's needs in terms of their roles as mothers, wives, homemakers, and dependents.

A second category of bills embraces egalitarian measures, seeking to elevate women to positions of equality with men in the marketplace, government, and the academy, as well as in the public consciousness. A third category of bills, affirmative measures, is intended to facilitate women's claims to the resources and recognition available to men as a matter of course, and free them from the social, economic, and cultural constraints under which they have customarily labored. In other words, the affirmative measures are those which recognize the importance of women's role in history and society, which support and reinforce women's claims to economic independence, and which assist them in overcoming the sexism embedded in a male-dominated social structure. Some of the examples of traditional, egalitarian, and affirmative legislation are presented in Table 2.

Table 2. Types of Women's Issues

Issue Types		Legislative Examples
Traditional		Pensions for widows of family veterans Social security benefits pegged to husbands' earnings
Egalitarian		Equal Pay Act of 1963 Title IX of the 1972 Education Act Amendments Women's Education Opportunity Act of 1978 Equal Employment Opportunity Act of 1972 Equal Credit Opportunity Act of 1974 Title VII of the 1964 Civil Rights Act(Prohibiting sex discrimination in employment)
Affirmative	1. Symbolic	Establishing a "Working Mother's Day" Establishing a "Women's History Week" Designating an "International Women's Year"
	2. Economic	Economic Equity Act Federally-funded day care centers Support for displaced homemakers
	3. Social	Aid to victims of domestic violence Public Health Service Act of 1975(creating advisory committee on matters of treatment and counseling of rape victims) Family and Medical Leave Act of 1993

Source: Adopted from Gertzog(1995: 147) and modified by the author.

Gertzog further classified the broad range of affirmative measures into three subtypes: symbolically affirmative, economically affirmative, and socially affirmative. Symbolically affirmative measures basically seek to commemorate the achievements of female leaders and to institutionalize rituals celebrating the skills, courage and devotion of American women. Economically affirmative measures attempt to lift or ameliorate economic constraints on women, whether manifested in the law, in practice, or in public expectation. Interestingly though, many of the measures falling within this category made little or no mention of women. Finally, socially affirmative measures embrace proposals calculated to lift those restraints on women which are a product of male insensitivity to women's noneconomic needs.

In short, it is safe to conclude that the rise in the number of congresswomen investing their resources in women's issues is a product of several factors: changes in social and economic relationships occurring nationally, an increase in the number of politically active women seeking House seats, and the emergence of an electorate prepared to accept, if not actively support, female candidates for whom women's issues are salient.

Legislative Priorities and Positions

Do we have both "descriptive" and "substantive" representation of women in state and national legislatures to change the landscape of legislative activities? How do women legislators work to advance women's interests? Do they define issues differently than men? What are their legislative capabilities and leadership styles? This section attempts to answer some of these questions by examining the legislative progress in advancing women in the U. S. politics.

Levels and types of legislative engagement

A considerable body of research has documented that women representatives at both state and national levels are more likely than their male colleagues to support feminist positions on called "women's issues", to actively promote legislation to improve women's status in society, and to focus their legislative attention on issues such as health care, the welfare of family and children, and education(e.g., Dodson and Carroll, 1991, Carroll, 1994, 2000, Thomas, 1994, Tamerius, 1995, Flammang, 1997).

Table 3. Bills Introduced by Female Members of the House of Representatives, 97th, 102d, and 109th Congress (percentage of totals in parentheses)

	Congress		
	97th	102d	109th
	(1981~1983)	(1991~1993)	(2005~2007)[a]
Number of Women in House	19(4.6)	28(6.4)	67(15.4)
Total Bills Introduced[b]	9,172	7,771	6,954
Total Bills Enacted[c]	272(2.9)	396(5.1)	275(4.0)
Total Bills Introduced by Women	410(4.5)	535(6.9)	1,339(19.3)
Women-Related Bills Introduced by Women	18(4.4)	102(19.1)	94(7.0)
Women-Related bills Introduced by Women Enacted	1(5.5)	7(6.8)	12(12.8)

a Legislative activity through January, 2005 through May, 2006.

b Includes bills, House resolutions, House joint resolutions, and House congressional resolutions introduced in the House of Representatives as listed by the Congressional Index and Library of Congress internet data files.

c Includes bills and resolutions introduced in the House of Representatives by individual members as listed by Library of Congress internet data files.

Sources: Commerce Clearing House, Congressional Index, selected congresses, Library of Congress internet data files.

To demonstrate an increase in substantive representation, we examined bill introductions in the House of Representatives by gender. Table 3 summarizes the legislative product for two decades in the House of Representatives: the total number of bills introduced in the 97, 102, th stth and 109 sessions(actually 1 half of the 109), the total number passed by the legislature; and the number of women-related bills passed. As Table 3 demonstrates, while the vast majority of legislation is introduced by male House members by virtue of their greater number, the overall number and percentage of bills introduced by women has steadily increased as more women have gained seats in the House over the twelve congressional time span examined. Table 3 also reports that over the same period female members introduced women-related legislation as an increasing proportion of the total legislation they introduced.

Certainly, mere introduction of bills tells us nothing about whether legislators were successful in seeing those bills through the process. If women had an effect on legislative products, they had to pass, not just introduce distinctive legislation. As the table shows, women passed 5.5 percent of women-related bills in the early 1980s, 6.8 percent in the 1990s, and 12.8 percent in a decade later. Again, on average the proportion of women-related legislation introduced and enacted by women parallels their numbers in the House. Thus, while still small, the proportion of women-related legislation enacted by women has increased as the number of women has increased. All in all, information about bill introductions, bill passage and bill passage rates for bills in the area of women's issues indicate that women were bringing distinctive concerns to the legislative arena and were quite successful in passing their priorities.

Leadership abilities and styles

Women also make impact in the legislative body in other important ways. There is evidence that women have different

256

leadership styles(Jewell and Whicker, 1994, Rosenthal, 1998, Thomas, 2003, 2005) and make sense of issues differently(Kathlene, 1995, 1999, 2001, Hawkesworth, et al., 2001, Rosenthal, 2000).

First of all, women view themselves as more prepared, more diligent, and more organized than their male counterparts do(Beck, 2001, Thomas, 1997). Second, women legislators conceptualize problems differently than do their male colleagues, something that results in unique policy prescriptions(Kathlene, 1995). Third, women rely on a wider range of individuals in formulating policy creating more sensitive and thoughtful policy−making. Dodson and Carroll (1991), for example, argue that women are more likely than men to bring citizens into the policy process−they want to open the system up to public scrutiny and grant access to groups that represent marginalized segments of society.

Furthermore, Dodson, et. al.(1995) report that the women members of the 103rd Congress made difference by: expanding the congressional agenda, insisting on attention to new issues(e.g., gender inequality in medical research services), helping to shape the content of legislation; expanding the terms of the debate over legislation; influencing the fate of legislation. Take "framing issues" as an example. In developing strategies for moving their collective agenda, congresswomen sometimes sought to frame issues to make them broadly appealing and difficult to oppose. To be more specific, women chose the title "Women's Health Equity Act" to underscore the desire for equity, rather than new rights or privileges(Dodson, et. al, 1995: 17).

Similar assessments are made from Thomas's study on women leaders in state legislatures(2003, 2005): Women leaders are more likely than men to exhibit a consensual rather than a command—and —control style; they also tend to place more emphasis on getting the job done in a team—oriented way; a "hands on" approach stressing collaboration and consensus is emphasized over a "hierarchical command" approach(Rosenthal, 1998). Moreover, women are more likely than men to co—sponsor legislation dealing with women's issues(Swers, 2002, Tamerius, 1995). In sum, women seem to employ a more collegial style of leadership(Tolleson Rinehart, 1991).

Institutional constraints

Not all the scholars found convincing and consistent evidence that women have a distinct impact in public office mainly due to the environment. Since presence in the institution does not directly translate into power over legislative outcomes, simply increasing the number of women in Congress will not automatically lead to enhance influence on policy design. While it is significant that increasing numbers of women are elected to Congress, research also demonstrates that the ability of Congresswomen to legislate on behalf of women is constrained by their position within the institution.

Many factors influence women's impact as officeholders: the selection process; constraints posed by the nature of the position; party affiliation; constituency interests; and institutional norms(Swers, 2002, Tolleson Rinehart, 1991, Thomas, 1994, Saint-Germain, 1989, Rosenthal, 1998, Reingold, 2000, Norton, 1995, 2002). The fact that gender differences are greatest in the area of bill sponsorship demonstrates that when women representatives are the least constrained by seniority, committee position, and the demands of party loyalty, they can most clearly express their unique policy priorities.

Among the key findings about the impact of institutional barriers on "legislative effectiveness", the degree of legislative professionalism in particular can influence the extent to which women legislators function as "effectively" as their male colleagues. Jeanie Stanley and Diane Blair's study(1991) of power in the Arkansas and Texas state legislatures, for instance, suggests that when women legislators are a very small minority of lawmakers, when the professionalism of legislatures is low and when politics rely heavily on the old boy network, women may have difficulty being seen as effective players in the political game.

To discern the impact of institutional factors on the legislative activity among women, Jeydel and Taylor(2003) compared what they call "legislative effectiveness" between female and male members of the House of Representatives. Utilizing data from the

103rd-105th Congresses, they concluded that legislative effecti-
veness is more a function of seniority and membership in important
House institutions such as influential committees, the majority party
and leadership positions within the party and committee systems
than it is of gender.

In a similar vein, Hawkesworth and others(2001) remind us of
the importance of position of legislative women within the system.
Investigating women legislators in the 103rd and 104th Congresses,
they found that seniority, along with leadership roles within the
party caucuses and legislative committees, was crucial to any
legislator's ability to influence legislation. It does not surprise us,
therefore, that the increase in the number of women in Congress
following the 1992 election, coupled with the increased seniority of
veteran congresswomen, led to the assignment of many more
women to and the promotion of a few women on important
committees. Without any doubt, key committee assignments offered
women institutional and procedural power to influence legislation
throughout all stages of the legislative process(Swers, 2002).

Through their roles on subcommittees and committees,
congresswomen gained the power to intervene to protect legislation
intended to benefit women in hearings and mark-up sessions,
through floor amendments, and in conference committees. It is also
critical for women to have a seat at the table when legislators

negotiate the final deals on public policy(Swers, 2002: 128).

Throughout the study, it is quite clear that policy stances of women legislators are structured by political climate, partisan politics, constituency pressure, lobbyists, and input from key staff. Women's ability to translate their policy stances into legislation is profoundly conditioned by, among other things, their positional power within their party and within the Congress, their talent in securing the support of other legislators, both women and men, and the pressing demands upon their time in any congressional session.

Conclusions and Implications

This study began with the following question: Does electing women matter? By now, the answer to this question has to be a definitive yes. We would concur with scholars who assert that it is important to have women in office just to have greater descriptive representation(to reflect in elective bodies the fact that women are more than a majority of the population). We would also agree with others who claim that female representation will make a substantive difference(substantive representation) in policy outcomes.

Among several key findings about the impact of women legislators in state and national governments, one would agree to at least one important conclusion: Increasing the proportions of women in public office increases the proportion that bills specifically dealing with women and addressing the problems of families and children are passed by legislatures. Albeit varied, study after study(both quantitative and qualitative) have reached the same conclusions about women in Congress: Women legislators make a difference not only in the outcomes of the policy process, but in defining the legislative agenda and in framing issues to advance women's needs and interests.

All in all then, the cumulative message of these studies seems unavoidable: There is a continued need to increase women's representation; the under-representation of women in public office has profound consequences for society because it affects both the nature of the policies that are considered and enacted and the voices that are heard in the policy-making process; having women in elected office cannot guarantee better policy for women, but it clearly helps.

If then, how to get more women elected to these positions? Are there any practical strategies and initiatives the U. S. has taken to promote greater inclusion of women in local, statewide, and national politics, which Korean women(and men) would like to look into? If so, what kinds? In addition to numerous local and statewide projects to increase political participation for women, political groups across the nation are currently also training, preparing, and enhancing women candidates, leaders and campaign staffs in an effort to elect a greater number of women to political office. On one hand, local groups often situate training around the community, specifically interested in increasing the number of qualified women in local politics and creating campaign teams prepared to work support them within their own neighborhoods.

On the other hand, national organizations provide both community —based initiatives and general agendas to be employed in all areas. After all, training programs are crucial in creating political networks, mentor programs, share practical skills and first hand knowledge, and create a pool of skilled supporters.

Appendix A

STRATEGIES for more women leaders suggested by the 2003 White House Project which can be applicable to the Korean case (modified by the author).

Agreement by Opinion Leaders

A coalition of women from across the political spectrum must engage, and women from each point of the spectrum must work to persuade "their" men. To achieve the coalition, we can seek agreement on only one point:

Democracy without women is not democracy.

Women leaders from across the political spectrum, then, must first achieve agreement on this one point. A summit of such women is probably necessary. The negotiating skills of diplomats may be required to reach this accord, but it is an essential first step. Once agreement over the single principle is established, a deliberate public awareness campaign can ensue.

Moving the message to the Mass Public

To raise public awareness, we would ideally have a national advertising campaign. Nationally, the best advertising talent should develop an ad campaign. Ideas should center around the need for Korea to strengthen its democracy. This effort will operate in conjunction with provincial and local efforts. The points:

1. Democracy without women is not democracy.
2. The majority needs leadership parity in democracies.
3. Balance is the goal because women matter in important ways.

PLACES TO BEGIN

Several strategies for improvement exist that can serve as a beginning for a better democracy, including working on culture change and connecting women leaders across sectors. Ideally, efforts will occur simultaneously and on several fronts. Additional places to begin are:

Commission on women & Better Democracy

At the national level, reformers who seek more women leaders can establish a national commission to study options and make recommendations in a report to the president. The commission should be comprised of cross section of experts and activists concerned about(women and) a better democracy. Upon completion the report could be widely disseminated and either the president's attended by delegates from each province. These conferences can be directed by a short term advisory council and an inter agency working committee of national stake holders, in conjunction with nongovernmental organizations. These entities would also serve as a clearing house for information and innovations that emerge.

Local Initiatives

Each local unit should seek out grassroots organizations that believe women leaders matter. These might include garden clubs, homemaker organizations, book clubs, nonprofit social welfare organizations, farm women groups, and so on. In short, each locality should analyze its sources of support for women leaders, and then pursue those sources. Local resources to develop women leaders include one important resource: institutions of higher education.

Political Parties

Women in each political party are exxential to making change. Local political parties also are key ingredients to every county's or city's potential infrastructure for advancing women political leaders. Parties have strategic reasons for promoting women.

Political parties now recognize the importance of women as woters, and have devised strategies to woo them. Parties need to develop strategies for systematically recruiting and supporting women as candidates too. Women leaders in political parties must again develop their own strategies for increasing the number of their women who hold office. The strategies must attend to the local party organizations as well as to the national party, and the strategies must be implemented throughout the organizations. Such strategies should become party of party outreach efforts. Most importantly, women need to work with their party's men to gain agreement that democracy without women — without them — is not democracy. If one party aggressively pursues women leaders, others will lose if they do not.

Use Non-Governmental Institutional Resources

Women's networks or women's caucuses of professional and trade associations, including the biennial conference of female state legislators, should enlisted in the effort. They should be urged to sponsor training sessions for women as candidates, in government management, as community activists, along with more general leadership training. Institutions of higher education exist in every provide and are ideal sites to work collaboratively with innovations and initiatives from provinces, political parties, provincial commissions, or NGOs. It is time for women in higher education and other organizations to use extant institutional resources to advance women.

Appendix B

RECRUITMENT & TRAINING PROGRAMS NATIONWIDE INCLUDE: (partial list)

1 _CAWP's NEW Leadership Development Network
2 _EARLY Women
3 _Emerge: Women Leaders for a Democratic Future
4 _EMILY's List
5 _Feminist Majority foundation's Feminist Leadership Institute
6 _Girls' Pipeline to Power
7 _Girls' State and Girls' Nation
8 _Illinois Women's Institute for Leadership
9 _Iowa Women & Public Policy
10_LATINA
11_Lincoln Club
12_Mills College Institute for Civic Leadership
13_Minesota League of Women Voters' LOTT Program
14_Minesota Women's Campaign Fund
15_National Federation for Republican Women

16_National Foundation for Women Legislators

17 National Women's Political Caucus Girls' Leadership Training Program

18___N. E. W. Leadership, National Education for Women's Leadership, Oklahoma

19_Public Leadership Education Network

20_The Florida "W" Project

21_The Leadership Institute

22_WISH List's America's WISH Campaign Schools

23_Women's Campaign Fund

24_Women's Campaign School at Yale University

25_YWCA Institute for Public Leadership

OTHER PROGRAMS(selected):

BCWA(Bipartisan Coalition for Women's Appointments):

—a statewide, bipartisan group of prominent women and organizations.

　—to ensure the placement of women in key positions throughout state government.

　—through the use of media events, public relations efforts and direct contacts with organizations and individuals throughout the state.

　—generates publicity for its goals and creates pressure on party leaders and candidates.

Ready to Run

-created by the Center for American Women and Politics (CAWP) as a bipartisan effort in 1998

-to recruit and train New Jersey women to run for all levels of office and position themselves for appointments.

-At day-long conferences, women potential candidates participate in workshops and session featuring prominent elected and appointed leaders, campaign consultants, party officials and media trainers.

Sources: The White House Project(2003: 39), CAWP, <u>Programs</u> (1995~2006).

REFERENCES

Andersen, Kristi. 1997. Gender and Public Opinion, pp. In Barbara Norrander and Clyde Wilcox, eds. Understanding Pubic Opinion. Washington, D.C.: Congressional Quarterly, Inc.

Barrett, Edith J. 1995. The Policy Priorities of African American Women in State Legislatures. Legislative Studies Quarterly 20: 223-247.

Boles, Janet. 2001. Local Elected Women and Policymaking: Movement Delegates or Feminist Trustees. In Susan J. Carroll, ed. The Impact of Women in Public Office. Bloomington, Indiana University Press.

Caiazza, Amy. 2004. Does Women's Representation in Elected Office Lead to Women-Friendly Policy? Analysis of State-Level Data. Women & Politics, 26(1): 35-65.

Carroll, Susan J. 2000. Representing Women: Congresswomen's Perceptions of Their Representational Roles. Presented at "Women Transforming Congress: Gender Analyses of Institutional Live", Carl Albert Congressional Research and Studies Center, University of Oklahoma, April 13-15.

Carroll, Susan J. 1994. Women as Candidates in American Politics, 2d ed. Bloomington: Indiana University Press.

Carroll, Susan J. and Debra L. Dodson. 1991. Introduction, pp.1-11. In Debra L. Dodson, ed., Gender and Policymaking: Studies of Women in Office. CAWP, Eagleton Institute of Politics, Rutgers, The State University of New Jersey.

Chaney, Carole Kennedy, R. Michael Alvarez, and Jonathan Nagler. 1998. Explaining the Gender Gap in US Presidential Elections, 1980~1992. Political Research Quarterly, 51(3): 311-339.

Center for the American Woman and Politics. 2006. Fact Sheet: Women in Elective Office 2006. New Brunswick: Rutgers, The State University of New Jersey, Center for the American Woman and Politics.

Center for the American Woman and Politics. 1997. Fact Sheet: The Gender Gap: Attitudes on Public Policy Issues. New Brunswick: Rutgers, The State University of New Jersey, Center for the American Woman and Politics.

Dalton, Russell J. 2006. Citizen Politics. Washington, D.C.: CQ Press.

Dodson, Debra, et al. 1995. Voices, Views, Votes: The Impact of Women in the 103rd Congress. CAWP, Eagleton Institute of Politics, Rutgers, The State University of New Jersey.

Flammang, Janet A. 1997. Women's Political Voice: How Women are Transforming the Practice and Study of Politics. Philadelphia: Temple University Press.

Gertzog, Irwin N. 1995. Congressional Women: Their Recruitment, Integration, and Behavior. Westport, Connecticut: Praeger.

Hawkesworth, Mary, Kathleen J. Casey, Krista Jenkins, and Katherine E. Kleeman. 2001. Legislating By and For Women: A Comparison of the 103rd and 104th Congresses. CAWP, Eagleton Institute of Politics, Rutgers, The State University of New Jersey.

Inglehart, Ronald and Pippa Norris. 2003. Rising Tide: Gender Equality and Cultural Change around the World. Cambridge: Cambridge University Press.

Jewell, Malcolm and Marcia Lynn Whicker. 1994. Legislative Leadership in the American States. Ann Arbor: University of Michigan Press.

Jeydel, Alana and Andrew J. Taylor. 2003. Are Women Legislators Less Effective? Evidence from the U.S. House in the 103rd–105th Congress. Political Research Quarterly, 56(1): 19–27.

Kathlene, Lyn. 2001. Words that Matter: Women's Voice and Institutional Bias in Public Policy Formation. In Susan J. Carroll, ed. The Impact of Women in Public Office. Bloomington, Indiana University Press.

Kathlene, Lyn. 1999. In a Different Voice: Women and the Policy Process. In Sue Thomas and Clyde Wilcox, eds. Women and Elective Office: Past, Present, and Future. Boulder, CO: Westview Press.

Kathlene, Lyn. 1995. Alternative Views of Crime: Legislative Policymaking in Gendered Terms. Journal of Politics, 57: 696–723.

Kanter, Rosabeth Moss. 1977. Men and Women of the Corporation. New York: Basic Books.

Kaufmann, Karen. 2002. Culture Wars, Secular Realignment, and the Gender Gap in Party Identification. Political Behavior, 24: 283–306.

Mandel, Ruth and Debra L. Dodson. 1993. Do Women Officeholders make a Difference? In Paula Ries and Anne J. Stone, eds., The American Woman, 1992-1993. New York: Norton.

Mezey, Susan Gluck. 1994. Increasing the Number of Women in Office: Does It Matter? Elizabeth Adeli Cook, Sue Thomas, and Clyde Wilcox, eds. The Year of the Woman: Myths and Realities. Boulder, CO: Westview Press.

Mueller, Carol M., ed. 1988. The Politics of the Gender Gap: the Social Construction of Political Influence. London: Sage Publications.

Norris, Pippa and Joni Lovenduski. 1993. Gender and Party Politics in Britain, pp.35-59. In Joni Lovenduski and Pippa Norris, eds., Gender and Party Politics. London: Sage Publications.

Norton, Noelle H. 1999. Uncovering the Dimensionality of Gender Voting in Congress. Legislative Studies Quarterly, 24(1): 65-86.

O'Connor, Karen. 2005. Do Women in Local, State, and National Legislative Bodies Matter?: A Definite Yes Proves Three Decades of Research By Political Scientists. In The White House Project Research. Available at: www.thewhitehouseproject.org.

Poggione, Sarah. 2004. Exploring Gender differences in State Legislators' Policy Preferences. Political Research Quarterly, 57(2): 305-314.

Reingold, Beth. 1992. Concepts of Representation among Female and Male State Legislators. Legislative Studies Quarterly, 17(4): 509-537.

Rosenthal, Cindy Simon. 1998. When Women Lead: Integrative Leadership in State Legislatures. Oxford, New York: Oxford University Press.

Saint-Germain, Michelle A. 1989. Does Their Difference Make a Difference? The Impact of Elected Women on Public Policy in Arizona. Social Science Quarterly, 70(4): 956-68.

Seltzer, Richard a., Jody Newman, and Melissa Voorhees Leighton. 1997.

Sex as a Political Variable: Women as Candidates and Voters in U.S. Elections. Boulder: Lynne Rienner Publishers.

Shapiro, Robert and Harpreet Mahajan. 1986. Gender Differences and Preferences: a Summary of Policy Preferences from the 1960s to the 1980s. Public Opinion Quarterly, 50: 42-61.

Stanley, Jeanie R. and Diane D. Blair. 1991. Gender Differences in Legislative Effectiveness: The Impact of the Legislative Environment, pp.115-129. In Debra L. Dodson, ed., Gender and Policymaking: Studies of Women in Office. CAWP, Eagleton Institute of Politics, Rutgers, The State University of New Jersey.

Studlar, Donley T., Ian McAllister, and Alvaro Ascui. 1988. Electing Women to the British Commons: Breakout from the Beleaguered Beachhead? Legislative Studies Quarterly, 13(4): 515-528.

Swers, Michele L. 1998. Are Women More Likely to Vote for Women's Issue Bills than Their Male Colleagues? Legislative Studies Quarterly, 23(3): 435-448.

Swers, Michele L. 2002. The Difference Women Make: The Policy Impact of Women in Congress. Chicago and London: The University of Chicago Press.

Tamerius, Karin L. 1995. Sex, Gender, and Leadership in the Representation of Women, pp. In Georgia Duerst-Lahti and Rita Mae Kelly, eds. Gender Power, Leadership, and Governance. Ann Arbor: University of Michigan Press.

Thomas, Sue. 2005. Cracking the Glass Ceiling The Status, Significance, and Prospects of Women in Legislative Office, pp.242-263. In Sue Tolleson-Rinehart and Jyl J. Josephson, eds., Gender and American Politics, Revised and Expanded, 2nd Edition. Armonk, New York: M. E. Sharpe.

Thomas, Sue. 2003. The Impact of Women in Political Leadership

Positions. In Susan J. Carroll, ed. Women and American Politics: New Questions, New Directions. Oxford, UK: Oxford University Press.

Thomas, Sue. 1994. How Women Legislate. Oxford, New York: Oxford University Press.

Thomas, Sue. 1991. The Impact of Women on State Legislative Policies. Journal of Politics, 53(4): 958-976.

Tolleson Rinehart, Sue. 1992. Gender Consciousness and Politics. New York: Routledge.

Tolleson Rinehart, Sue. 1991. Do Women Leaders Make a Difference?: Substance, Style and Perceptions, pp.93-102. In Debra L. Dodson, ed., Gender and Policymaking: Studies of Women in Office. CAWP, Eagleton Institute of Politics, Rutgers, The State University of New Jersey.

Vega, Arturo and Juanita M. Firestone. 1995. The Effects of Gender on Congressional Behavior and the Substantive Representation of Women. Legislative Studies Quarterly, 20(2): 213

Welch, Susan. 1985. Are Women More Liberal than Men in the U.S. Congress? Legislative Studies Quarterly, 10(1): 125-134.

Welch, Susan and Sue Thomas. 1991. Do Women in Public Office Make a Difference?, pp.13-19. In Debra L. Dodson, ed., Gender and Policymaking: Studies of Women in Office. CAWP, Eagleton Institute of Politics, Rutgers, The State University of New Jersey.

제2주제: 〈스웨덴 사례〉 성과 정치적 대표성

Gender and Political Representation in Sweden

Kazuki Iwanaga

Department of Political Science

Halmstad University

Sweden

Paper for the conference 'A Study on the Gender Gap in Legislative Activity and Measures for Raising Gender Sensitivity of Legislative Men and Women', at the Korean Women's Development Institute, Seoul, Korea, October 18, 2006.

In recent years, an increasing number of studies on gender and politics in Europe and the United States have focused on the substantive content of women's political representation. Researchers are looking beyond the numbers to study what women can accomplish once they are elected to legislative assemblies, and examining whether and how women can make a difference in setting and implementing political agenda from within the assembly, be these women in small or large amount. This paper addresses the following questions: Would women's increased presence in the Swedish parliament imply a better representation of interests and policy areas which are of direct concern to women? Would women's increased presence lead to gendered awareness among parliamentarians? I will also examine gender mainstreaming in Sweden, a strategy where by gender needs to be made visible and facts about women and men are to be analyzed in order to integrate a gender perspective in all policy making.

Sweden is known as one of the most gender equal countries in the world - about half of the members of Parliament are female, and 80 percent of the women have jobs. The 2006 elections in Sweden resulted in an increase in the proportion of women in Parliament of the 349 members of parliament(MPs), 47 percent are now women, compared to 45 percent after the 2002 election and nearly 44 percent after the 1998 election. The government also has a nearly equal gender distribution. Today, gender perspective pervades the whole policy making process at various levels of government.

The Swedish parliament approved equal suffrage for women and men in 1919, but women's representation had increased very slowly over the years. The first woman was elected to the parliament in 1921, but it was not until 1947 that a woman became a member of the government. It has taken approximately 60 years for women's representation to exceed the twenty percent mark and 70 years to reach thirty percent. Sweden has thus taken an incremental track. The proportion of women in the Parliament rose steadily but slowly until the early 1970s. By 1971, little more than 50 years after women received the right to vote, women held only 14 per cent of parliamentary seats. The breakthrough for women's representation came during the 1970s and 1980s. By 1985, it had increased to 30 per cent, a proportion suggested by some scholars as the requirement for being a 'critical mass'. The number of women in the Parliament has more than tripled since 1971. Women in Sweden today are better integrated into politics than they were in the 1960s due in part to the country's long tradition of forward looking social policies.

Why does Sweden have such a high political representation of women? The conceivable explanations include the proportional representation system, the egalitarian political culture, the high level of women's labor market participation and education, and the well developed welfare system. One of the most important factors accounting for the significant increase in women's representation in Sweden is the efforts of political parties and women's organizations to increase the number of women parliamentarians. Swedish political parties have adopted affirmative action policies such as party based gender quotas or party targets to advance women's candidacies. The increases in women's representation in the Parliament have been achieved without imposing formal rules written into the country's constitution, instead there has been a strong conviction among all political parties represented in the Parliament of the need to increase the number of women candidates for quite a long period of time. In other words, quotas in Sweden, as in other Scandinavian countries, were voluntary party based gender quotas. They have had a significant impact on the numbers of female representatives elected to the Parliament. It is noteworthy that party quotas were essentially adapted in the 1980s and 1990s, when the proportion of women in the parliament was already high, in the range of 25 - 35 per cent. The Green Party first introduced quotas in 1981, followed by the Left Party and the Liberal Party. In 1994, the largest political party, the Social Democratic Party initiated the idea of the so called zipping system('varannan damernas' or 'varvade listor'), meaning that every second name on the party's nomination list must be a women's name. Aside from the objective of increasing women's representation, the adoption of the zipping system was in part a reaction to the threat from the feminist network the Support Stockings to establish a woman's party. The Social Democrats practiced a systematic alteration between women and men in their lists of constituency candidates in the 1994, 1998, 2002 and 2006 elections. Since 1994 the slogan of 'every second seat for a woman' is rooted within Swedish politics(Wängnerud: 2005).

In the early 1970s, the Social Democratic Party made gender equality part of its platform. Since then, gender equality has become an important backdrop to almost all areas of policy. Consequently, the Swedish government passed laws mandating equality in numerous areas. The government prohibited violence against women, required salary parity for men and women in similar jobs and gave men and women the right to equal parental leave.

Despite common claims to across the board gender equity in the Swedish society, there is still a division of labor between men(earners) and women(carers). There is a conviction in Sweden that if gender equality is to become a reality it is necessary to change the distribution of the workload between the sexes in the home, in working life and in society in general. Consequently, a series of measures, including provisions on parental leave for men only, have been introduced to give fathers the opportunity to take active responsibility for their children and to make it easier for both women and men to combine parenthood and working life. The Swedish child care system has grown in both size and scope, with parental leave ever more generous—now 480 days of paid leave per couple—and subsidized, full time preschool is available from the day the child turn one year old.

It is well recognized that in order to increase gender equality in a society, women's concerns and interests have to be voiced first. Do women parliamentarians in the Swedish Parliament have an agenda that differs from that of their male colleagues? Are women parliamentarians giving women's interests a voice?(Wängnerud). Much of the research on gender and representation has examined the relationship between the 'who' and 'what' of political representation – descriptive representation details 'who' is representing whom, while substantive representation engages with 'what' is represented. The existing literature seems to suggest that as more women become elected(descriptive representation), there will be more evidence of gender based differences in policy priorities in legislative bodies(substantive representation), since an increase of women would include other life experiences with alternative lenses through which to view issues. Some scholars claim that a critical mass of women legislators will be needed in order to pursue a women's agenda in the legislative body(Vega & Firestone 1995, Thomas 1994) - an argument based on the assumption that large numbers of women in the parliament will increase their ability to work for women's issues. With reference to Norway, Bystydzienski(1992: 18) notes that '(……) since the influx of larger numbers of women into public politics, women's issues, interests, values, and perspectives have become incorporated into political discourse and policy making'.

As long as the proportion of women was low, there was a lack of interest of the political significance of gender. Because women were a minority in parliament, men's norms and interests set the tone of the parliamentary working environment. Accordingly, female legislators were expected to act in ways that suited norms created by their male colleagues. As women increased their proportion of seats, the culture and norms of the parliament began to be transformed and legislation became more attuned to women's problems in society. Thus, by the 1970s and 1980s, with the percentage of women in the Parliament topping 30 per cent, women's organizations within political parties and NGOs contributed to the searchlight being directed to the gender based capsizing of the political institutions. Today, women are treated as the norm, not as representatives of a minority in Sweden. As a result, both male and female MPs have become more gender sensitive and receptive to the issue of gender quality.

The findings of research in Sweden are in line with those of much other research in Europe and the United States that suggests that more women in parliaments will lead to greater legislative attention to women's issues(Carroll 2001, Dodson et al. 1995, Thomas 1994). A study on the impact of women in American state legislatures, Thomas and Welch concluded that women place a higher priority than men on issues related to women, children, and families and that these gender differences are strongest in legislatures with the highest proportions of women(Thomas and Welch: 2001). Using her comprehensive material regarding conditions in Sweden during the period 1985~1994 as a starting point, Wängnerud found that there exist three areas where the increase in female representation has affected political content, namely equality, family politics and social politics. Her conclusion is as follows:

(······) women's participation in parliamentary work has meant that there has occurred a shift in the center of gravity on the political agenda: women's areas have become more central with the increasing proportion of female politicians(Wängnerud 1998: 178).

A study conducted by Oskarsson and Wägnerud has also shown a clear connection between gender and areas of political interest and priorities. They found, for example, that women prioritize such political issues as care, by way of for example social politics, family politics, medical care and care for the elderly, while economy is an area of high priority among male politicians(Oskarson and Wängnerud 1995).

Wängnerud's more recent study shows several interesting results. Legislators were first asked to respond to two questions which read: 'Which issue/s or problem/s did you emphasize most in your campaign work before this year's election?' and 'Which political issue area/s are you personally most interested in?'(Wängnerud: 2005). There is a relationship between the sex of politicians and the extent to which they pursue women's interests. At the same time as the numbers of women parliamentarians have increased, a gender difference has emerged between female and male responsibilities and specialities in the committee work in the parliament. In 1985, 75 per cent of female MPs addressed issues of social policy, family policy, care of the elderly or health care in their election campaigns when the proportion of women in the parliament was 32 per cent. The corresponding figure among male MPs was 44 per cent. By the early 2000 the gap had dramatically closed; there was almost no gender difference. In 2002, with 45 per cent women in the parliament, 49 per cent of female and 48 per cent of the male parliamentarians brought up these 'women's issues' in their election campaigns. In other words, women were only slightly more likely than men to give priority to these issues of concern to women in their election campaigns. The Swedish parliamentarians were also asked about the issue of gender equality as an election campaign issue in 1985, 1994 and 2002. While women parliamentarians were committed to the issue, gender equality was an issue which was very seldom actively advocated by male parliamentarians in their election campaigns in 1985 and 1994.

Wängnerud's study indicates that women were gender sensitive in the sense that they were more strongly in favor of changes towards more gender equality. She argues: 'Without female politicians there is a risk that there would be silence on issues of gender equality'(Wängnerud 2005: 243). However, there was no significant gender based difference on this issue in the 2002 election campaign. In fact, male parliamentarians gave this issue a slightly higher priority than their female colleagues. She concluded that the issue of gender equality has not been a major issue in the Swedish parliament(Wängnerud 2000: 79).

Figure 1. Social welfare policies on the agenda of Swedish MPs 1985~2002 (per cent)

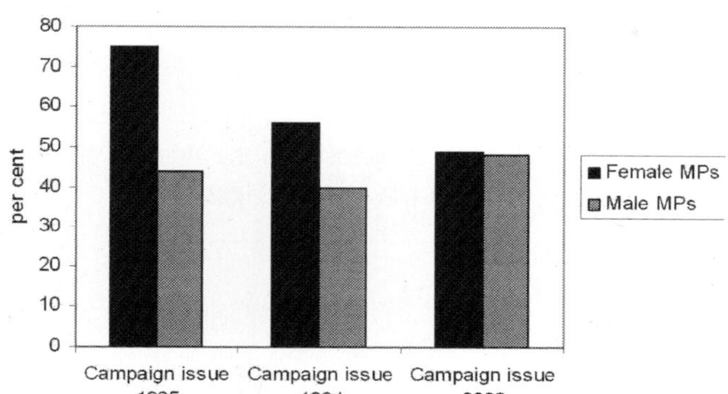

Comment: The table shows the response to the open question 'Which issue/s or problem/s did you emphasize most in your campaign work before this years election?'(up to five issues could be mentioned). The responses were coded according to a detailed code scheme. Included in the category 'social welfare issues' were responses referring to either social policy, family policy, health care or elder care. The least number of respondents (women/men) 1985 (96/218), 1994 (132/190), 2002 (142/175). The total number of MPs in the Swedish parliament has been 349 since 1976.

Source: Reproduced from Wängnerud 2005b.

Her study also shows that women parliamentarians are more likely to represent women's interests. For example, in 1994, 54 per cent of female legislators regarded it as 'very important' for them personally to represent women's interests while the corresponding percentage for men was only 6 per cent. This pattern remained relatively stable over time even after controlling for factors like party affiliation etc.

284

The results also show that female parliamentarians have more contact with women's organizations than their male colleagues have. For instance, in 1994, 51 per cent of the women in parliament reported that they were in regular contact with women's

Figure 2. Women's Interests on the Agenda of Swedish MPs, 1985~2002

Comment: The table shows the response to the open question 'Which issue/s or problem/s did you emphasize most in your campaign work before this years election?'(up to five issues could be mentioned). The responses were coded according to a detailed code scheme. The numbers shown are the percentages of female and male MPs who included women's interests among either set of issues. Included in the category 'social welfare issues' were responses referring to either social policy, family policy, health care or elder care. The number of respondents (women:men) 1985 (96:218), 1994 (132:190), 2002 (142:175). The total number of MPs in the Swedish parliament has been 349 since 1976.

Source: Reproduced from Wängnerud 2005a, p.241.

Organizations. Among male parliamentarians, four per cent had such contacts(Wängnerud 1999). Women in politics may need the support of women's organizations and networks outside the parliament to work for issues that concern them. Maintaining contacts between female politicians and women's NGOs can be one of the important ways to achieve policies for women. In Sweden, one of the key factors responsible for their influence on decision making is the role of the women's organizations in the political parties and the networks of women in politics outside of party affiliations.

Women's increased representation in the Swedish parliament has meant that women have been instrumental in altering the political agenda and in bringing about successful outcomes of many important acts of legislation related to the politics of care, such as family policy, social policy and care of the elderly. An important way of raising gender awareness is to increase the presence of women in politics so that government policies will move gender equality beyond mere rethorics. When women's representation was low, women's issues were considered a matter for women only and conceived '(……) either as a specialized but limited set of party demands or as outside the mainstream of party demands'(Sainsbury 1993: 280). As the number of women increased, they were successful in redefining women's issues as party issues in the name of equality. With an almost gender equal parliament, it would be difficult for women to confine themselves primarily to the politics of care and social welfare in the future. It would be difficult to conceive of a situation where women and men did not exercise equal

286

power within all political areas. The Swedish experience suggests that women's representation has been enhanced because Sweden has political parties which have enacted policies specially designed to improve the representation of women. Wängnerud maintains that '(······) it is almost impossible to go from a low proportion of female parliamentarians to a high proportion without going through a stage in which patterns of "masculine" and "feminine" appear with respect to the content of politics'(Wängnerud 2005)

Table 1. Degree of Contact between Swedish MPs and Women's Organizations. Figures are percentages

Year	Frequent contact (percentage)			No contact (percentage)		
	Men MPs	Women MPs	Difference	Women MPs	Men MPs	Difference
1985	55	9	+46	4	14	-10
1994	51	4	+47	4	18	-14
2002	40	6	+34	3	14	-11

Note: The question read: 'The question deals with your contacts as a politician with various organizations, groups and authorities in the past year. Disregarding how the contact was made, how often have you in the past year, personally or by letter, been in touch with any of the organizations, groups or authorities listed below?' The MPs were asked to state their degree of contact with about 20 different organizations, among which were listed women's organizations. They could state in their response whether contact took place at least once a week, once or twice a month, a few times, occasionally or never. The table shows those who answered once or weak or once or twice a month(frequent contact) and the percentage who answered never(no contact). The number of respondents(women:men) was: in 1985, 99:229, in 1994, 134:191, and in 2002, 142:175.

Source: Wängnerud 2005a, p.244.

During the last decade or so efforts have been made to bridge the gender gaps in the standing committees in the Swedish Parliament. In Sweden, committee positions play an important role in the legislative policy making process, as they determine which issues are placed on the legislative agenda, and so the appointment of more women to relevant committees may increase the openness of the parliament to women's issue legislation.

Figure 3. Gender Equality on the Agenda of Swedish MPs, 1985~2002

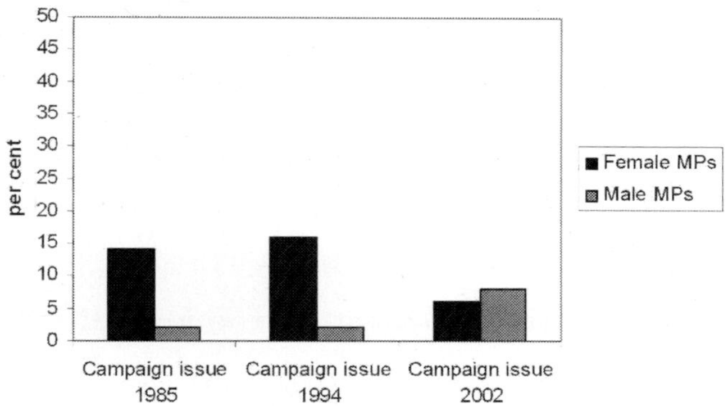

Note: The figure shows the response to two open questions which read, in the following order: 'Which issue/s or problem/s did you emphasize most in your campaign work before this year's election?'(up to five issues could be mentioned), and 'Which political issue area/s are you personally most interested in?'(up to three issues could be mentioned). The responses were coded according to a detailed scheme. The numbers shown are the percentages pf female and male MPs who included gender equality among either set of issues. Included in the category 'gender equality' were responses referring explicitly to shifts in gender balances(promoting women). The number of respondents(women:men) were: in 1985, 96:218, in 1994, 132:190, and in 2002, 142:175. The total number of MPs in the Swedish Parliament has been 349 since 1976. Source: Adapted from Wägnerud.

Previous research in Western democracies found female legislators serving on committees dealing with traditional 'women's issues', such as education, health and social welfare. In Sweden, during the 1980s and early 1990s women were strongly overrepresented in committees dealing with social welfare, such as the committees on social insurance, health and welfare, education and the labor market. At the same time they were under represented in committees dealing with economic or technical issues such as taxation, finance, transport, industry and trade. However, since the election of 1994, when the zipping system became rooted in Swedish politics, the gender distribution has been more balanced(Wängnerud 2005).

Her study indicates that women parliamentarians are gender sensitive since they are more strongly in favour of changes in the direction of even further gender equality. The MPs were in 1994 asked to specify the issues where women's increased participation had contributed towards change in party viewpoints: 'In the past 20 years, the proportion of women has increased in most parties in the Swedish Parliament. Are there concrete issues where you believe the position of your party has changed because of the increased representation of women?'. A majority of Swedish MPs(75 per cent among women and 50 per cent among men) agreed that there have been changes, and the areas most frequently mentioned were gender equality, family policy and social policy.

How women can make a difference in the political process vary according to the numbers of women in parliament. In Sweden, it would be difficult to have a parliament or to form a government or government committees with fewer than 40 per cent women. It is no longer democratically legitimate to have legislative assemblies at the national, regional and local levels with an overwhelming majority of men. Numbers are always important, they are a necessary, if not sufficient criteria for sustained impact. As the numbers of women grow, we should expect increased participation by women in all aspects of parliamentary life and legislative work will increasingly take women's perspectives into account and there will be an increase in men raising women's issues and exhibiting sensitivity to women's perspectives. The increased presence of women in the Swedish parliament has altered the political climate and created a generally supportive cultural atmosphere conducive to the achievement of gender equality.

In terms of women's participation in political and decision making processes, the world has looked to Sweden. The strategy of gender mainstreaming has often been conceived as one of the most efficient tools in accomplishing gender equality. Gender equality is to permeate all areas of policy making. All government ministries are responsible for ensuring gender equality within their respective policy areas.

Gender Sensitive Policies and Gender Mainstreaming

Gender mainstreaming began to receive attention in Sweden in the late 1980s, and the term came into widespread use with the Beijing Platform for Action, adopted after the Fourth World Conference on Women held in Beijing in 1995, which emphasized the importance of mainstreaming a gender perspective in all policies and programs, so that, before decisions are taken, an analysis is made of the effects on women and men respectively. It implies that women's issues should not be marginalized, but rather integrated into every aspect of life. At the 1995 UN Conference on Women in Beijing, the world community decided to revise its strategy for pursuing gender equality work, as previous approaches not were found to be sufficiently effective. Instead, gender equality concerns were now to be integrated into regular policy work and to be taken into consideration when crucial decisions were being made. This strategy came to be known as 'gender mainstreaming'. The commitment to implement this strategy added international legitimacy to the discussion of women's and men's lives and conditions in spheres where gender had not previously been considered relevant or offered a basis for research and analysis. As a result, sectors that until then had never had to concern themselves with the respective circumstances of women and men suddenly had to take responsibility for gender equality. The decision to apply gender mainstreaming also meant challenging ingrained attitudes, working methods and standards.

Gender mainstreaming entails an entirely new approach, a kind of 'paradigm shift' in theory and practice with respect to previous policies designed to achieve gender equality, such as equal treatment, equal opportunities, positive action or positive discrimination. The latter policies primarily seek to help women to adapt to existing, male oriented institutions. Gender mainstreaming, however, takes account of the conditions, priorities and needs of both women and men. In the legislative process, for example, all legislative acts may impact differently on women and men as they play different roles in the economy and in society. Policy making has to take into account the likely differential gender impacts of legislation and how legislative proposals might be better designed to achieve outcomes which meet the needs of both sexes equitably. Mainstreaming strategy is not aimed at changing women but rather accepts their conditions, priorities and needs as being 'normal', taking this—at the same level as men—as the starting point in restructuring organizations and institutions. Gender mainstreaming is therefore aimed at promoting progress toward the goals of women's empowerment and gender equality by the integration of a gender perspective into all general policies and measures.

292

Table 2. Gender patterns in committees of the
Swedish parliament 1971~2002

(+) symbol indicates over representation of women MPs and (−) under representation

Committee	Social welfare		Culture/Law		Basic Functions		Economics/ Technology		Average number of women	
Term of Office	Women %		Women %		Women %		Women %		All 16 comm.	Parliament total
1971/73	20	+5	24	+9	9	− 6	5	− 10	15	14
1974/76	22	+6	23	+7	15	− 1	5	− 11	16	21
1976/79	19	0	26	+7	24	+5	8	− 11	19	23
1979/82	29	+7	27	+5	21	− 1	13	− 9	22	28
1982/85	39	+13	34	+8	20	− 6	12	− 14	26	28
1985/88	42	+13	36	+7	22	− 7	18	− 11	29	32
1988/91	54	+19	41	+6	24	− 11	21	− 14	35	38
1991/94	49	+16	41	+8	25	− 8	15	− 18	33	33
1994/98	47	+3	49	+5	42	− 2	36	− 8	44	43
1988/02	50	+5	50	+5	40	− 5	42	− 3	45	44

Comment: All together there are 16 standing committees in the Swedish Parliament. (+) and (−) relates to the average within the committee system. The social welfare category in table 2 encompasses: Committees of health &welfare, social insurance, labor market and education; The culture/law category encompasses: Committees on cultural affairs, justice, civil law and constitution; the category dealing with basic societal functions comprises foreign affairs, defense, environment/agriculture and housing; the economics/ technology category comprises finance, taxation, industry & commerce and transportation. Estimates made based on annual data(averaged for the whole period) and include regular committee members. The number of regular members of each committee is 15 except for the 88/91, 95/98 and 98/02 terms of office when the number was 17.

Source: Reproduced from Wängnerud 2005b.

Every year since 1994 the Swedish Government has declared in its annual Statement of Government Policy its political conviction that a gender equality perspective must permeate all aspects of government policy. From that time special measures have been taken to integrate gender perspective into various policy areas. Sweden has come a long way toward gender equality. There are, however, many more implementations to be accomplished before gender mainstreaming is truly incorporated in the Swedish society. An important component of gender mainstreaming is to increase the presence of women in politics so that government policies will move gender equality beyond the mere rhetoric. The number of women in politics is crucial. The adoption of gender mainstreaming was linked to positive developments along this dimension. A critical minimum of women seems to be a prerequisite to create the necessary political will.

Sweden has strongly committed to gender mainstreaming, and is one of the most successful examples of it's implementation. By mid 1990s, mainstreaming activities were given a high priority. All policies and measures as well as bills were carefully scrutinized for a gender perspective, and possible effects of the policy or measure are examined for their impacts for both women and men.

Unlike many countries, Sweden, with its long standing experience with gender equality, does not have a specific parliamentary committee on gender equality, but instead uses the mainstreaming principle, with each of the committees being responsible for gender equality within its own particular field. Gender mainstreaming ensures that both women's and men's experiences are integral to the policy making, implementation, monitoring and evaluation of all legislation so that they both benefit equally. Gender mainstreaming complements gender equality measures which focus mainly on positive affirmative actions such as gender quotas. It is a strategy for introducing and integrating a gender perspective into all policies and areas of decision −making. It is a way of working towards predetermined gender equality goals. Gender mainstreaming implies that the introduction of gender sensitive forms of policy making by taking into account the various interests and life experiences of both women and men when policies are formulated and implemented.

Since 1994 the Swedish government has been providing training in gender equality studies for ministers, state secretaries, press secretaries and political advisers, for heads and staff of ministries and other areas of public administration and for heads and secretaries of central government committees and commissions of inquiry. The purpose of the training is to deepen awareness of women and men's conditions in society, to spread information about gender equality policy objectives, and to increase officials' understanding of their own responsibility in the task of gender mainstreaming.

Politicians play a crucial role in raising awareness about gender equality and gender mainstreaming, given their official and formal task of defining policy priorities and initiating policies, as well as their ability to reallocate the necessary means and conditions required for gender mainstreaming. The high level of women's representation in the Swedish Parliament has resulted in a more equal distribution of political power between the sexes. One of the key concerns with respect to the equal participation of women in the activities of the Parliament has been the question of combining family and political responsibilities. Women were instrumental in transforming the physical premises to make them more gender friendly and better adapted to the needs of working women with families. In general, women were known to bring about changes in institutional culture, using their influence to instill practices and procedures that make parliaments better adapted to women MPs. This means, for example, that acknowledging the demands of family life, a child care center was established in the parliament, making it possible for parliamentarians with small children from outside the capital to have their family with them. Another concrete example is the introduction of a series of meeting in the parliament during the 1990s by the former speaker of the Swedish Parliament, Birgitta Dahl, inviting experts to discuss different aspects of gender equality.

In November 2003, realizing that a near equal gender distribution in the Parliament did not automatically result in real gender equality, the Social Democratic Party made proposals on how to improve gender equality in the parliament. A working group was established within the Swedish parliament with the task of looking at 'gender equality beyond figures' and presenting proposals on how to improve the situation. In 2004, the working group on gender equality in the Parliament presented proposals to promote gender equality within itself. These covered a wide range of areas and were intended to help gender mainstreaming. For example, the suggestion that parliament should launch a specific gender equality program for every term of office in order to monitor and increase activities in this field; or the call for organization of seminars for the parliamentary standing committees where working methods, cultural aspects, the role of the committee chairpersons and other issues could be discussed. These activities contain two aspects: awareness raising and the transfer of knowledge. Awareness raising about gender equality issues aims at showing how existing values and norms influence our perception of reality, perpetuate stereotypes and support the mechanisms producing inequality. Awareness raising challenges values and norms by explaining how they influence and limit the options taken into consideration and decision making. Besides, awareness raising aims at stimulating a general sensitivity to gender issues. Next to awareness raising there is need for training - politicians involved in the legislative process, have to learn how to detect gender issues and how to develop policies in order to take gender into account. Every person involved in gender mainstreaming will have to receive education on the issue of gender equality and of mainstreaming.

Another issue was the need for more research regarding parliamentary work from a gender perspective, and to that end cooperation with universities was to be intensified. Research in gender studies is an important base for gender mainstreaming, because it can identify and analyze current issues and problems in a given policy field. Research can provide sex segregated statistics, develop a state of the art of current gender relations and set up forecasts. Data on the current situation of women and men, and on current gender relations, are absolutely necessary for mainstreaming. Statistics on the situation of women and men in all spheres of society are an important tool in promoting gender equality. Gender sensitive statistics raise awareness and provide an impetus for change, to provide a foundation for policies and to monitor and evaluate such policies. The Swedish government has recognized the crucial role of better information on gender differences through gender disaggregated data in order to introduce gender mainstreaming into policy and to serve as a benchmark of progress. Since 1992, official statistics have been separated for women and men.

More attention was also to be paid to the family situation of MPs when drawing up schedules or travel plans. Promoting gender equality is not an exclusive responsibility on women to conform to male values. It is about building new relationships based on equal rights, responsibilities and opportunities for women and men. The report was to serve as a basis for continued work with gender equality in the parliament. It is important to note that measures related to equal opportunities and positive action still play a central role in promoting gender equality. As Judith Squires(2003: 28) notes, '(……) the fastest track to gender equality will entail not only the adoption of gender quotas, but also the embrace of gender mainstreaming in relation to the shaping of the political institutions themselves.

In May 2006, the Swedish parliament adopted the new national gender equality objectives proposed by the Social Democratic government. The overall national objective is that women and men shall have equal power to shape society and their own lives.

The interim objectives can be summed up as follows:

- An equal distribution of power and influence: Women and men shall have the same rights and opportunities to be active citizens and to shape the conditions of decision making.
- Economic equality between women and men. Women and men shall have the same opportunities and conditions with regards to education and paid work that provide life long economic independence.
- An equal distribution of unpaid care and household work: Women and men shall take the same responsibility for household work and have the same opportunities to give and receive care on equal terms.

* Men's violence against women shall come to an end: Women and men, girls and boys, shall have equal rights and opportunities to physical integrity.

Gender equality policy in Sweden is based on the understanding that the unequal distribution of power between women and men is sustained by the gender based power structure in the Swedish society: women as a social group are subordinate to men and men are the norm. Gender equality policy aims at changing this gender power structure and putting an end to the structural subordination that result in the weaker social, economic and political position in society that women have compared to men.

According to the government's gender equality policy, gender mainstreaming is the principal strategy that is to be used to achieve the national gender equality objectives, and it is to be incorporated into all policies at all levels and in all stages of policy processes, including the legislative and budget processes. For the government, gender mainstreaming means that each minister is responsible for ensuring that the gender equality objectives are achieved within her or his own policy area. The Minister of Gender Equality coordinates this government policy. The Swedish Parliament has made an explicit commitment to promote gender equality in all areas. Sweden does not have a specific parliamentary committee on gender equality, but instead uses the mainstreaming principle, with each of the committees being responsible for gender equality within its own particular field.

Conclusion

The Swedish parliament is closer to gender equality than many other parliaments. Women have often had to struggle to achieve it. The path to gender equality in Sweden has been a long one. With regard to women's representation in parliaments, the Swedish experience with its incremental or gradualist approach in attaining gender equality may not serve as a model for increasing women's political representation for other countries since it took 80 years to progress from having no women in parliament to the proportion of women that are represented today.

The Swedish experience suggests that it would be extremely difficult, if not impossible, to move from a low proportion of women parliamentarians to a high proportion without going through a phase in which gendered patterns in the content of politics appear.

As women have become more numerous in our legislative bodies, many scholars suggest directly or indirectly that the content of politics will change accordingly, affecting issue priorities and political agenda setting and even the outcomes of the legislative policy making. The increased presence of women in the Swedish parliament has altered the legislative environment and created a generally supportive cultural atmosphere conducive to the achievement of gender equality.

The number of women in politics is crucial in raising the gender awareness of parliamentarians and the whole political elite. A critical minimum of women seems to be a prerequisite to create the necessary political will. It will be difficult to obtain the political will for gender equality if women are not fully involved in decision making. The Swedish experience shows that once women enter the arena of parliament in much greater numbers, changes are more considerable and take place at a quicker pace. The increased presence of women ensures that the various values, interests and life experiences of women are taken into account when decisions are made.

References

Bystydzienski, Jill M.(1992) 'Influence of Women's Culture on Public Policy in Norway', In Bystydzienski, Jill M. (ed.), Women Transforming Politics. Bloomington, IN: Indiana University Press, pp.11 - 23.

Carroll, Susan J.(2001) The Impact of Women in Public Office. Bloomington: University Press.

Dodson, Debra L., and Carroll, Susan J.(1991) Reshaping the Agenda: Women in State Legislatures. New Brunswick, N.J.: Center for the American Woman and Politics.

302

Oskarson, Maria & Wängnerud, Lena(1995). 'Kvinnor som väljare och valda' [Women as electors and electees]. Lund: Studentlitteratur.

Sainsbury, Diane(1993) 'The Politics of Increased Women's Representation: the Swedish Case'. In Lovenduski, Joni & Pippa Norris (eds) Gender and Party Politics. London: SAGE Publications, pp.263-290.

Squires, Judith(2004) Gender Quotas in Britain: A Fast Track to Equality? Working Paper Series 2004: 1. Paper prepared for seminar on 'Quotas for Women Worldwide-a Fast Track to Equality and Empowerment?', Stockholm University.

Thomas, Sue(1994) How Women Legislate. New York: Oxford University Press.

Thomas, Sue and Susan Welch(2001) 'The Impact of Women in State Legislatures: Numerical and Organizational Strength'. In Carroll, Susan J., The Impact of Women in Public Office. Bloomington and Indianapolis: Indiana University Press.

Vega, Arturo and Firestone, Juanita M.(1995) 'The Effects of Gender on Congressional Behavior and the Substantive Representation of Women', Legislative Studies Quarterly 20, pp.213-222.

Wängnerud, Lena(2000) 'Testing the Politics of Presence: Women's Representation in the Swedish Riksdag', Scandinavian Political Studies, 23(1), pp.67-91.

__________(2005a) Sweden: A Step wise Development. Women in Parliament: Beyond Numbers. Stockholm: IDEA. http://www.idea.int/publications/wip2/upload/Sweden.pdf Accessed

__________(2005b) Gender Structures in Parliament: Causes and Consequences. European Consortium of Political Research, Budapest 8-9 September 2005. Available online: http://www.essex.ac.uk/ecpr/events/generalconference/budapest/papers/symposia/1/wangnerud.pdf

• 저자 •

김원홍　•약 력•

건국대학교 대학원 정치학 박사
현 한국여성정책연구원 연구위원
현 여성부 자체평가위원

•주요논저•

『21세기 북한』(공저)
『(증보판)오늘의 여성학』(공저)
『Harold J. Laski의 국가론』

김은경　•약 력•

연세대학교 대학원 정치학 박사
현 한국여성정책연구원 전문연구원
연세대 등 시간강사

•주요논저•

「여성정책 거버넌스 유형에 대한 분석: 여성부의 협력사업 사례」(2008)
「A Comparative Study of Electoral Gender Quotas in Sweden,
　Germany, and South Korea」(2008)
「기초의회선거에 나타난 의회전문성 향상과 여성대표성의 상충:
　2006년 기초의회 선거를 대상으로 한 경험적 분석」(2007)

이현출　•약 력•

건국대학교 대학원 정치학 박사
오사카시립대 객원연구원
국회도서관 입법정보연구관
현 국회입법조사처 정치의회팀장

•주요논저•

『매니페스토와 한국정치 개혁』(서울: 건국대출판부, 2006)
『17대총선 현장 리포트』(서울: 푸른길, 2004 공저)
『정당과 민주주의』(서울: 오름, 1997)

윤덕경　•약 력•

이화여자대학교 대학원 법학과 박사과정수료
현 한국여성정책연구원 연구위원

•주요논저•

『성평등정책론』(공저)
『여성인권보장 및 차별해소를 위한 관련법제정비연구
　-성폭력·가정폭력·성매매 관련 법제 정비방안』(공저)

최정원

•약　력•

연세대학교 정치외교학과 졸업
연세대학교 정치학 박사
현 연세대학교 경제학부 BK21사업단/동서문제연구원 연구교수

•주요논문 및 저서•

『한국의회정치와 제도개혁』(공저)
『여성정치학 입문』(공저)
『여성정치인의 리더십』(공저)
「한국의 저출산과 성평등: 인구정책과 여성정책의 연계를 중심으로」(공저)
「여성관련 입법성과와 의회리더십: 민법중개정법률안 결정과정을 중심으로」
「한국정치학에서의 성정치학(Gender Politics) 연구현황과 제언」(공저)

Aie-Rie Lee

•약　력•

현 미국 Texas Tech 대학교 정치학과 교수

•주요논저•

「The New Politics, Culture Wars and the Authoritarian-Libertarian
Value Change in Advanced Industrial Democracies」(co-author),
Comparative Political Studies, Vol. 36(3), April 2003, pp.235-270.
「Down and Down We Go: Trust and Compliance in South Korea」,
Social Science Quarterly, Vol. 84(2), June 2003, pp.329-343.
「Value Cleavages, Issues, and Partisanship in East Asia」,
Journal of East Asian Studies, Vol. 7(2), May-August 2007, pp.251-274
「Social Capital and Political Participation in South Korea」(co-author),
Asian Affairs: An American Review, Vol.34(2), Summer 2007, pp.101-118.

Kazuki Iwanaga

•약　력•

현 스웨덴 Halmstad 대학교 정치국제관계학과 교수

•주요논저•

「Women's Political Participation and Representation in Asia:
Obstacles and Challenges」(editor), Copenhagen: NIAS Press 2008.
「Women and Politics in Thailand: Continuity and Change」(editor),
Copenhagen: NIAS Press 2008.
「Gender Politics in Asia: Women Manoeuvring within Dominant
Gender Orders」(co-editor), Copenhagen: NIAS Press 2008.

17대 국회의원의 의정활동
성차 분석 및 성 인지성 확대방안

• 초판 인쇄	2008년 10월 30일
• 초판 발행	2008년 10월 30일
• 지 은 이	김원홍 외
• 펴 낸 이	채종준
• 펴 낸 곳	한국학술정보㈜
	경기도 파주시 교하읍 문발리 513-5
	파주출판문화정보산업단지
	전화 031) 908-3189(대표) · 팩스 031) 908-3189
	홈페이지 http://www.kstudy.com
	e-mail(출판사업부) publish@kstudy.com
• 등 록	제일산-115호(2000. 6. 19)
• 가 격	20,000원

ISBN 978-89-534-0439-7 93340 (Paper Book)
      978-89-534-0440-3 98340 (e-Book)